Raise Your Game

High-Performance Secrets from the Best of the Best

高績效表現力

與杜蘭特、柯瑞、柯比・布萊恩共事，
NBA知名運動表現教練
剖析頂尖人才與團隊的高成就關鍵

美國知名企業績效教練、NBA運動表現教練
小亞倫・史坦 Alan Stein Jr.、喬恩・史坦菲爾德 Jon Sternfeld 著
李祐寧 譯

目次

2 熱情

3 紀律

4

虛心受教

5

自信

II 教練

6 遠見

7 文化

8 公僕

9 品德

10 賦權

III 團隊

11 信念

14 溝通

15 向心力

前言
掌握高成就的跨界心法

第一次遇見小亞倫・史坦（Alan Stein Jr.），是在專為高中籃球運動員舉辦的技能營（Skills Academy）上。本質上，這是一個專為全美明日之星所舉辦的營隊活動，這些年輕人很快就會在ＮＢＡ的選秀會上大放異彩，或成為稱霸ＮＢＡ賽場的佼佼者。在我見到亞倫時，人們介紹他是專業的運動表現訓練員。很快地，我就發現此人沒那麼簡單。

打從技能營一開始，亞倫就沒有準時過，因為他總是提早到。他從不在開會時發言，除非有非常重要的事必須說。他總是專心傾聽，並有目的地做筆記。他樂於參與大小事，訓練中沒有任何一件事是他懶得出手的小事。套一句被用到爛的形容，他就是所謂的「僕人式領袖」。然而，在我眼裡，亞倫還擁有某些更難能可貴的特質。比方說，他是最棒的夥伴。而且，他不僅能完成自己的任務，還能協助其他人完成任務。

對我而言，這是亞倫個人特質中，極為重要的一點。他跟所有充滿雄心壯志的人一樣，有著向上爬與渴望成功的衝勁，但比起著眼在「建立人脈」，他更執著於完成眼前的任務，並總是想方設法地為他人的表現再錦上添花。倘若球員提早到場，亞倫就會同樣地提早到場。倘若有人需要進行特訓，亞倫總是準備好協助對方。倘若有東西掉在地板上，亞倫會把東西撿起來。倘若前一天訓練後地板還來不及拖乾淨，亞倫會親自動手拖。

他的一言一行並非為了博取好感，相反地，他只是單純因為當下有這樣的需求。但他的行為確實讓人印象深刻，而且是對所有人而言。美國參謀首長聯席會議（Joint Chiefs of Staff）前主席馬丁．鄧普西（Martin Dempsey）上將曾經說過，領導不是終點，而是一趟旅程。鄧普西更說，倘若你認為自己已經具備領導力、沒有其他的東西需要學，那麼你就犯了一個天大的錯誤。就我來看，亞倫掌握了鄧普西上將對領導力所提出的三大關鍵要素：人格特質、能力和人性。亞倫擁有出色的人格特質，他心中有著堅定的道德信念，不會為當前盛行的風氣所動搖。他雖然已是自身領域內的專家，卻仍隨著比賽及技術的變革不斷進修與學習。而且，亞倫虛心傾聽、學習與投入的程度，就好像自己還一無所知般。

亞倫之所以能在該領域中崛起，並獲得球場上最有價值球員（MVP）與教練們的一致推崇，是因為他總能持之以恆地完美實踐自身任務，甚至持續讓自己與他所待的球隊變得更好。亞倫能為自己做的每件事灌注正向的力量，而這份力量並不是來自單純的加油打氣，而是源自於實現艱難目標時所受到的鼓舞。亞倫喜歡挑戰困難，而其他人在見到他所設下的榜樣後，也總會自動自發地跟進。

舉一個例子：數年前，我在北卡羅來納州的沙洛特（Charlotte），創辦了一個籃球營，專門為那些想要提升自身球技的高中球員，以及想要精進自身能力的年輕教練所設計。而我之所以創辦並年年舉辦這個籃球營，是基於一個我認為再正確不過的概念：將這一路上我所收穫的各種幫助，反饋給社會，進而幫助他人。然而在成立初期，我們所帶領的是一個缺乏實務經驗、經費也很少的營隊。當我向亞倫提到了這個煩惱時，他毫不遲疑地表示，他可以親自去管理這個營隊。坦白說，這個營隊的水準遠低於亞倫平日接觸到的情況。然而從第一位教練的面談到最後一位球員的抵達，他都親自到場。而且我可以毫不誇張地說，他也總是第一位到健身房，然後最後一位離開的人。

儘管亞倫會說這些事根本不足掛齒，但他為這些高中年輕球員所立下的榜樣，絕對是無比珍貴的。而他更成為年輕教練眼中，最出色的榜樣。亞倫為這個營隊所帶來的專業技術知識，在國內根本沒有幾個營隊能達到同樣水準。而亞倫為這個營隊所帶來的啟發，更是國內任何一個營隊都做不到的。他就是如此重要。

我和亞倫都是受團隊運動所薰陶的人，而我認為我們兩人同樣理解並珍視我們在團隊運動中所學到的經驗與原則。同時，我們也相信那些經驗與原則可以套用在學校、商業等各式各樣的場域中。基於各種原因，團隊運動的致勝法則引起了許多人的共鳴，並能讓人超越自身局限、迎向勝利，而這也是許多領域所無法達到的。

在籃球場上，我的球隊總有一個敵人。我們的面前，是一支才華洋溢、體能出色且無比團結的球隊，以積極實際的行動，來阻止我們達成目標。然而在學校或商業領域中，我或許會遇見競爭者，但從未遇見敵手。

在我作為律師或播報員的職業生涯裡，我未曾遇過其他人奮不顧身地企圖阻止我達成目標。唯一能阻止我的，只有我自己。這本書能幫助你跳脫自己設下的障礙，擺脫內心對失敗的恐懼，從而暢行無阻地邁向成功。這本書無法給予你動力，因為你缺的不是動力。它給予你的，是啟發。

在過去二十六年中，我一直身兼律師與播報員兩個身分。我可以很肯定地告訴你，我每天都在運用自己從教練或球員身上學到的教訓，或該領域內專門書籍的知識。而這本書將給予你橫跨運動界與商業界的成功經驗與守則。

我非常開心亞倫寫了這本書。他總是向最出色的人學習，並因此成為最出色的人。我又是何等幸運，能擁有他這位朋友。

——ESPN大學籃球分析師，傑伊・比拉斯（Jay Bilas）

自序
成功的基本原理

二〇一三年，美國國家男子籃球隊邀請我到拉斯維加斯，和世界上最頂尖的幾名大學教練一起工作，像是肯塔基大學（University of Kentucky）的約翰・卡利帕里（John Calipari）、佛羅里達大學（University of Florida）的比利・多諾萬（Billy Donovan）和岡札加大學（Gonzaga University）的馬克・弗（Mark Few）。第一天，在哥倫比亞廣播公司（CBS）的比爾・拉夫特利（Bill Raftery）與ＥＳＰＮ的Ｐ・Ｊ・卡勒西莫（P. J. Carlesimo），帶領教練團正式選秀、選擇球隊陣容前，這天的時間主要都花在投籃與練習賽上。但當我放眼望向場上時，我見到的不是大學先發球員或ＮＢＡ的明日之星。相反地，場上盡是些收入可觀、願意揮汗奔跑且對籃球有著不可磨滅熱愛的中年男子。美國國家男子籃球隊正在打造一個大受歡迎的夢幻運動營產業。那些極其成功的社會人士願意付出可觀的代價，讓他們心目中的英雄對著自己大吼大叫，並在球場上來回跑動、投籃數小時。這是他們的夢想。

我在這個營隊中工作了數年，而這確實是一段很棒的體驗。參加者或許是搭著私人飛機來到拉斯維加斯，再搭著賓利來到體育館，但他們也幾乎毫無例外地，都是非常務實的人。唯一的差別就在於他們擁有驚人的動力與巨大的成就。在他們綁著頭帶、套上運動短褲並挺著啤酒肚（某些人）在球場上跑上跑下的同時，他們也放下了身為千萬富翁和財星一百大企業執行長的光環。然而，這並沒有削弱他們在我眼中的地位，一點也不。相反地，這使我更敬重他們。我欣賞他們對賽事的認真、盡心盡力的準備，以及為了伸展和用泡棉滾筒暖身而提早到場，或當裁判吹出錯誤的判決而對其大吼大叫的激情。

在一天當中的休息時刻，他們往往忙著打電話、進行交易或履行職務。接著，比賽開始，他們又再次回到場上，努力卡位並快速回防。他們有超強的競爭意識，這也是他們之所以能在現實人生中獲得當前地位的原因。而這樣的競爭元素，並不是一個他們能隨心所欲開啟或停止的機制，反而更像是他們的一部分，深埋在他們的本質之中。我們或許無法將運動技巧從運動場上帶入董事會中，但方法、基本行事方針與態度卻可以。

在運動場上人人平等，這些人深知這個道理。在現實世界中，所有人總是對他們唯命是從，例如餐館侍者匆忙地為他們找出最棒的酒、泊車小弟急急忙忙地跑向他們的車。但在內心深處，他們仍舊希望有投了麵包球而被痛罵一頓或被蓋火鍋的機會。因為他們知道唯有經歷磨練，才能更強。他們想要**親自得分**。而沒有什麼比一場必須面對強勁競爭對手的籃球賽，更能看出一個人的特質。

運動分析公司 Krossover 和 CourtsideVC 的執行長瓦蘇・庫爾卡尼（Vasu Kulkarni），創造了一套以籃球為核心的周邊事業。他總是帶著不可思議的熱情談論籃球，也從不掩飾自己對籃球比賽的熱愛。「球場能讓人看到自己真正的顏色。」在一次訪問中他對我說道。「許多時候你在球場上見到的特質，就是你在下了球場後會遇到的。因此許多和我做生意的人，我都會先帶他們打球。」

籃球比賽是一種共享的經驗。不僅過程無比激烈，使人精疲力竭，你也必須與那些同等在乎比賽結果的夥伴們，一起經歷贏球時的興高采烈與失敗時的沮喪。「我發現籃球是打造人際關係，並和別人建立起橋梁的絕佳方式。」他說。瓦蘇的觀點就和有史以來最偉大的球員一樣。名人堂傳奇球星賴瑞・柏德（Larry Bird）曾說過，根據一個人在籃球場上的表現，他就能看見他的全部。[1]

運動場與商業世界有著最自然不過的連結。頂尖教練總是身兼領導者與激勵專家二職，更並非巧合。肯塔基大學的約翰．卡利帕里和維拉諾瓦大學（Villanova University）的傑．萊特（Jay Wright），曾寫過關於商業領導力的書；杜克大學（Duke University）的麥克．薛塞斯基（Mike Krzyzewski，外號K教練）在閒暇時，會以激勵型演說家的身分活動；北卡羅來納大學（University of North Carolina）的迪恩．史密斯（Dean Smith）則受邀到世界各地如瑞士的管理學院，進行演說。

所有想要成功的機構、企業和平常人，往往願意花上大筆錢並犧牲週末，大老遠地跑去聽世界上最頂尖教練的演講。而他們想要知道的不是關於區域防守或如何執行擋切戰術。部分參與者甚至根本不看運動賽事，但他們了解這些教練所擁有的智慧是無價的。這些教練擁有的經驗放諸四海皆準，其帶來的成果更是無庸置疑且真實。

每隔幾年，大學教練就必須重頭再來一遍，重新帶領眼前才華洋溢、有著不同強項與弱項的新人。而始終如一的只有教練和其擬定的計畫，因此一所大學球隊能否取得長遠的成功，也是對其領導力的一大考驗。他們之所以能如此了解成功的基本原則，也是因為他們年復一年地執行著。

這是一個極為重要的提醒：成功是我們**貫徹**行為的成果。各行各業中的佼佼者，也都明白此一道理。他們為自己全權負責，選擇培養並執行正向的習慣。他們明白為了追求卓越，人們不能隨心所欲。如同老話所說的，你怎麼做一件事，決定了你怎麼做每件事。

在我的職業生涯裡，多數時間都用在幫助優秀的籃球員提升體能表現，促進其身心靈的連結。我曾和凱文・杜蘭特（Kevin Durant）、維克多・歐拉迪波（Victor Oladipo）等人一起工作，並觀察超級巨星如柯比・布萊恩（Kobe Bryant）及史蒂芬・柯瑞（Steph Curry）等人的私下日常練習，這些經驗讓我得到了兩個顯著的感想。第一，他們總是緊守根本。他們不斷鑽研並練習這些基本動作，直到這些動作就像是無意識下所發生的自動化程序般；第二，他們比所有人都還要努力。他們或許會輸，但他們不可能被超越。

在我於一九九九年畢業後，我開始擔任籃球運動表現教練。現在，許多企業之所以願意聘請我來傳授、培訓和諮詢領導力及團隊合作，就是因為球場上的致勝守則同樣適用於所有領域。我相信基本原則，更是基本原則的擁戴者。我見證過許多人的成功與失敗，而這全取決於他們在並不吸引人、不受歡迎或不誘人事物上所投注的心力多寡。「成功並不神祕，也不是奇蹟。」我心目中的英雄吉姆・羅恩（Jim Rohn）這樣寫道。「成功是持之以恆實踐基本原則的自然結果。」

我希望教會你如何在這注意力散漫的社會中，專注於當下，讓自己成為一位擁有更緊密人際關係、更高生產力和更大影響力的領袖及夥伴。唯有小事物的逐漸積累，才能帶來重大的變化。永遠不要忘記：積沙方能成塔。

成功不會偶然降臨在我們身上。成功需要我們自己去贏取、去選擇、去創造。成功的人在小事方面往往做得比其他人更好。這就是他們如此出色的原因。世界級選手和極其成功者，都是透過堅守基本原則並日復一日地執行這些原則，來累積巨大的成就。

我們應該多觀察運動員和企業家，因為他們就像是將特定目標化為現實的大師。勒布朗．詹姆斯（LeBron James）可以預想自己擋下對手的快攻，同時察覺對方打算何時並以何種動作上籃，再依此抓準時機狠狠地蓋對方火鍋。他在事情發生之前就已經預見，並讓想像化為現實。像勒布朗這樣偉大的運動員總是如此，而賈伯斯和比爾．蓋茲也是如此。

在過去的十五多年裡，我和全球最了不起的運動員一起工作。現在，我指導人們如何在工作及人生中，實踐頂尖球員與球隊在高水準的比賽中所採用的策略。本書的目標很單純，那就是指導並啟發讀者，使其立即採取行動以優化自身思維、習慣和價值觀。❶

❶ 給讀者的附注：我喜歡直率，我也明白卓越的領導與出色的表現無關性別。因此本書中的每一句話，都是男女通用。

提升表現的第一步，就是學會**活在當下**。我所認識的人之中，最快樂、最具影響力且最成功者，總懂得將自己的所有心力投注在當下。他們知道如何將注意力放在三件事上：

一、下一步。
二、可控制因素。
三、過程。

在我嘗試協助組織提升效率的同時，也因此結識了許多成功的執行長、高階主管、企業家與領袖，並有機會從他們身上學習或和他們談話。過程中，我發現成為一名成功的球員、教練或隊友所需的特質，就跟能成功領導全球大型、重要企業的人格特質非常相近。兩者的相似之處，絕對會讓人大吃一驚。而觀察這些基於文化、決心和團隊合作的特質是如何跨越各行各業的隔閡，總讓我深深著迷。

我們每個人都可以取得成功所需的工具。許多成功人士更公開分享這些工具。事實上，能幫助我們最大化自己的幸福、成就、自信、影響力與成功的道具，已經放在那裡，等著我們隨時取用。但是否執行這些策略、培養好習慣並實踐於日常生活中，則操之在我們手上。而這也是我動手寫這本書的主因。

你必須**做出選擇**，下定決心去行動，將本書的知識付諸實踐，成為一名具影響力的領袖和夥伴；你必須**做出選擇**，弭平所知與所為間的落差。今日我們所做的每一項決定，都會影響明日的我們。

本書將協助你深入探討自己對以下問題的答案：

一、我必須做出哪些犧牲？
二、我需要獲得哪些技能？
三、哪些人的幫助能使我獲益？
四、我應該預期自己碰上哪些挑戰？
五、我需要改變哪些習慣？

本書將是帶領你提升人生各領域表現與收穫的契機。在書中，你將獲得我從各行各業菁英身上所學到的工具、概念、實例、教訓和可行的步驟。在這一路上，我也將與你分享極其幸運的我，是如何在和諸多成功人士進行深刻且意義深遠的對談或觀察後，收穫這些體悟。但實踐之道操之在你。畢竟說到底，你無法付錢讓其他人代替你做伏地挺身。

在我很小的時候，我學到了「知識就是力量」。但這句話並不完整：知識本身是無用的，真正的力量存在於實踐。知而不行，就跟無知一樣。

因此，這不一定和知識有關。絕大多數的人都知道該吃哪些食物、晚上該睡多久，又該進行哪些運動以維持身體健康。然而這麼多年來，過胖的比例卻不斷上升。儘管人們知道自己該做些什麼，**卻沒有這麼做**。

無論在人生的哪個面向，只要談到提升表現，最基本且最有效的策略就是縮小**表現落差**（performance gaps）。此落差出現在我們知道該怎麼做，跟我們實際上又怎麼做之間。每個人都有表現落差的問題，而世界上最頂尖的球員和成功者，知道如何在關鍵領域中，消除或降低表現落差。

我們身處在資訊時代。感謝科技，讓我們能在彈指間找到關於任何一件事物的大量資訊。如今，不知道某些資訊已經不能成為我們表現低落的藉口。我們之所以陷入瓶頸、受挫且精疲力竭，並不是因為我們缺乏某些知識，而是因為缺乏實踐。本書將引導並啟發讀者，幫助讀者親手終結那壓得人喘不過氣的表現落差。

本書架構

本書共分為三大部分：「球員」、「教練」和「團隊」，而此角色劃分與商業世界中的員工、管理者／執行長及組織相互呼應。每一部分皆包含了五項能讓此特定角色獲得成功的必要特質。

如下圖所示，此三部分也會相互影響：

需注意的重點在於：這

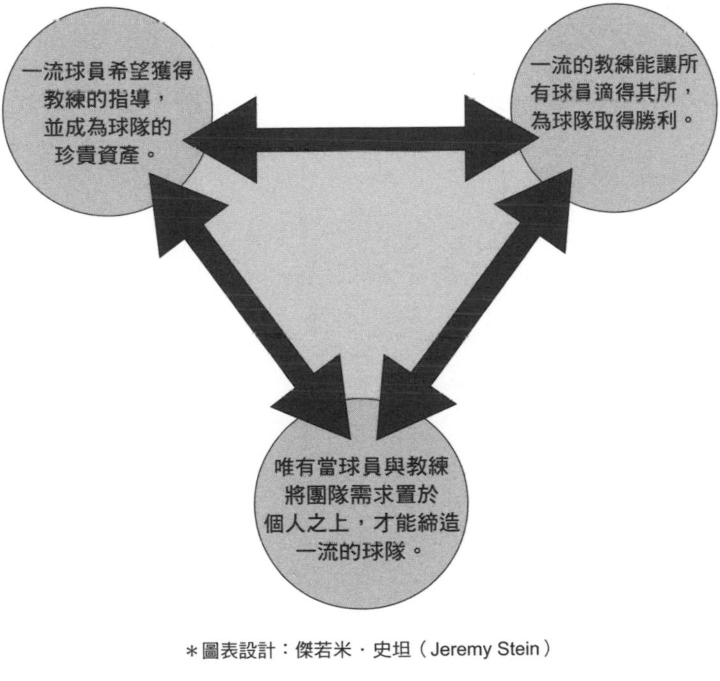

＊圖表設計：傑若米．史坦（Jeremy Stein）

三部分彼此互不排斥，而且對所有人而言，各部分皆有某些珍貴的特質可適用在自己身上。對教練而言相當關鍵的特質，也適用在現任球員身上（或者，倘若該名球員有意成為教練的話，日後也得具備相關特質），反之亦然。而唯有在球員與教練皆能完美扮演自身的角色後，整個團隊才能和諧運作。

每個人的一生中，都會遇上必須擔負球員、教練和夥伴職責的時刻，因此我刻意將本書切割成三大部分，以貼近不同角色下的視角和觀點。無論你的年紀或工作為何，我可以保證，你絕對會時常遇到這些角色的切換（甚至經常需要同時身兼兩、三個角色）。

PART I 球員

球員是隸屬在團隊、公司或組織之下的個體。此部分將再劃分成五個章節，每一章節聚焦在個體為了獲得成功，所需具備（且努力陶冶）的單一特質。此外，每一項特質都建立在前一項特質的根基之上，而最後一項特質自信，則是前四項特質和諧運作所引導的成果。

1—自我覺察

這也是本書所有內容的根基。請讓「自己」成為你的使命。自我覺察意味著深刻了解自己的本質，以及自身的能與不能。倘若你連自己的立足點都不清楚，將很難發展出一套幫助自己更上一層樓的工具。這是一切的起點。

2—熱情

此一特質極難傳授，卻又無比重要，因而值得我們格外強調與運用。這是你對自身從事之事的愛戀程度，以及體內驅使你追尋該目標的動力。這是完成必須之事的意願，即便那件事並不讓人愉快，但這件事所導向的結果對你而言，是重要的。這也關乎著抱持著愛，並讓自己的一切都浸淫在工作之中。

3—紀律

紀律意味著發展出一套固定形式、結構和習慣，以達成目標。此特質意味著去做別人不願意或沒能去做的事，以及研究自己該如何領先別人一步，並明白光憑才華是遠遠不夠的。所謂的紀律就像是一個需要灌注自我覺察和熱情，並持續開發、調整及校正的系統。

4一虛心受教

成功之人總是虛心受教。強者永遠不會停下腳步，且總是孜孜不倦地尋找自身弱點然後努力改善，這也是他們之所以為強者的原因。這更是督促他們前行的原因。他們有足夠的謙虛之心，明白「足矣」（enough）永遠不夠好。倘若你無法接受別人的指教，那麼你永遠無法進步。虛心受教意味著用正確的態度和方法，朝自我提升邁進。

5一自信

此一特質為前四項特質累積的成果。而能夠擁有自信，與一個人的觀念與態度有關。這意味著你明白自己一定會成功，因為你付出了相應的時間、努力，且精通自己所從事之事。這就是你在世人眼中的樣貌，因為你擁有最堅實和諧的內在機制。

PART II 教練

就本書的角度而言，所謂的**教練**，是指有權管理他人的人。此一角色可以是執行長、董事、經理、指導者、教練或父母。其可以是擁有一名直接下屬的人，也可以是地位高高凌駕於千人之上的人。第二部分的內容，是專門為那些想要強化自身領導力及影響力者所設計。

此部分共分成五個章節，每一個章節都聚焦在為了贏得成功，**教練**所需獲得（且努力陶冶）的單一特質。如同第一部分，每一項特質也都是建立在前一項特質之上，而最後一項特質賦權（empowerment），則是前四項特質協調一致所締造出的成果。

6 — 遠見

一名教練必須努力讓自己跑在比賽前頭，並察覺別人尚未察覺或沒有做的事。為了推著自己和自己所領導的人前行，你必須設想自己企圖打造的目標，並確實地朝著該目標一步一腳印前進。遠見就像是你身攜一份通往未來的地圖，而你也得明白該如何傳達這份遠景，使他人在受到啟發後，願意追隨你。

7 一 文化

教練所擁有的力量和其所打造的環境氛圍成正比。這應該是一個令人安心、充滿動力與啟發的環境。文化包括了供我們工作的實體空間、人與人互動的機制，以及在教練灌輸、鼓勵及獎勵下的原則與價值觀。教練必須創造出一個能讓所有人實現更高的自我，同時將團隊利益最大化的工作環境。正確的文化能讓所有人相信此兩個目標是一致且相同的。

8 一 公僕

真正的領袖願意服侍他人，而不是反其道而行。對其所領導的人而言，一名領袖應該是伸手可及且願意為他們抽出時間。成為一名僕人式領袖，其真諦在於理解追隨者的渴望，並回應他們的需求。這是針對早已過時且無效的蠻橫式管理風格的解藥。僕人式領袖心胸開闊、願意帶著同理心去聆聽，並具有高度調適力。而且，為了組織的遠景和文化，他們不怕勞苦、致力服務他人。

9—品德

品德指的是教練的本質，甚至即便在沒有任何好處的情況下，他仍如此展現自己。身為有品德的人，意味著其有榮譽心、正直、值得信任且受他人全力支持。沒有人希望替騙子、傻子或背叛者工作。擁有品德，意味著成為你也會想要為其效力的人。儘管有時候抄捷徑能讓人迅速獲得一點甜頭，但唯有品德端正者才能獲得時間所給予的回報。

10—賦權

賦權也是前述四大教練特質的登峰造極之產物。這之所以為此部分的最後一章，是因為這一步需要領袖學會放手，給予追隨者自由和支持，讓他們蛻變成領導者。賦權，就是讓你的人覺得自己受到重視，且具有存在的價值。領導者必須信賴整個團隊，讓團隊中的成員感受到他們每一個人都是此團隊中不可或缺的一部分。

PART Ⅲ 團隊

團隊可以是任何一個凝聚了多人之力，並企圖達成共同遠景與目標的團體、公司或組織。如同前兩部分，此一部分也拆解成五個章節，且每一章都環環相扣。再一次地，最後一項特質向心力（cohesion），也同樣為前四項特質的加總。

即便你任職於非傳統產業或是自由工作者，你仍然是團隊的一分子。畢竟，沒有人能憑一己之力贏得成功。就算多數困難的地方都由你獨自完成，但我們或多或少需要協助，也會接受他人不同類型、方式或型態的幫助。無論是就工作、家庭或身處的社群來看，我們每一個人都歸屬在某一個遠大於自身的事物之下。換言之，我們必須依賴夥伴，也就是那些我們信賴也願意效勞且支持的人。無論是就宏觀或微觀的角度來看，我們所有人都是夥伴。

11 — 信念

信念之所以為此部分的第一項，是因為信念為一個團隊得以成功的基石。其牽涉到整個團隊對自身的根本態度。擁有信念，也意味著相信團隊會成功，並深信其所從事的事物是有價值的。這也是團隊成員之所以能彼此信任的原因，因為所有的成員都是「付出一切」，而確信此點往往能讓團隊更強大。

12 無私

自私能摧毀所有團隊。團隊中的每一位成員都必須做到無私，真誠地去關心其他隊友、教練及團隊使命，而不是將焦點放在個人的成功、進步或榮譽上。每一位成員必須願意置團隊於個人目標與欲望之上，明白自己不過是團隊的一分子。無私意味著視團隊成就為首要目標。

13 明確的定位

明確的定位，是一個團隊該如何運作、成員間又該如何互動的關鍵。有明確的定位意味著，每一位成員都清楚自己在團隊中的定位，以及其他人的位置。成功的團隊知道，每一名成員都是重要的，而他們是由不同拼圖緊密契合成的整體。唯有當每一塊拼圖正確歸位，這個團隊才有意義，也才能順利運轉。

14 — 溝通

溝通就像是膠水，能黏合整個團隊。其意味著以敞開的心胸，帶著尊重、目標與關切去發言並聆聽。這不僅僅包含言詞，更包含肢體語言和語氣。在各行各業、人際關係或組織內，此項特質都非常適用。

15 — 向心力

向心力是第三部分所探討的四項特質所齊心協力締造出來的成果。當每一位成員都能明白各自扮演的角色、懂得與他人溝通、相信團隊的目標，並在行為上做到無私，就能自然而然地獲得向心力。向心力意味著團隊在運作時，所有人上下一條心，而這樣的力量遠大過個體力量的加總。

PART

I

球員

頂尖球員之所以有別於其他球員，其中一點就是他們能聚焦在自身努力與態度上。你是否擁有自我覺察的能力？你是否有熱情？你是否願意有紀律地去做一件事？你是否願意虛心受教？當你做好萬全準備，自信心就會油然而生。將焦點放在你是誰，以及你所擅長的事物上，這就是成功之道。

1 自我覺察

擁抱那些指責你是多麼沒用的人。

——美國社群行銷大師蓋瑞・范納洽（Gary Vaynerchuk）

下面，是整本書的論述根基：對任何人而言，獲得成功的最關鍵要素，就是自我覺察。這包括了知道自己是誰、可以做到哪些事、無法達成哪些事、個人價值來自何處，以及有哪些地方還需要改進。倘若你無法從這一步著手，那麼本書的其餘內容對你而言都是無用的。

自我覺察不僅是一項非常重要的特質，它更是通往一切道路的樞紐。在今日的商業世界裡，認清自己的極限與不足，**絕對是**必要技能。舉凡哪些特長值得利用、哪些值得磨練、哪些值得培養、哪些值得信賴，這一切都必須建立在自我覺察之上。

自我覺察並不像是那種只需要在某份企劃、某項工作開始前或年末時，偶爾清點一下的庫存品。它的重要性遠超過於此。這是一種需要我們每天不斷去強化和磨練的習慣。請記得：**執行自我覺察是一種習慣**。

當休士頓火箭隊（Houston Rockets）總經理，同時也是籃球高階數據提倡者達雷爾・莫雷（Daryl Morey）被問到，他希望能預先了解球員的哪些特質時，他回答：「他們是否有足夠的自我覺察能力，了解自己與目標間的差距？也就是說，他們是否明白自己與克里斯・保羅（Chris Paul）、詹姆士・哈登（James Harden）等聯盟其他偉大球員間的差異在哪？以及……為了改善這樣的落差，他們培養出哪些習慣？」[1]

自我覺察就像是Google 地圖上的箭頭，為你標示所在地，以釐清自己到底身在何方。而下一步，則是下定決心，實踐那些為了達成目標所需進行的事。「一流的執行者懂得密切觀察自己。」商業記者傑夫・柯文（Geoff Colvin）在《我比別人更認真》（*Talent Is Overrated: What Really Separates World-Class Performers from Everyone Else*）中寫道。在這本書裡，柯文審視了各領域內最頂尖的表現傑出者，並發現「他們能有效地跳脫自身框架，觀察自己的思維脈絡，並反問事情的狀況……傑出表現者在這方面比他人做得更全面、更徹底。這是他們生活規律的一部分。」[2]

我在美國各地進行過多次企業演說，而我認為許多人在從事日常工作時，總是有如行屍走肉，或頂多只是處在安逸的慣性狀態下。老實回答：你有多常進行此類自我審查？這是你的日常習慣嗎？倘若不是，詢問自己可以如何培養這類習慣。這將會扭轉你的人生，並帶來各種層面上的成長。

自我測試

一、你真正的強項為何？
二、有哪些地方是需要強化的？
三、針對第二點，你計畫如何去實踐？

行銷大師蓋瑞的成功特質

蓋瑞．范納洽的行程排得密密麻麻。當我為了自己的 podcast 採訪而打到他的辦公室時，他的助理告訴我，「下一個他能抽出來的三十分鐘空檔，要等到三個月後。」

「我要了！」我趕緊回答，畢竟我又不是傻子。

身為連續創業家、行銷專家和投資家的蓋瑞・范納洽，早已是業界內的傳奇。他就像是一道強光、一道劃過媒體地平面上的流星，其所帶來的衝擊，久久不曾散去。而他的出身是如此驚人地平凡。

蓋瑞是蘇聯移民的後代。在他成長過程中，他的父親在紐澤西經營一家酒類專賣店，而他從很小的時候就開始在店裡幫忙。二〇〇六年，蓋瑞開始在 YouTube 上發布自己的酒類節目，而在那個年代，這樣的行為還只是被稱作「網路節目」（webcast），人們也不了解 YouTube 能成長到哪一步。在短短五年內，他協助父親將價值三百萬美元的零售店，擴大成一間價值**六千萬美元**的線上酒類專賣店。但他並沒有安逸地坐享這樣的成功，反而利用這個經驗成立了 VaynerMedia。VaynerMedia 不僅是當前市值高達三億美元的顧問公司，更是時下全球最火熱的數位公司。

在這一路上，蓋瑞成為各領域的天使投資人和創業投資家，他是 Snapchat、臉書、推特、Uber 的投資者，也是投資基金 VaynerRSE 的共同創辦人。有朝一日，他希望能買下紐約噴射機隊（New York Jets）。與所有人不同的是，這對他而言，是極有可能實現的夢想。

在這通電話的三個月後，我來到 VaynerMedia 的紐約辦公室。令人驚訝的是，這裡一點都不大（這可是**他的**公司呢！），但蓋瑞並不是那種講究裝潢或排場的人。放眼所及，牆壁和櫃子裡擺滿了與運動相關的紀念品（多數與尼克隊〔New York Knicks〕或噴射機隊相關），還有他自己的書封裱框，以及蓋瑞跟許多名人及大人物的合影。

他的辦公室裡有一個相當舒適的運動吧，一個你可以想像自己在那裡消磨午後的地方。其設計是以工作機能為出發點：裡面有一張擺著電腦的站立式辦公桌，還有一張可容納四人的會議桌。其中一面牆是沒有任何遮蔽的大片落地窗，因此每天二十四小時，人人都可以從外頭看進他的辦公室。而此種易於親近的透明氛圍，就跟蓋瑞本人一樣。

早上九點整，熱情洋溢且全神貫注的他，分秒不差地踏進辦公室，並對我說在聽完我的 podcast 開場音樂後，他感覺自己整個人都被點燃了。蓋瑞的表達方式充滿了激情，而這也是他深深吸引著聽眾的原因。只要他一出現，你就很難將注意力從他身上移開。他就是他，他不會試圖偽裝或為自己辯解。

「自我覺察是一場**比賽**。」蓋瑞對我說。「我認為自我覺察是社會中最重要的良方（drug）。」他承認這或許不是什麼誘人的東西，但無疑是最重要的能力。「當你足夠了解自己，你就贏了。」他說。「在公事方面，我之所以能如此成功，是因為我知道自己擅長哪些事、不擅長哪些事。」他又接著補充道，「如果選擇自己騙自己，你永遠無法突破。」

這就是自我覺察的本質：擁抱最苦澀的現實，直視那個在鏡中回望著你的真實自我。不是那個你期望自己能成為的人，也不是那個你企圖讓世界看到的自己。而是此時此刻最真實的你。

儘管他是如此成功，但在面對不清楚或不擅長的事物時，蓋瑞卻總能毫不逃避地坦白弱點。事實上，樂於承認這些弱點也是讓他比別人更具競爭優勢的主因。我相信許多出身工人階級且當前身價突破兩億美元的人，不會花太多時間去尋找或承認自己的缺點，儘管這些缺點確實存在。但蓋瑞知道自己的成功並不是偶然。他在自我覺察上，下了極大的功夫，而這幫助他成就今日的自己。他總是努力不懈地宣揚和傳授自我覺察的重要。

舉例來說，蓋瑞是一個競爭意識極強的人，但這並不是他無論如何也不願意在一對一鬥牛中，輸給自己孩子的原因。你問真正的原因？答案是，他希望孩子知道要付出多少努力，才能打敗他。讓他們贏，只會使他們對成功有錯誤的想像。而正因為如此，當他的其中一個孩子大到足以打敗他時，他的孩子深切感受到「成功的滋味是如此美妙」。（附注：我完全贊同蓋瑞的看法，甚至更進一步發揮這個概念。事實上，我在**所有事情**上，都不會讓孩子贏。我認為人人都有獎的想法，對自我覺察是有害的。）

蓋瑞知道這場會面為時三十分鐘，不過他沒有為了確認時間而看過一次手錶或手機。儘管他每天的行程極為緊湊，但他不允許自己在任何一刻失去專注。蓋瑞用自己的一言一行，解釋了他的成功。他總是全神貫注地投入在當下的活動裡，而他會直視著我的雙眼，給我最純粹、誠實而直接的答案。事實上，整場對話都是處在高度專注且集中的狀態下。倘若他能在 podcast 訪談中做到此，我完全可以想像他在參與會議或講商務電話時，會何等地專注。這是他面對所有事物的態度，而這讓我深深學到他為什麼能如此成功。

光是明白自己是誰、能做到哪些，就能讓你領先其他人一步。這能讓你知道哪些地方可以善加利用、哪些地方需要改善，以及某些時候該避開什麼。自我覺察能讓我們完備洞察力所需的各種要素，包含：對大藍圖有著清楚認知，以及了解自己當前的位置。

世界上最危險的人，就是那些不知道自己不知道的人。畢竟，做出很糟糕的事是一回事，但不知道該行為很糟糕，那問題就大了。「我很驚訝居然有這麼多的人可能缺乏自我覺察的能力。」Krossover 執行長瓦蘇．庫爾卡尼這樣對我說，「我們得知道自己的極限、知道自己的強項，更重要的是，知道自己的弱點。」儘管這聽上去非常基本，卻不意味著此能力很常見。事實上，正如同所有必要技能般，自我覺察之所以難能可貴，就是**因為**其相當罕見。

請找出自己和其他人的不同之處。倘若你不知道自己是誰、不知道自己能做些什麼，其他人又該如何知道？缺乏自我覺察，我們就無法最大化自己的潛能。潛能並不是什麼罕見的事物。但看看你的四周。世界各地充斥著這麼多無法善用自身潛能，或白白浪費或喪失潛力的人。他們就坐在世界各地的體育館觀眾席上。你必須體悟到，你還有更多可以學習的。這並不是出於自身的謙虛，或試圖讓自己更討人喜歡，而是因為謙遜是**通往自我覺察的道路**。

自我測試

一、在哪些具體的事物上，你總是表現得相當出色？

二、倘若詢問你周遭的人，他們會說你在哪些方面表現得很好？

三、你做這件事的機會有多頻繁？

提升自我覺察的關鍵

自信非常重要，而它也是第五章的核心，但自我覺察能讓你免於落入自大的陷阱。自大讓我們無法看清自身的缺陷，而謙遜能確保我們擁有絕佳的視野，保持思維開放。

有太多人不敢面對自己的錯誤，更經常想方設法地掩飾自身的缺點和不足。我認為這是自大思維下的謬誤，誘使我們踏上自我毀滅的道路。它是一種足以引爆長期問題的短視近利策略。「在工作上承認自己的弱點，帶著缺點去成長壯大，成為第一個承認它們的人。這麼做所帶來的成果或許會令你大吃一驚。」[3]亞當・賈林斯基（Adam Galinsky）和莫里斯・史威瑟（Maurice Schweitzer）在《朋友與敵人》（*Friend and Foe: When to Cooperate, When to Compete, and How to Succeed at Both*）中寫道。專家建議，提升自我覺察的關鍵之一，就是聆聽。

回想那些你等著發言的對話場合與會議。你可能錯過了哪些內容？你真的認為自己是在場唯一擁有發言籌碼的人嗎？對於自己的發言，你應該抱持著**最低程度**的熱切，畢竟你早就知道自己知道些什麼。

儘管這聽上去或許和你的預期不同，但在獲得自我覺察方面，相當關鍵的一步就是去詢問那些最熟悉你的人。比方說，最信賴的朋友、家人、同事等那些你深知他們確實愛你、喜歡挑戰你、鼓勵你、支持你、希望你得到最好的人，這就是你的知己圈。假如你詢問這些人自己是否是善解人意的聆聽者，而大家的答案都為否時，那麼你自己是怎麼想的就不重要了，因為你並不是一名善解人意的聆聽者。當你對自己長處與短處的評估，跟知己圈的意見相符時，就證明了你擁有高度的自我覺察。

> 不要擔心他們，讓他們來擔心你。
>
> ——美國傳奇籃球教練約翰．伍登（John Wooden）

控制你能控制的：伍登教練的鞋襪啟示

自我覺察就是知道哪些是你可以控制的、哪些不是。許多時候，了解兩者的界線，能決定你是否會成功。我經常對自己的球員、同事和聽眾說的一句話，就是**控制你能控制的**。

世界上只有兩件事，是我們時時刻刻都能完全掌控的：努力和態度。對於像我這樣一個幾近控制狂的人而言，真心接受此一真理很不容易。但此道理真實不虛。當然，我們可以決定自己的思維、熱情和準備功夫（這些全是影響表現的重要元素），但這些都是努力和態度的一種。

將我們的時間、注意力和精力放在那些我們無法掌控的事情上，只是純粹浪費資源。面對現實吧！你無法控制你的老闆、你的夥伴、你的雇主、你的同事、你的顧客、你的伴侶、你的朋友或你的孩子。因此，不要將自己的心智、情感與實質籌碼放在他們身上。相反地，將自己的注意力集中在我們可明確控制的兩件事物上。在我們的一生中，確實能對許多人事物造成衝擊和影響，但我們無法控制對方的行為、決策或結果。所以，放下吧！將精力花在自己的內在，你會感覺好些。

我記得在我還小的時候，我的父母會對我說，「你無法控制別人的言行，但你確實可以控制自己如何面對與因應這些行為。」身為三個年幼孩子的父親，我在無數的情況下，說過一模一樣的話。而這個真理不僅適用於孩子，也絕對適用在所有人身上。控制你能控制的，才有最佳化自身表現的可能。當你為了自己無法控制的事物分心時，你的表現將因此打折。由於我們的精力、注意力及資源有限，請將它們放在能真正帶來改變的事物上。

頂尖球員之所以有別於其他球員，其中一點就是他們能聚焦在自身努力與態度上。普通球員會擔心教練的安排、憂心其他隊員在做什麼、對手在做什麼，甚至是裁判在做什麼！然而，雖然頂尖球員會吸收來自各方的反饋，但在每一場球賽和練習中，他們只會著重在自己的舉止表現上，以及面對眼前情況，自己該如何應對進退。他們專注在自身的**努力**與**態度**上。

我們可以決定自己看待事情以及反應的方式，就這麼簡單，其餘的擔憂都是徒勞。是的，你沒有獲得那次晉升的機會或那名新客戶，你可以不斷地想著現實有多麼不公平、大家都錯了，並因此怨天尤人。你也可以花好幾個禮拜浸淫在這樣的情緒中。（許多人確實如此！）或者，你可以繼續努力把手邊的工作做好。哪一種表現，更有可能讓你獲得下一次的晉升機會和新客戶？

控制你能控制的，可以被視為一種基本準備功夫：在其他人尚未進入狀況前，就做好準備。約翰・伍登帶領ＵＣＬＡ棕熊隊（Bruins），贏得十次全國冠軍（其中更創下七連霸紀錄），而此一紀錄太令人瞠目結舌，我不相信有人能打破它。有多少學校曾經連勝？在加州大學的連勝紀錄於一九七三年結束後，只有佛羅里達大學和杜克大學曾經辦到。伍登是一種象徵性的存在，也是一則傳奇，但我們不能因此失去理智。他可不是巫師。相反地，他控制自己能控制的：管好基本面。

在每一個球季開始時，伍登在ＵＣＬＡ球員休息室所做的第一件事，就是教球員該如何正確地穿上自己的襪子和鞋子，以避免磨腳或起水泡。多數十八歲的青少年在面對這樣的教學時，可能會忍不住笑出來，但伍登可是一位有口碑的教練，所以球員非常信任他。他們清楚伍登所創下的紀錄，因此他們願意遵守他的一切指導。

就因為這樣一件微不足道、甚至有些瑣碎（且近乎孩子氣）的小事，伍登的球員很少長水泡。在球賽結束後，當另一隊球員的雙腳就像是燒紅的煤炭般熱辣辣時，伍登球員的雙腳卻像是打著赤足般輕盈舒爽。儘管襪子和鞋子是最基本的事物，但伍登明白一場比賽就是從這裡開始。倘若球員站不起來或是無法跑動，他們就無法執行他教授的戰術。重點在於，**從你能控制的事物上著手**。

任何一丁點兒花在自身態度與努力外的時間，都是浪費，因為你讓精力與時間**遠離**了你能控制的事物。多數人浪費大量的時間與精力在抱怨上。他們喜歡抱怨些什麼？那些他們無法掌控的事物。很少有人會抱怨自己的態度或努力。錯的永遠都是別人。

「抱怨就像是嘔吐。」我的好友強・高登（Jon Gordon）喜歡這麼比喻。「它能讓你感覺好些，卻讓所有人不舒服。」

然而，當你全神貫注在自己的態度與努力上，並做到持之以恆。這就是致勝的關鍵。

自我測試

利用分數一（非常不同意）到五（非常同意），來為自己評分。

一、我對自己和團隊有極高的期待。

二、我經常向最親近的朋友、家人及同事提出問題。

三、我每天都在精進自己的能力，並持續學習和成長。

四、我能妥善處理壓力和面對逆境。
五、我將注意力放在對的事物上，且我的行程安排也符合此一優先序。
六、我是積極且具同理心的聽眾。
七、我能進行明確且有效的溝通。
八、我鼓勵他人給予我反饋和提出質疑，我也能坦然接受批評。
九、當我出錯時，我願意公開承認並承擔責任。
十、我有一套健康的方法來處理自己的失望、憤怒和挫折。

將雞蛋放在同一個籃子裡，然後緊緊盯好籃子。
——美國鋼鐵大王安德魯・卡內基（Andrew Carnegie）

自我覺察的三大面向

做好一件事

將焦點放在你是誰，以及你所擅長的事物上，這就是成功之道。球隊之所以心甘情願花大錢請來NBA神射手凱爾・柯佛（Kyle Korver）和J・J・瑞迪克（J. J. Redick），只希望他們做好一件事：接球、射籃。就這麼簡單。接住球，然後將球投出去。我這麼說並不是想要貶低他們。但他們確實是憑著這件事走到如今的地位，而這也是他們偉大的原因。如今，全才（well rounded）的優點已被過分美化。因此，請運用自我覺察，來強化自身擅長之事。**找出你比別人更擅長的事物，並持續專注在該件事物上。**

這就像是一個瀕臨滅絕的觀念。暢銷作家暨微軟、迪士尼及Airbnb領導關係顧問賽門・西奈克（Simon Sinek），認為我們已經失去精進一件事物的欲望和能力。「精力原本投入在少數的事情，現在似乎已經分散到許多事情上。」他寫道。[4]因此，**請贏得自己的一席之地**，讓自己成為無價之寶般的存在。換句話說，讓自己成為唯一能做好這件事的人。自我覺察是獲得競爭優勢的關鍵。它能使你不斷強化個人優點，並管理自身缺點。這就是你在任何事情上，變得強大、甚至是極其強大的不二法門。

蓋洛普（Gallup）針對上千個組織所進行的調查指出，當一個組織將注意力放在員工的強項時，該員工對工作的投入程度可以達到七五％。情況相反時呢？只剩九％。[5]倘若人們覺得才華沒有被善用、強項沒有被重視時，他們會覺得自己被浪費了，而他們的行為也將有所保留。另一項針對頂尖商業執行長的研究則發現，儘管自我覺察是一流表現的最有力指標，卻也是最少被善用的指標。這樣的情況總是反覆出現：雖然自我覺察是最基本的要素，但卻最常被忽略。

勇於改過：逆勢重生的星巴克

自我覺察不僅包含知曉（knowing），還包括了**調整**與**改過**。在二〇〇八年的一個星期二午後，重新執掌星巴克、二度成為其創辦企業執行長的霍華·舒茲（Howard Schultz），關掉了全美所有分店。這指的可是超過**七千家**的店。你問代價？損失兩千三百萬美元。原因？因為濃縮咖啡的水準下降了。就這樣。沒有任何疾病擴散、食物中毒或法律訴訟，而是因為咖啡不夠好。就這麼簡單。曾經讓星巴克打開知名度、奠定其品牌價值的事物，已經掉到水平之下，因此舒茲決心改變這樣的情況。

全美的每一間星巴克店員都得接受再培訓，而舒茲做了他認為自己必須做的事：關掉每一家店。在一連串的過程中，舒茲確實有可能對再訓練計畫感到猶豫（我很肯定他的公關團隊和會計師是這麼期待的），但他想傳達出儘管星巴克正瀕臨失敗危機，但公司願意做出改變。他希望大眾**知道**他們關掉了每一間店。而且，每一間星巴克所張貼出的閉店告示，承認了員工必須進行再訓練的原因，而這也讓星巴克成為一連串負面新聞報導與批評的對象。但舒茲堅持這麼做。[6]

很快地，舒茲讓全美各州的一萬名星巴克管理者，齊聚到同一個會場中（這麼做花了三千萬美元），好向眾人宣布一個壞消息。他告訴眾人，星巴克很有可能會在一年內倒閉，因為他們的「成功已經導致怠惰和草率。」[7]他毫無保留、坦白且清楚地告知眾人，倘若當前的負面情況繼續下去，公司會面臨哪些困境。

由舒茲打造的星巴克經營哲學正在消逝，他必須重拾這份價值觀。舒茲清楚察覺到公司所面臨的問題，並以實際行動來力挽狂瀾。十年後，星巴克再次成為全球規模最大、最受歡迎的企業之一。舒茲對自己及公司所展現出來的自我覺察，是挽救整間公司並使其欣欣向榮的原因。

評估缺點，掌握個人優勢

自我覺察要求我們從自己構築的泡泡中抽離，尤其是在高度競爭的領域裡。這意味著透過競爭者的視角，來認識自己。所有政黨候選人都會針對其他候選人，進行競爭對手研究，而最聰明的人往往會試圖取得敵隊候選人的研究成果。這份研究之所以如此重要，是因為它能讓他們知道自己該做哪些努力、個人優勢在哪裡，又有哪些地方可能會被攻擊。（這正是阿姆〔Eminem〕的角色在電影《街頭痞子》〔*8 Mile*〕中獲勝的關鍵！）這類覺察至關重要：它能幫助你評估局勢，並讓你知道對方可能會如何擊敗你。無論身處在哪一場比賽裡，**請盡可能地逼近缺口**。

有些人不喜歡面對自己的缺點，這樣的人要不是過分在乎自尊心，就是不願意承認自己也有缺點。但願意承認者，往往才是那些為了彌補自身缺點而廢寢忘食去提升自我的人（儘管在別人眼中他們或許早就是完美無缺的）。其中，非常重要的一件事就是記得：我們所討論的缺點，是具有相關性的缺點，也就是那些重要而且會影響表現的缺點。就算凱爾．柯佛和J．J．瑞迪克的籃板球很爛，也沒關係；就算星巴克賣的貝果不是世界一流，也沒關係。這些並不是讓他們出類拔萃的事物。

請將心力投注在個人專長上，並找出自己的競爭優勢。與過去的人相比，我們要面對的競爭市場更大。就在不久以前，求職者的競爭對手還只是那些住在辦公室通勤距離內的人而已，然而那些時光已經一去不復返。身處在資訊時代的現在，競爭者範圍已經擴散到全球。夠好（good enough），已經不夠了。自我覺察將成為你的優勢，能幫助你爭取面試的機會、在競爭者中脫穎而出、獲得升遷的機會或成立新創公司。請記得：**倘若連你都不知道自己擅長什麼，那麼別人也無從得知**。

欠缺自我覺察的影響：心智罷工的馬拉松

自我覺察往往會隨著年紀而發展。但這並不意味著年紀愈長，此能力就會自動增強，只是意味著年輕人比較不擅長利用此特質而已。成熟的機制非常有趣。在我二十多歲時，我自認為無所不知。但如今邁入四字頭的我，明白自己有許多不懂之處，更有許多需要學習的地方。

二〇〇二年，剛從大學畢業數年的我，決定參與人生第一場馬拉松。而跑完四十二公里全馬一直是我的目標，也是許多人會進行的肉體挑戰。

除此之外，我也很希望能讓當年那個熱愛跑步的女友，從此對我刮目相看。

我有打大學籃球，那是一個需要耗費大量心力的活動，而我也因此對何謂適當的訓練，有著不錯的理解。但對於該如何準備馬拉松，我完全是門外漢。我完全不知道如何為馬拉松配速。畢竟，籃球是以間歇性動作為主的運動，意味著儘管其屬於高強度運動，但持續時間不長。兩者就像是蘋果和橘子。因此我為了馬拉松所進行的訓練完全沒用。年輕無知的我，只是輕鬆地想著，「一年前的我還是大學運動員呢，我肯定沒問題的。」我就像是閉著眼睛朝懸崖走，還自信地以為自己對腳下的路一清二楚。然而我根本毫無頭緒。

在起跑前，所有跑者會預測自己跑速，並錯開出發時間。因為你不可能讓所有人都在槍聲響起的那一刻，奮勇擠向前。現場不可能有充分的空間，因此這麼做只會導致混亂，並阻礙賽事進行。那天清晨在我抵達現場時，我完全沒有概念自己的跑速該是多少。在我大學的時候，我跑完一・六里只需要五分零三秒（當時我的身材也處於人生最巔峰），但我可不是傻子，我知道自己不可能以這樣的速度跑完全程。因此我大膽地回到每一・六公里八到九分鐘的組別，並環顧了下四周：身旁盡是些中年婦女和頭髮灰白、打扮過時的六十歲男子。「不會吧，這些都是老人，我不屬於這裡。」我想著。因此，我緩慢地朝另一組看上去跟我比較相近的人靠近。而這組是每一・六公里六分鐘。心滿意足的我，安心地站在他們之中。

在比賽開始時，我快得像是顆子彈。腎上腺素的注入，讓我以根本不可能持久的閃電般速度，衝刺而出。當時的我根本不知道，長時間跑步的效果，就有點類似在酒吧裡灌龍舌蘭 shot。在你一飲而盡兩到三杯時，感覺超棒，但緊接著的第四杯，會在瞬間摧毀你。你覺得一切都太棒了，直到你一腳踩空，墜下懸崖。你的意識離你而去，你覺得非常不舒服，且開始無法控制自己。後勁悄悄地攀附在你的身後，再猛然給你一擊。這就是馬拉松。

十二．八公里的時候，我感覺超好。

十九．三公里的時候，我覺得還行。

二十七．三公里的時候，一切……開始瓦解。

在我遇見企業家兼亞特蘭大老鷹隊（Atlanta Hawks）共同老闆傑西．伊茨勒（Jesse Itzler）時，他告訴我，在我們每個人內心深處，都有一個對自己充滿懷疑的聲音。當我們在人生中開始遭遇各種逆境時（無論是生理、心理還是情緒上），這個聲音會變得愈來愈大聲，負面的自我對話也於是開始。這是自我保護的機制：如果你讓自己的身體經歷過度的折磨，大腦會試圖讓你停下來。這就是其存在的目的，它的任務就是要保護你。

在二十七．三公里的時候，這小小的聲音開始出現，而我就是無法讓它停下來。我是一個徹頭徹尾的正向思考者，日常生活裡總是充滿自信與樂觀，但我已經沒有一絲精力能阻止這個聲音。再說了，它說的內容是如此**有道理**。隨著我每踏出一步，聲音也變得愈來愈大。我的心智與身體開始罷工。感覺徹底被擊垮的我，開始用走的。在比賽開始前，我絕對敢和別人打賭一百美元，自己不可能會在跑馬拉松時停下來用走的，而且還是在剩下十四．四公里左右的時候。這令人沮喪且丟臉，我覺得自己就像是失敗者。

儘管某部分的我非常想忘掉後來的經歷，但這件事太重要了，因此我們必須在稍後的章節中，再次回到這場馬拉松上。

紀錄締造者馬凱爾的關鍵特質

我曾經見過自我覺察是如何在運動場上、企業內及人生中，締造或摧毀一個人。論及一個人能否成為其領域內的巔峰，自我覺察經常是關鍵差異。我曾經擔任德麥沙天主教高中（DeMatha Catholic High School）籃球隊的運動表現教練六年，這是一所位在華盛頓特區外的全美運動強校。這所學校曾奪下六次全國冠軍、三十九次美國高中籃球聯賽冠軍，並培育出十四名NBA球員。該學校在那很難擠進去的高中菁英籃球隊世界裡，是不可忽視且獨特的存在。

當時，十三歲、沉默且纖瘦的馬凱爾．富爾茲（Markelle Fultz），參加了我們學校舉辦的其中一個暑期營隊。他是一個有禮貌且恭敬的年輕人，你看得出來他有不錯的潛力，但他當時的素質確實低於我們一般所招募進來的球員。當他表達自己有意願想加入德麥沙時，教練麥克．瓊斯（Mike Jones）直白地對他說：「我們很願意收你，但你不要想著自己很快就能打進校隊。」

馬凱爾還是決定來德麥沙，而這很大程度上也展現了他對自己及對籃球比賽所下的決心。他或許無法脫穎而出或得到全額獎學金，並成為校隊的風雲人物，但他還是決定與最強者為伍，為無法給予他任何承諾的教練打球。這種決定是非常罕見的：年輕球員總是選擇那些願意招募他們的學校，但馬凱爾卻來了這裡。

多數被招募進來的新球員，會預期自己從校隊二軍開始，這樣他們就能盡快成為一軍。但馬凱爾虛心理解自己的能力，因此他願意從新人隊開始。他並沒有因為自己必須從「底層」開始，而感到沮喪或挫敗。他尊重過程，努力投入在比賽中，並在隔年擠入了二軍。

當然，總有許多人在他身旁嚼耳根，「你應該成為一軍」或「你應該去別的學校」，這些是當你表現出色時會跑出來的流言蜚語。但馬凱爾有讓自己不受這些言語動搖的自我覺察能力。他按部就班，規律地上健身房，努力打球，想辦法提升自己的程度。自我覺察幾乎總是能讓一個人擁有謙卑之心。當你明白自己無法做好某些事時，你會因此變得謙遜且充滿動力。

馬凱爾在二年級時付出了極大的努力，讓自己進入校隊，更成為聯賽、接著是華盛頓一帶，最頂尖的球員之一。但即便成為佼佼者中的佼佼者，他也沒有停下腳步。他沒有讓自己迷失在成功的喜悅中，進入高年級的他，反而比菜鳥時期更努力，成為全美明星球員（All-American），並獲得華盛頓大學（University of Washington）的全額獎學金。

儘管自我覺察談的是「自我」，但在一定程度上，這也與你選擇為伍的人有關。擁有自我覺察能力的人，樂於接受有益的批評。而要做到這一點，就是不要在聽到事實後開始卻步。因此，身旁有一個敢於直言的人非常重要，他不能只講你想聽的話，而是得對你說實話。而馬凱爾身邊的人，便幫助他強化了對自己的認識。

二〇一七年，馬凱爾成為ＮＢＡ選秀狀元。對此我一點也不驚訝。即便他在進入大學後就頻獲肯定，他也從未失去應有的敬業態度、動力及自我覺察。就算周遭的人因為他被預測為選秀狀元而興奮地沸沸揚揚時，他仍舊維持自己的專注力。要想進入ＮＢＡ，你必須知道自己在大環境下的定位。多數新進球員往往無法像在大學時期那樣，立刻稱霸ＮＢＡ。因此，他們必須先了解，和其他四名穿著同樣隊服的球員相較，自己在隊伍中應該扮演何種角色。

不幸的是，馬凱爾在費城七六人（Philadelphia 76ers）的新秀賽季上，遇到了重大挫敗。他在賽季開始前肩膀受傷，讓他缺陣整整一個月，接著是兩個月。然後，看起來整個賽季他都無緣登場了。之後，一段低畫質、用手機拍攝的七六人練習影片傳出來，在影片中你可以看到他改變了自己的投籃動作。人們開始警覺。有些地方看上去不太對勁。

緊接著，推友和評論員終於有機會能實際觀察馬凱爾。然而這位選秀狀元一週又一週地持續坐冷板凳，引發了諸多揣測和批評。有人說他信心崩潰。有人說他是NBA選秀上的最大失誤。這就像是一場史無前例的猜測與批判大會。但馬凱爾仍然保持沉默。

接著，在新秀賽季的某一場常規賽中，他上場了。你們猜，情況如何？他沒事。不僅沒事，還狀況絕佳。一個月後，他憑藉著在得分、助攻及籃板上的兩位數得分，成為NBA史上最年輕摘下大三元的球員。

我看著馬凱爾一步步走出去，而我確信他的職業生涯將如同所有預測員所預測地那樣，一飛沖天。在一個即便有天賦也未必能發展順遂的領域裡，他憑著自我覺察脫穎而出。他知道自己的能耐，即便整個籃球界的人都盯著他，他也不為所動。

自我測試

儘管自我覺察談的是「自我」，但為了確保精準度，向那些最了解你的人（你的知己圈）徵求明確且有意義的反饋，是極為重要的一件事。

如同喜劇演員所明白的，只有一個方法可以測試一個笑話是否有趣：聽眾是否笑了？這聽上去再簡單不過，卻暗藏著深奧的意義。你或許認為自己有必要的謙虛，但倘若五名與你親近者並不這麼想，那麼你認為事實是怎麼樣呢？

找出三名你認為最了解你的人。這三個人可以是朋友、家人或同事。你必須營造出一個令人安心的環境，讓對方能直言不諱地說出自己的感受：請他們與你分享他們看到的事實。解釋你這麼做的目的，同時感激他們所提出來的建設性批評。對方的反饋愈真實，此活動所帶來的幫助與影響也愈強。

請他們針對下列問題，用一到十（一分最低，十分最高）來為你打分數：

- **我的溝通能力是否良好**？我能有效傳遞自己的想法嗎？
- **我勇敢嗎**？我不畏懼冒險？
- **我是否有紀律**？我願意致力於完成一件事？
- **我是否專注**？我能杜絕令人分心的事物？
- **我是否大方**？我是願意付出的人嗎？
- **我是主動的人嗎**？我能獨自開始一件事？
- **我是否有正確的判斷力**？我知道哪些才是真正重要的嗎？

- **我會聆聽嗎？**我會聆聽他人的說法嗎？還是只聽自己想聽的？
- **我樂觀嗎？**在任何情況下，我都選擇從正面角度看事情？
- **我擅長解決問題嗎？**我是否只懂得找出問題……還是懂得進一步修正它們？
- **我負責嗎？**我能對自己負責嗎？
- **我有安全感嗎？**我是否能信賴周圍的人？

在你獲得對方的反饋後，將其答案和其他人的答案進行比較。看看這與你對自己的評估有何不同。試著找出其中的趨勢與模式，進而發現自己的最強項和最明顯的弱點。

看看有哪些特質脫穎而出？但重點是，不要貿然跳到結論或下評斷。

請記得，這只是他人的反饋。這些結果沒有好壞之分。你必須決定是否以有利於己的方式來運用這些資訊、讓自己更上一層樓，或是讓它們成為阻礙你的絆腳石。

> 我們無法改變自己根本沒注意到的事。
>
> ——美國作家暨記者東尼・史瓦茲（Tony Schwartz）

當我們在工作場合中提起自我覺察時，往往會遇到相當矛盾的情況。你必須判斷自己是否擁有這項特質，然而此一判斷力，卻必須來自於你正企圖為自己打造的能力！正是因為這樣的矛盾，我不認為當你在詢問別人是否擁有自我覺察的能力時，有人會跟你說他沒有。這就是最弔詭的地方。人們無法看到自己的盲點。

事實上，有九五％的人在問卷調查中，宣稱自己擁有自我覺察的能力。[8] 事實上，整個地球上，應該沒有人願意承認自己缺乏自覺（儘管多數人是缺乏自覺）。我認為這樣的情況，是因為大家不夠理解自我覺察的意義。所謂的達克效應（Dunning-Kruger effect），簡單來說就是：我們無法知道自己不知道的事。（達寧〔David Dunning〕和克魯格〔Justin Kruger〕是史丹佛大學的研究員，他們發現一個人表現最差的科目，往往也是其最有自信的科目。）

此外，無法自我覺察的原因，還包含了情感上的抗拒和否認。幾乎所有人都能不加思索地說出自己擅長的領域，但也有某些潛在的事物，是人們不願意面對的。比方說，那些讓他們感到害怕、令他們倍感挑戰、使他們從睡夢中驚醒的事物。

我們傾向於逃避自己做不到的事。我們不想去挖掘、探究某些事究竟該怎麼做。畢竟，忽視這些事物或單純地將責任推到外界更輕鬆。我們活在自己為自己構築的謊言中，而此舉導致我們的自我覺察變得薄弱，甚至徹底消失。

這正是我們需要努力之處，也就是能夠直視著鏡子，知道自己真正畏懼並因此感到不安的事物為何。我們被教導應試著去超越或避免逆境與痛苦，但唯有面對它們，我們才能成長。這是我們每一個人的起點。

關鍵點：找出自己內在與外在的強項與弱項，因為唯有自我覺察才能讓其他事物得以可能。

請記得：

- 倘若你不知道自己是誰、做了些什麼，那麼你所學或做的每件事都沒有意義。
- 控制你能控制的。不要執著於那些你無法掌控的事物。
- 找出自己能做出貢獻之處，發揮你的價值。如此一來，其他人也會留意到你的付出，並給予你回報。
- 不要因為被自大蒙蔽，而沒能看見自己必須改進的地方。

2 熱情

沒膽量，就沒女人。

——美國富豪企業家馬克・庫班（Mark Cuban）

倘若你熱愛某些事，那麼事情就簡單多了。你甚至還會認為「工作」這個詞，並不足以正確表達你的感受。相反地，倘若你覺得工作就像是種「折磨」（這也是我最討厭的詞），那麼它就會一直如此。確實，總有些事情我們必須**費盡心思**去完成，且沒有人可以愛一份工作的所有面向，但如果你的心和靈魂都志不在此、倘若你對更大的目標和意義毫無興趣，那麼請換份工作吧！離開這裡，你在這裡毫無用武之地。「你不需要熱愛工作中最艱苦的那一面。」ＮＢＡ訓練師提姆・葛洛佛（Tim Grover）寫道。「你只需要熱情地想著自己的最終目標，熱情到這其中的艱苦於你而言都不再重要。」[1]這可以歸結於真心，或其他人所謂的熱情。

我並不是天真，我知道工作就是工作。我是那種熱愛早起、為工作奔忙一整天後在夜晚因精疲力竭而心滿意足的人。但視工作為一份苦差事，不僅會讓自己變得悲慘，還會導致表現欠佳。我經常使用的一種有效思維轉化方法，就是將「必須」想成「可以」。我並不是**必須**去健身，而是我**可以**；我不是**必須**打給這名客戶，而是我**可以**；我不是**必須**寫這章，而是我**做到了**！工作是一種特權。如果你能全心全意地將熱情灌注到工作中，需要的推力就會自然湧現。你的體內就像是內建了一台發動機、一台自動運轉的引擎，力量有如泉湧。

請將你的熱情想像成你身上所攜帶著的能量，一種尚未被使用、等著被灌注到某些事物上的能量。而你可以決定這件事物是什麼。最近你可能時常聽到人們使用「恆毅力」這個詞，而我更喜歡將其解釋成**運用你的熱情**。光憑天賦是絕對不夠的，因為天賦並不是什麼罕見的事物。天賦的美好被過分高估，但它鮮少能實際成就些什麼。事實上，你在天賦以外又付出了哪些，這才是真正造成差異之處。

超級企業家傑西的瘋狂經歷

熱情是一台引擎，能帶領我們走過低谷，熬過初期的考驗，度過那些你憂心想著事情能否成功的日子。就各種層面而言，熱情總是最重要的，它能讓你知道自己的人生目標。而是否追隨熱情給予你的指引，決定權操之在你；是否該將熱情付諸實踐，也操之在你。

儘管對某間啤酒公司不太好意思，但傑西・伊茨勒無疑是「世上最有趣的男人」。❶他是NBA球隊的共同老闆、連續創業家、慈善家和最耐操的戰士（他出版了幾本書，描述自己是如何接受海豹部隊的訓練以及和西藏僧侶一起生活）。大概在十年前左右，我就萌生出想要親自見見他的念頭，而我也極其幸運地受邀在他與他太太莎拉・布蕾克利（Sara Blakely，Spanx 創辦人）位於康乃狄克州其中一個家所舉辦的靜修活動上，發表演說。那是一個非常難忘的週末：有些時候是如此地鼓舞人心；有些時候則是關於企業經營；有些時候是人與人的交流；有些時候則像是身處在夢幻營隊中。

就他們夫妻兩人驚人的身價來看，傑西和莎拉或許是你所能遇到最謙虛、最大方且真誠的人。他們對自己有著無可動搖的信心和信念。當其他人都不支持他們時，他們在自己身上押下重注，並因此得到了回報。「金錢只能放大你的個人特

❶【譯注】「世上最有趣的男人」為作者借用了 Dos Equis 啤酒公司的廣告詞。

質」，他們兩個人喜歡這麼說。倘若你是一個混蛋，那麼金錢就能讓你成為超級大混蛋；倘若你是一個寬厚的人，那麼金錢就能讓你為世界貢獻更多。而這也體現了他們兩人的生活理念。他們的「活出生命之力」（Live Life for a Living）靜修活動，是我參與過最足以轉化人心的活動。其關注的是傳統人際交流的初衷，而眾人甚至將自己的手機埋起來整整一個禮拜。

傑西不畏懼展示自己的弱點，並勇於面對自己的脆弱。他總是強調自我懷疑是扼殺成功的頭號殺手，而你可以選擇坐等機會從天而降，也可以自己創造。他的座右銘？**我走這麼遠不是只為了停在這裡**。

傑西一開始是一名音樂家。他在自己的答錄機裡錄下人生第一首饒舌歌樣帶，而背景音樂則是用手提式收音機播放，他念著歌詞，將歌聲錄到卡帶上。由於他唯一約得到的錄音室時間，是午夜到早上七點，因此有長達一個月的時間，他每天都會騎著腳踏車橫越約三十二公里的路，徹夜待在錄音室裡，再於第二天早晨騎回去，擔任兒童泳池服務員。一九九三年，他因為〈衝啊，紐約！〉（Go New York Go）這首歌爆紅，這首歌也成為紐約尼克隊在麥迪遜廣場球場內，最具傳染力的主題曲。在音樂事業取得成功後，他將重心轉移到創業，成立了馬奎斯飛機公司（Marquis Jet），一間專門從事私人飛機信用卡服務的公司，而該公司最後被巴菲特的波克夏買下。接著，他成為了 Zico 椰子水公司的合夥人，這間公司後來賣給可口可樂。毫無疑問地，他再也不用為錢的事煩惱。

但他沒有因此改變，因為傑西的動機從來不是為了錢。如同他在《和海豹特種部隊生活的31天》（*Living with a SEAL: 31 Days Training with the Toughest Man on the Planet*）中所寫的，「我人生中的每一場成功，都是因為追逐熱情，而不是追逐金錢所得來的。」[2] 我對此深信不疑。我認識傑西，他的故事更鼓舞著我追尋自己的目標。他為自己所從事的每件事灌注熱情，並將其回饋給世界。

> 我們之所以會認為在工作上浪費太多時間，是因為這些工作缺乏意義。
>
> ——微軟執行長薩蒂亞・納德拉（Satya Nadell）

單腳灌籃的巴克利

你是否投入在自己所從事的事情上？你有**全心全意**投入嗎？在哪些層面上，你有所保留？為什麼？這會不會是導致你無法達成目標的主因？

我的好友兼多本運動、商業和人生領導力暢銷書作者強・高登，和我分享了他的智慧箴言：**梅拉奇（meraki）**。這是一個希臘詞彙，意指「投注身心去做一件事」。我希望英文也能有這樣一個單字，但我們沒有。我擔心我們之所以缺乏這類詞彙，是因為我們文化對此概念較不重視。

曾經和麥可・喬丹、柯比・布萊恩等無數大咖合作的超級訓練員提姆・葛洛佛，在個人著作《強者之道》（*Relentless*）中，描述了關於查爾斯・巴克利（Charles Barkley）的精彩故事。在巴克利的球員生涯中，曾經歷了一段膝蓋受傷的康復過程，並被嚴格規定絕對不可以去球場。當然，巴克利之所以能獲得如此了不起的成就，絕對不是因為他是一個只懂得乖乖聽話的人。事實上，他找上葛洛佛，一而再、再而三地要求，直到葛洛佛做了我們每個人都會做的事：他讓步了。葛洛佛同意巴克利可以練習投球，只要他絕對不要動到受傷的那條腿，畢竟那條腿還帶著護具。

「沒問題。」巴克利回答，於是葛洛佛將球遞給了他。

接著，葛洛佛驚訝地看著巴克利以正常的那隻腳站著，連續灌籃十次，而且中途沒有讓帶著護具的腳著地。**垂直跳躍後再用單腳著地**。這就是他對重回球場所抱持的熱情。

當然，天賦確實在成功的算式中，占有一席之地，但如果沒有積極運用，它也只是單純地存在而已。若天賦未被使用、未被開發，那麼它最終也將無人知曉。如同兩度獲得NBA MVP頭銜的史蒂夫．奈許（Steve Nash）對韌性（resilience）的看法：「這是一個需要被開發的肌肉。你可能生來就帶有極大的勇氣與韌性，但你仍需要持續去開發這份力量。」[3]

我無法教會你如何擁有熱情。沒有人可以。我唯一能建議你的，是找出哪些事能讓你一展長才，然後義無反顧地全然投入其中，絕對不要鬆手。

有些人稱此為決心、毅力或堅持。無論我們怎麼稱呼，在我們見到此事物的第一眼，我們就能明白。這就像巴克利憑單腳灌籃；這就像柯比在經歷近乎斷送職業生涯的傷害後重返球場；這就像十五歲的喬丹因為前一年沒有入選高中籃球校隊而發憤圖強；這就像已經退休、卻又於三十二歲重回球場並連續贏得另外三個冠軍的喬丹。這是關於替自己立下一個實際的目標，然後想方設法地實踐。那麼對你而言，這個目標是什麼？

熱情的最佳典範

從底層開始的創業家精神

打從一開始，馬克．庫班靠的就不是伸手牌。起初，他賣過許多商品，從垃圾袋、奶粉到電視修理商的加盟權等。接著，庫班想辦法讓自己獲得了在軟體店工作的機會。每天早上他會準時開店，並在晚上閉店後進行打掃。即便在人生的早期階段，庫班也懂得不能視任何一份工作為累贅，而應該視其為機會。所以他沒有浪費每一個機會：在工作閒暇之餘，他會閱讀手邊所有關於電腦的書籍，直到自己清楚每一台機械的運作為止。

「在從事每一份工作時，我會在心裡確認這份工作的價值。」他在自己的《如何決勝商場》（*How to Win at the Sport of Business*）中寫道，「無論我喜歡或痛恨，我都能一邊拿錢一邊學習，而在我想清楚自己到底想做什麼之前，這些經驗都是有價值的。」[4]年輕時候的庫班，擁有能締造成功的熱情。這份熱情讓他將折磨人、無趣或無論你想怎麼稱呼的苦差事，轉變成機會。畢竟，不是所有人都能將這些被社會大眾視為前途渺茫的工作，視作機會，而庫班就屬於那少數。但我不認為有任何一份工作是沒有前途的。重點在於，你能主動創造機會，讓這份工作能帶領你通往他處。庫班就這麼做，而他因此成為億萬富翁和傳奇人物。

社群媒體廣告商 Laundry Service 和線上媒體 Cycle Media 的執行長傑森・史坦（Jason Stein），也以相似的方法白手起家。他在一天之內回覆了克雷格列表（Craigslist）上兩百份媒體相關工作廣告，只為了找到一份工作。[5] 菲爾・奈特（Phil Knight）在創立 Nike 之初，只能將運動鞋塞在後車廂，開到田徑場外頭兜售。第一位對企圖在德州創辦全食超市（Whole Foods Market）的約翰・麥凱（John Mackey）說「yes」的投資者，其受感動的地方並不是這個超市的概念，而是麥凱的熱情。[6] 一九九〇年代，Google 的共同創辦人謝爾蓋・布林（Sergey Brin）和賴利・佩吉（Larry Page），決心打造全世界最棒的搜尋引擎，他們覺得「錢之類的東西可以之後慢慢再想」。[7]

驅使他們前進的並不是錢，而錢也無法有此驅動作用。財富是如此遙遠且很難算得上是一件可靠的事物。許多企圖仿效他們的後繼者，前仆後繼地失敗了。而他們之所以失敗，就是因為他們視錢為目標，而不是選擇發揮自己的熱情，讓熱情推動自己向前。

為什麼有些人願意耗費無數個小時，只為了讓自己專精於某件事？是什麼樣的事物讓他們持續不懈、渴求更多？唯有熱情。

不怕吃苦的運動家精神

若想獲得成功，必須投入大量的時間、孤單的努力，有時甚至需要做一些看似「卑賤」的工作。沒有人一開始就是光鮮亮麗的。那些最終能獲得光鮮亮麗工作的人，他們都願意為了成功而不惜弄髒自己衣裳。

擁有八枚超級盃冠軍戒指並因此創下紀錄的比爾·貝利奇克（Bill Belichick），❷並不是天才教練。儘管他在國家美式足球聯盟（NFL）中被讚譽為知識最豐富的教練，但他一直是位吃苦耐勞的人，且直到今日仍舊如此。而他憑藉著一項其他人都比不上的專業技能（而且所有人都對此恨得牙癢癢），一路爬到教練生涯的最頂峰，那項技能就是：觀看影片。[8]

一開始，貝利奇克只是巴爾的摩小馬隊（Baltimore Colts）教練的二十三歲助理，教練提議讓他觀看並分析比賽影片，但並不支薪。（他每週只拿二十五美元的薪水。）當然，這麼做會占據他許多額外時間，且影片有些地方雖然很精彩，卻也有些地方很無聊，更遑論他從未因為自己的觀察被實際應用在場上，而獲得表揚。讚譽都給了他的上司，但這無所謂。

讓我們先暫停，並重新想一遍：**他無償做一份超級糟的工作，而且還不會因此獲得表揚。但他志願這麼做。**

貝利奇克「因為這所謂的苦差事而崛起」，萊恩・霍利得（Ryan Holiday）在《失控的自信》（*Ego Is the Enemy*）中如此解釋。「其他人不屑處理的事情，他也會自告奮勇去做，從中琢磨至爐火純青的境界。」[9]貝利奇克建立起自己的聲譽，而這不僅僅因為他是分析影片的專家，更因為他深切渴望著贏球，甚至願意專門從事分析影片的工作。他的舉動引起了其他教練的注意。而後來的故事，都已經是著名的歷史。

還有許多從看影片的傢伙變成了不起教練的例子，這些偉大的教練奠定扎實的基本功，讓自己變得無可取代。比方說，邁阿密熱火隊（Miami Heat）的艾瑞克・史波爾史特拉（Erik Spoelstra），[10]其在職業生涯早期耗費了無數個小時分析影片，直到數年後他的事業開始走上坡，成為指揮勒布朗・詹姆斯和德韋恩・韋德（Dwyane Wade）打球的人。霍利得言簡意賅地總結了貝利奇克和史波爾史特拉的

❷ 貝利奇克在擔任紐約巨人隊（Giants）的防守教練時拿到兩枚戒指，並在擔任愛國者隊（Patriosts）總教練時，獲得六枚戒指。

崛起：「找到別人不想做的事，然後傾盡全力地去做。」11

傑夫・范甘迪（Jeff Van Gundy）是熱情的最佳典範。我非常喜歡看著在九〇年代早期擔任紐約尼克隊總教練的他，在場邊喊得聲嘶力竭，而他的屁股永遠都離椅子遠遠的，並以令他的球員們無比感動的專注神情鎖定比賽。我尤其記得在一場高度緊繃的賽事中，他如何為球員打氣。在馬克思・坎比（Marcus Camby）向自己的球員揮拳之際，他挺身用頭擋下那一拳，然後在接下來的混戰中，蜷縮在身高兩百公分的阿朗佐・莫寧（Alonzo Mourning）腳邊保命。（上 YouTube 搜尋這段。相信我。）

范甘迪是不怕吃苦不怕髒、身體力行的最佳提倡者，他從不介意自己的比賽數據。身為一名教練，他在場邊盡力實踐自己的信念。

現在，范甘迪成為ＮＢＡ播報員，而他總能給予球員和教練最睿智且深具啟發的建議。「想要成為**最顯眼**的球員？」他在一次演講中問道。「卡位、製造進攻犯規、飛撲搶救失球、額外傳球，這些是人人都會做的事，但卻很少有人實際去做。」

我曾經見過他幾次，也在自己的 podcast 中訪問過他。他是一名極為投入且知識豐富的教練，總能以強而有力的方式直切事件核心。當我詢問他，對教練而言，直覺和經驗何者為重時，他告訴我他將這兩件事情看作一個銅板的兩面。「只要你能留心，」他在我的podcast中如此對我說，「經驗會給予你直覺。」單是資歷、比賽場數或甚至是勝利，不具任何意義。真正重要的是，你如何運用它們。

自我測試

暫停片刻，思考自己的工作。有些是你被指派到的工作，但也有些是你需要做的，對嗎？

倘若這些技能和知識能全部集中到某一名員工身上，這名員工是否會因此變得超級有價值？當然會。如果你還不知道這些技能和知識為何，請設法找出來。一旦找到了，讓自己成為該領域的大師，使自己成為他人無法超越的高牆。

機會成功學

頂尖訓練師的開創機會思考

是否為那一刻做好準備，決定權操之在你。機會可能本來就很少，而且遙不可及。你或許無從得知它們何時會降臨，因此最好的方式，就是未雨綢繆。

一九九〇年代，提姆・葛洛佛還只是一名有著碩士文憑的年輕訓練員，在芝加哥的一間健身房裡工作。一天早上，他在報紙上讀到一篇關於麥可・喬丹試圖努力打敗「壞孩子軍團」底特律活塞隊（Detroit Pistons，當時公牛隊經常在季後賽中輸給他們）的新聞。葛洛佛的雙眼發亮，他知道機會來了。

儘管當時的喬丹早已是ＮＢＡ最強且萬眾矚目的明星球員，但葛洛佛並沒有因此膽怯。他鼓起勇氣，勇往直前。在幾經波折與不屈不撓的嘗試後，他終於取得和公牛隊醫生與訓練員見面的機會。「他們有多大的機會，會願意讓自己的明星球員和一名從未訓練過職業運動員且默默無聞的訓練員合作？」他寫道。「零，所有人都這麼說。算了吧，不可能的。」[12]

但事情並非如此。事實上，事情就這樣發生了。喬丹和公牛隊聘用了葛洛佛，而他也伴著喬丹走完其後來職業生涯的每一步。在葛洛佛開始和喬丹合作並取得成功後，他立刻搖身一變成為該領域內最知名且最頂尖的訓練員。他成為一則傳奇，而這一切全歸功於一個小小的決定。那一天在健身房裡，葛洛佛並沒有花時間思考一遍這件事不可能發生的種種理由，也沒有去想喬丹和公牛隊不可能雇用他的事。他讓這件事成真。機會無法如我們所期望般經常發生，更時常以預料外的方式降臨，但這些都沒關係。**找到那扇門。打開它。跨向門的另一端。**

傳奇四分衛的準備心法

熱情是伴我們熬過機會尚未降臨時期的必要條件，也是驅使我們做好事前準備、迎接機會的動力（因你永遠無法預測機會何時降臨）。有趣的是，許多人似乎都忘了湯姆．布雷迪（Tom Brady）的過去。在選秀會上，布雷迪不過是等到第六輪才被選中的無名小卒、替補的四分衛，只能在場邊看著新英格蘭愛國者隊的比賽。

然而就在二〇〇一年星期日的一場比賽中，愛國者隊的主力四分衛德魯．布萊索（Drew Bledsoe）因為嚴重的傷勢下場，布雷迪因此被換上場。他戴上自己的頭盔，跑向場中央。十七年後，布雷迪依舊站在場上，且毫無疑問絕對是世界上最偉大的四分衛之一。當機會來到他的面前時，他做好了準備。當然，他絕對不是等到布萊索倒下，才開始準備，因為這麼做無法讓他在對的時機點，緊緊握住機會。他提早準備好，並深信機會遲早會到來。

布萊迪的「機會」，停留了近乎二十年之久。而他的職業生涯也即將成為職業運動員史上，最長久且最令人印象深刻的一則傳說。四十出頭的他，仍舊談論著未來五年的比賽計畫。對美式足球員而言，這幾乎是不可能達成的成就，更遑論作為一名四分衛。他是如何辦到的？當然是基於他對比賽的熱情，但絕不僅只於此。

他從未遺忘二〇〇一年那個星期日所得到的啟示。他是如此在乎比賽，所以他讓自己做好準備，並成為健康與健身領域的開拓者。「在比賽以外的時間，我最愛做的一件事就是進行準備。」湯姆．布雷迪對採訪者說道。[13]事實上，他簡直熱愛**準備**。試想看看，要擊敗這樣的一個人有多麼困難，其心中的熱情甚至讓他愛上工作中最艱難的部分。在下一章裡，我將講到與柯比．布萊恩會面的事，並再次探討此一概念。

激發熱情的最有效方法

熱情，確實是一股發自內心的動力，但其也能透過外部因素來激化。其中一個激發熱情的最有效方法，就是通過競爭來喚醒我們對獲勝的渴望。「competition」此一英文單字的拉丁字根意思為「to strive」，亦即「去奮鬥」，[14]而在奮鬥的過程中，我們也因此變得更好。這是為什麼偉大的球隊每天都和其他隊競爭。先發球員想方設法保住自己的工作，替補球員及角色球員（role player）則企圖搶走他們的工作。工作職場就跟球場一樣，良性競爭能帶來益處。在德麥沙高中，瓊斯教練總在一天練習的尾聲，進行團隊內部比賽，以善加利用競爭帶來的優點。競爭就像是強大且熱切活力的源頭，我們都應該多加利用此種資源。

心理學家賈林斯基和商學院教授史威瑟在《朋友與敵人》中，談論到競爭意識對工作與生活的好處。事實上，讓自己置身在一場可能會輸掉的一對一競爭中，是非常有益的，因為「失望能化為動力」。[15]當我們**感受**到失敗的滋味，我們就會將「變得更好」的需求內化。我們會情不自禁地想要變得更強，並贏得勝利。這也是為什麼如今許多產業從動機、團隊合作到紀律上，都試圖效法運動場上的精神。運動場就像是一個測試何者可行、何者不可行的實驗室。

舉例來說，統計數據告訴我們，在籃球賽事中，中場休息前落後一分的隊伍，其獲勝的比率比領先一分的隊伍高。這件事乍聽之下有些奇怪，但在思考後就會豁然開朗。落後一分的隊伍，會因為比賽落後而激發出動力，因此火力全開。[16]不妨想像自己身在一場比賽中：你情願自己些微領先，還是些微落後？些微落後的跑者看得見自己必須克服的距離，也擁有達到此一目標的明確動機，與此同時，些微領先的跑者卻什麼都看不到。眼前那條寬廣的賽道或許能讓你感到興奮，但這並不是刺激著你身後那名跑者的動力來源。

這也是孩子們為什麼要玩遊戲，當比賽開始時，其目的不僅僅是練習。在他們明白自己所經歷的事物之前，他們早已讓自己浸淫在此種激勵人心、充滿活力，以及因為競爭所誘發的熱情之中。運動之所以為幼年階段相當重要的經歷，就在於它能透過練習、競爭與成為團隊一員，激發出一股無形力量。

而我之所以不輕易讓孩子在各方面取得勝利，也是因為希望能教導他們競爭的重要性。不，我當然不是自大狂。我之所以這麼做，是為了讓他們理解人生。根據定義，唯有透過贏得，才能稱為成就。我希望我的孩子在人生中，能努力去贏每件事。在那些需要技巧、力量或速度，亦即我占有極大優勢的比賽中，我會透過改變規則（像是在賽跑中，讓他們從更近的地方起跑），給予他們較高的獲勝機率。接著，我會盡自己所能來擊敗他們。

當孩子真的獲勝時，我會由衷地恭喜他們，並告訴孩子我多麼以他們為傲。我總是特意去認可他們的努力付出，誇獎他們很認真練習且永不放棄。畢竟，注重過程而不是結果，是一件非常重要的事。對於他們的勝利或失敗，我不會多加評論，而是去凸顯他們的付出與參與的態度。無論結果為何，我也會確保贏家能心懷謙虛和體恤，輸家則必須保有風度。

失敗動力學

斷臂求生的關鍵啟示

無論事件規模大小，熱情和勇氣總是密不可分。而我個人聽過最驚人的勇氣事蹟，莫過於艾倫・洛斯頓（Aron Ralston）的故事。在一部以洛斯頓真實經歷改編而成的電影上映後，洛斯頓瞬時成為全國家喻戶曉且極具代表性的冒險家，但回到二〇〇三年四月二十六日，當時的他獨自一人，完完全全地搞砸了。

隻身一人在猶他州攀岩的他，踩到一塊鬆動的岩石，而那塊岩石砸到他的手臂上，將他與那塊巨石一起固定在峽谷的岩壁上。洛斯頓以站立的姿勢被困在原地長達六天，因為手臂被壓住而動彈不得。他身邊僅有一點點的食物和水，獲救機率更是超低，甚至只能喝自己的尿和結冰化成的水。但他拒絕放棄。當然，現在人們最常提起的，莫過於他在第六天決定**扭斷並割下自己手臂**，但我們不能忘記他是如何被逼到這一步。他在我們根本無法想像的情境下待了一百二十六個小時，而這段時間不僅讓他想清楚自己該怎麼做，更讓他有了實際**去做**的決心。在最後一個小時裡，他做了我們所有人都無法想像自己會做的事。今天，帶著義肢的洛斯頓，仍繼續爬山，並成為激勵人心的講師。在聽完他的故事後，我們就知道自己根本沒有什麼好抱怨的。

幸運的是，我們大部分的人都不必經歷洛斯頓那駭人聽聞的處境，但在那激勵人心的故事背後，埋藏著一個重大教訓。在《障礙就是道路》（*The Obstacle Is the Way*）中，萊恩．霍利得審視了各領域中的歷代佼佼者，並發現這些人全都擁有同一項特質：反擊。「如同氧氣之於火，障礙成為讓目標發光發熱的燃料……所有的障礙只會讓他們內心的煉獄之火，熊熊燃起。」他寫道。[17]

真正有野心、有熱情、在自身領域稱霸的人，是憑藉吞噬障礙而成長。他們不會視阻礙為應該避免的事物，而是獲得大量能量的來源。

請記得，將一件事情視為危機或轉機，取決於我們的態度。下面是幫助我們克服逆境的四大關鍵態度：

一、保持誠實。

二、保持正向。

三、讓自己不受左右。

四、保持自信。

自我測試

思考當前人生與工作上遇到的障礙。寫下你目前最大的三個難關，這也是讓我們能看清問題本質的好方法。在何種情況下，它們能成為一種助力？你可以如何將它們化成動力？

> 一旦停止成長，就會開始衰退。
>
> ——麥克・薛塞斯基

體操選手跌倒挑戰

作為人類，追求舒適的欲望深深刻寫在我們的DNA裡。我們總是下意識地想讓事情愈簡單愈好，但這無法帶來成長。**不舒適**才能讓我們成長。我們因為壓力、挑戰、逆境而茁壯。表現拙劣者追求舒適，相反地，表現卓越者則可以在不舒適的環境下，完美發揮，甚至會**主動尋求**逆境。他們持續提升困難的程度，並依此強迫自己去奮鬥、去反抗，並得以蛻變。他們的腳步不會因為不舒服而停下，那裡不過是他們的起點。

熱情能讓我們克服多數人都會因此放棄的不舒適。這也是為什麼我們必須讓自己適應，**安適於不舒適中**。有多少次，你聽見別人說你必須努力才能成功？或許多到數不清。但從來沒有人定義什麼叫做努力，或怎麼樣的程度，才稱得上夠努力。而我自己是這樣定義的：**所謂的努力，就是刻意跳脫自己的舒適圈**。這就是成長的方式。

倘若我要你現在放下這本書，開始做伏地挺身，當你開始氣喘吁吁時你會怎麼辦？你會停下來，對嗎？當你的胸腔、肩膀和手臂因為血液而漲紅並顫抖時，你會停下來。這是很本能的行為。但要是我告訴你，這不過是一個徵兆，告訴我們唯有越過這個點，才能開始有所不同呢？這就是變強之道。

自二〇一八年的春天開始，職業體操選手在網路上掀起一股風潮。他們將自己的影片放上網路，而這些影片獲得了大量的點閱率。金牌選手的日常練習？不是。個人的最佳表現集錦？絕對稱不上。他們將自己最經典而難忘的摔倒、掉落和碰撞，放上網路。這一切全始於一名義大利籍女子體操選手將自己的影片放上網，並標註「#GymnasticsFallChallenge」（體操選手跌倒挑戰），然後事情就發生了：上千名的職業體操選手將自己的影片放上網。[18] 為什麼？因為這些體操選手深知自己是因為表現優異而獲得歌頌。而那些剪輯過的精彩影片，或許會讓人們對他們多麼努力、面對的比賽又有多麼困難，有著錯誤的想像。這些影片廣泛獲得人們的關注。確實，當我們看到別人跌倒時，總有想要捧腹大笑的衝動，但我們其實也想知道這些運動員就跟我們一樣只是凡人。這些影片讓我們明白他們就跟凡人一樣努力練習，化失敗為成長的養分。失敗並不是絆腳石，而是他們邁向成功的墊腳石。

在商業世界裡，同樣如此。只有在無數的拒絕、失望、失敗、質疑和阻擋後，最棒的想法才得以被激盪出來。**失敗是一種學習**。億萬投資家巴菲特主張我們應該注重失敗，因為他明白這些故事才是真正埋藏著黃金的地方。他不僅僅用言語來提倡，巴菲特「在長達數年內，總是先寫下他為什麼做出某一投資決策，之後再回頭檢視當時的決定是對或錯。」[19]

逆境之所以能在許多成功故事裡，占有一席之地，絕非偶然。從歐普拉到賈伯斯和托尼・羅賓斯（Tony Robbins），我們可以發現幾乎沒有人是一帆風順地駛向成功，只不過他們徹底扭轉了障礙。

> 至少在一定程度上，我們可以將幸福定義為：個人出於自身意願與能力，犧牲眼前需求，以換取最終目標，所收成的果實。
>
> ——美國知名管理學大師史蒂夫．柯維（Stephen Covey）

成功者的共通點

對失敗敞開心胸。主動尋求失敗。只要你能不犯下同一種錯，那麼就長遠來看，這根本算不上失敗。在我所認識的極成功者之中，從球員到教練，從企業家到執行長，從不畏懼失敗。他們相信過程，不會為了結果擔憂。而這也是我們從報章雜誌及本書所讀到的成功故事裡，經常能看到的共通點。

根據 PayPal 前執行副總裁及 LinkedIn 共同創辦人里德．霍夫曼（Reid Hoffman）的看法，在頭一份數位事業中就大放異彩的他認為，「如果你讓自己處在不會遭遇任何失敗的情況下，也就意味著你沒有獲得任何成功的可能。」[20] 身為一名身價已超過三十億美元的成功者，霍夫曼本人依舊是失敗的擁護者。失敗之所以有益（尤其是重重的一擊），是因為「你能學會維持一定程度的謙虛，還能學會保持一定程度的客觀。」這並不意味著失敗是輕鬆的，而是意味著失敗在某些方面上，具有一定價值。

這個道理不只適用在公司，也適用於個人。然而，它是一場折磨，還是一趟旅程？決定就握在你手中。當艾德蒙・希拉里爵士（Sir Edmund Hillary）和丹增・諾蓋（Tenzing Norgay）成為歷史上第一批成功攀登上聖母峰山頂的人時，他們歡呼慶祝。他們不顧一切地慶祝了**十五分鐘**。接著，他們再次爬下山。

無論是有意識或無意識，不要繼續縮在你的舒適圈裡。舒適圈是我們的敵人，它會讓你變得軟弱且自滿。你必須持續地跳脫舒適圈，挑戰自己。在比爾・蓋茲剛創辦微軟時，他總是答應那些不在自己能力範圍的事。他總是先說「yes」，再去思考該如何達成目標。他的行銷總監史蒂夫・史密斯（Steve Smith）說，「幾乎我們售出的所有產品，都還不是一個產品。我們賣的是承諾。」[21]你可以仿效他們販售承諾。當創造的時刻來臨時，你將為自己能拿出來的力量而驚豔。

畢竟，總是打安全牌，不會帶來任何獎勵。各行各業的成功者，往往都是崛起於不舒適中。為什麼？因為暫時性的痛苦能帶來長久的進步。我們不可能凡事都靠伸手，而是必須親自去贏取、獲得成功。我們必須有犧牲眼前快樂的勇氣，去接受必須接受的過程，因為我們是如此渴望終點的果實。因此，請深入探索你的熱情，並讓其成為你的嚮導。

關鍵點：熱情是台發動機，為我們注入實踐必要之事的力量。如果你已經知道自己的熱情所在，請傾盡全力灌注其中。倘若你還不清楚，請務必用心去尋找和探索。

請記得：

- 熱情是讓我們與眾不同、讓我們的人生志業能與他人不同的關鍵。
- 沒有人能單憑天賦就一帆風順。光憑天賦往往無法成事。
- 你的態度和方法決定了這是一場「折磨」，還是旅程。
- 對目標灌注全部的熱情，使你能不惜一切努力達到目標。
- 聽從熱情的引導，實踐你必須完成之事。

3 紀律

好運只發生在精心計畫後。

——美國知名棒球總經理布蘭奇・瑞基（Branch Rickey）

我不相信運氣。我認為不快樂與失敗之人，經常用運氣作為藉口。多數人嘴邊所掛著的好運，事實上是充分準備與機會激盪出來的結果。為了獲得好運，你必須隨時準備好迎接機會上門。愛國者隊傳奇四分衛湯姆・布雷迪靠的是好運嗎？不是。還有許多人都可以成為德魯・布萊索下場那天的替補。但沒有人能像布雷迪那樣，締造出如此輝煌的職業生涯。我們應隨時做好準備，迎接那些只為了有準備之人而降臨的好運。

我們知道自己應該做好準備，但我們是否足夠謹慎地去理解何謂準備？**你如何做準備？**

我們必須**做好**準備，以免事到臨頭時，我們沒有時間**再去**做準備。那麼，你該怎麼做？答案是，每一天都設法提升自己的能力；做別人不做的事；閱讀、觀察並聆聽每一件發生在與你相關領域內的事；利用別人看電視或睡覺的時間，來強化自己。資源就擺在那裡，請找出它們善加利用。接著，倘若你也想獲得好運，你就必須在對的時間、出現在對的地方。但與其坐等好運降臨，不妨親自去**創造**。該怎麼做？答案是，為你做的每件事、去的每個地方和認識的每個人，創造價值。

問問你自己：你今天做的事情，是否和你明日的夢想相符？

六步驟做好準備

一、閱讀。
二、研究。
三、觀察。
四、評估。
五、嘗試。
六、冒險。

好習慣很難養成，卻能在擁有後愉快地與我們相伴一生；壞習慣很容易形成，卻讓我們活得痛苦。

——美國作家暨演說家馬克・馬特森（Mark Matteson）

深度專注力

我們活在一個注意力高度分散的社會裡，也很難找時間來培養深度工作力。用《深度工作力》（*Deep Work*）整本書來探討此議題的電腦科學教授卡爾・紐波特（Cal Newport），認為這是一種瀕臨垂死的技能。根據紐波特的看法，深度專注於工作是「讓我們在這個不斷吞噬人們、再將掉鏈者無情淘汰的高度競爭資訊經濟體系下，脫穎而出的關鍵能力。」[1] 翻譯：未來會給予那些願意深埋在工作中、抵擋一切干擾的人獎勵，亦即那些在受到當代典型分心事物猛烈攻擊下，仍能心無旁騖者，將會享有優勢。倘若你做不到這點，你的麻煩就大了。假如你知道自己無法做到這點，請從現在開始努力。

不管是坐在電腦、辦公桌前，或在任一環境下工作，你能專心多久？你可以多久不去檢查訊息或打開推特？這些看似一天之中微不足道的短暫小動作，卻會累積加總。所有足以打斷你工作的短暫片刻一旦加總在一起，將對你的生產力造成極大的影響。它們讓你無法進入深度專注。在貝佐斯念研究所的時候，他總是如此著迷於手邊的功課，導致老師不得不將他連人帶椅子一起移動，好讓他開始進行下一項任務。[2]即便在如此年輕的時候，貝佐斯也從不需要別人來指導他，該如何專注於工作。

所有研究一心多用的研究者，到頭來總會得到一個相同的結論：這是一個迷思。我們無法同時做兩件事，而是只會在兩份工作**間**來回移動，並因此無法徹底浸淫在其中一份工作內，導致兩份工作互相成為彼此的絆腳石。我們總一廂情願地認為自己可以進行多工處理，但我們其實只是**不完整地同時進行兩件事而已**。如果有人宣稱自己是多工處理者，請提高警覺。我可以保證一定有某些重要的事情被他漏掉了。

未來就掌握在那些懂得深度專注於工作的人身上。屆時，這將成為一項祕密武器。如同紐波特所寫的，「深度專注將成為一件罕見並因此顯得彌足珍貴的事物。」[3]他也提供了一個自稱為「生產力法則」的公式：

高品質的工作生產力＝花費的時間×注意力強度[4]

毫無疑問地，時間是我們最珍貴的資源。打從我們出生的那一刻起，時間的沙漏就已經被翻轉。這也意味著我們最珍貴的資產，就是我們的注意力，它顯示了我們真正重視的事物。不幸的是，我們花了太多時間在那些我們並不在乎的事情上。事實上，根據一份哈佛的研究，「在人們醒著的時間裡，有四六．九%的時間用於思考非手邊正在進行的事。」[5]這也意味著一天之中有一**半的時間**，我們都像是魂不守舍。

我們投入注意力的方式，決定了我們是在浪費、虛度還是投資自己的時間。**活在當下**。這聽上去再簡單不過，但請看看你的四周。這一點都不簡單。「活在當下」或許是我們最難頻繁做到的一件事，而這件事還變得愈來愈難。

我忍不住想起勒布朗．詹姆斯的職業生涯中，其中一個令人興奮到驚嘆的時刻。但這一刻並不是發生在場上，而是出現在麥克風旁。當騎士隊（Cavaliers）在二〇一八年東區決賽中輸掉第一場後，記者問勒布朗，「第四節發生了什麼事？」部分是基於開玩笑，部分則是讓我們有機會窺探到他腦袋是如何運作的。而勒布朗就字面意思去回答記者的提問，他鉅細靡遺地交代了第四節從開始到吹哨之間的每一步。場邊傳出一陣輕輕的笑聲，而勒布朗在終於說完後，露出了一個有些彆扭的微笑，而這也讓大家看到他絕不只賦有生理優勢。試想看看，需要有多專注，才能做到此。

在兩場比賽之後，他又這麼做了一次，這次是在賽後的新聞發布會上，他詳細而完美地交代了自己在比賽中的三次傳球，包括當時場上其他球員的位置，以及他是如何執行這些動作。身為地表最優秀球員的勒布朗，其大腦是如此專注於當下的事，即使在季後賽中必須執行各種技巧與戰術，他還是能清晰且滴水不漏地說出相關細節。

自我測試

生產力考核：

- 與你工作相關的三件最重大職責為何？
- 每天上班時，你會做些什麼？
- 比較兩份清單。

注意：倘若你無法將八〇％至九〇％的時間投入到那三件最重要的職責上，那麼你並沒有盡己所能地發揮應有的效率和生產力。這時，請轉移自己的注意力，好讓你的行為符合自己所期待的優先序。

神射手柯瑞的自我標準

有紀律，也意味著對自己採取嚴格的標準。讓那些高不可攀的標準，成為你的底線，去達成它們，然後再試著超越。許多年前，我有機會近距離觀察一名在日後成為NBA史上最偉大球員之一的年輕人，並偷偷觀察他是如何擁有如今這般成就。

在一場十一年前舉辦的球技營隊上，我有幸認識並和史蒂芬．柯瑞共事。當時的他，是聲勢逐漸上漲的大二學生，他來自在南方聯盟（Southern Conference）中不受關注的戴維森學院（Davidson College），且身形明顯嬌小於其他大學球員。事實上，讓全美注意到戴維森學院的是柯瑞，而他也用接下來數年將其推上高位。

我當時是該營隊的運動表現教練，而柯瑞是營隊的輔導員。他剛結束大學的第一年，卻沒能吸引到任何青睞（即便是在大學籃球界內）。但我很快就對他印象深刻。倘若你知道自己追尋的目標，你就能看見那個目標。而我知道，這個孩子和其他人不同。

蛛絲馬跡早有線索。在每一次的活動開始前，史蒂芬會確保自己總是第一個到場。當其他人還戴著耳機、穿著拖鞋四處閒晃、無精打采地進行伸展或嬉笑談天時，史蒂芬已經綁好鞋帶，開始進行嚴謹的日常投籃練習。

當真正的訓練開始時，他早已投了上百顆球，並因此汗流浹背。接著，當所有人列隊等待練習時，有些人一臉麻木、有些人開始聊天，而史蒂芬只是專注地研究動作。我近距離地觀察了他，並感受到他的專注。當他還在排隊時，他會演練自己在籃框周圍的各種動作，因此在輪到他時，他總能正確地做出來。

身為一名試圖在球員身上找到此類特質的教練，我的目光根本離不開他。當史蒂芬正確地做對一件事時，他會一而再、再而三地重複，強化肌肉的記憶。當他做錯一個動作時，他會立刻向最近的教練求助，請求個人指導。接著，他們會一起移動到場邊，直到他確定自己的腳步正確，或做完他需要做的事。請注意：這並不是選拔會。沒有人在觀察他，而他也不是企圖提升自己在選秀會上的本錢或評等。這些不是他這麼做的原因。他正在鍛鍊一頭猛獸，只不過其他人還沒發現而已。

在那天的尾聲，當我正在收拾球場上的東西時，史蒂芬來找我。「嗨，你介意傳球給我嗎？」他問道。「直到我連續投出五個空心球以前，我不打算回去。」

當我站在籃框下將球擦地傳給他時，我對他追求卓越的標準心生敬畏。要連續進五球本身就是一件難事，尤其是在經歷了一整天令人精疲力竭的訓練後，但這還不是他所追求的目標。他的標準是空心球。（空心球意味著不能擦到籃框或籃網。其英文名稱「swish」就是以進球的聲音來命名。）

而重點在於你不能將目標放在空心球上。倘若你以此為目標，那就錯了。這必須像自動化的動作。多數人會說進球就是進球，但這不符合柯瑞的要求。最完美的進球，就是空心球。

有好幾次，他連續投出了四球空心球，但最後一顆沒有成功，於是一切又從頭來過。此刻，沒有人會管他要不要停，但他決心要達成自己的目標。現在，史蒂芬·柯瑞被視為聯盟內最了不起的神射手，甚至是有史以來最偉大的神射手。這並不是憑空而來，打從周圍的人根本還沒注意到他以前，他就為自己設下了必須達成極高標準的紀律。

史蒂芬是前ＮＢＡ神射手戴爾·柯瑞（Dell Curry）的兒子，因此他有機會親身體驗到：當你希望自己能成大器時，就必須用時間和血汗來換。多數的孩子都喜歡看ＥＳＰＮ的精彩片段和 YouTube 集錦。但史蒂芬將枯燥的早晨與令人精疲力竭的練習當作日常。他知道要付出什麼代價，而他**判斷**這些代價是值得的。

看不見的時刻

我的大學同窗好友德魯．漢倫（Drew Hanlen），是全球知名的ＮＢＡ策略型技巧教練。他創造了一個我極熱愛的詞彙：看不見的時刻（unseen hours）。其泛指風光背後那不為人們所熟知的時間與心血，以及紮穩成功根基的過程。這是在鏡頭關掉、沒有粉絲、沒有啦啦隊的情況下，他們所付出的努力。這些進球全都不算分，這些傳接球也不會被即時重播，這些竭盡全力的奔跑更不會換得觀眾席上的歡呼。這是發生在運動場關門的時刻，且往往早得或晚得不可思議。這是看不見的時刻。這是耗費最多心力的時刻，且多數的觀眾根本連想都不會想到。但德魯知道，他曾經和許多ＮＢＡ年輕新星貼身合作，包含布拉德利．比爾（Bradley Beal）、喬爾．恩比得（Joel Embiid）、安德魯．威金斯（Andrew Wiggins）和傑森．塔圖姆（Jayson Tatum）等，並與他們共度看不見的時刻。他們努力的時間和強度，遠超過我們在球場上所能看到的。

有一個關於畢卡索的知名故事，能徹底闡述「看不見的時刻」的價值。在畢卡索晚年，當他在公園中作畫時，一名女子走近他。「不好意思。」她出聲打斷他，「你可以為我畫點東西嗎？」她表示願意付錢買下他的時間。

畢卡索同意，很快地畫了幅草圖，並遞給她。

「總共是五千法郎。」他說。

「什麼？」女子吃驚地問道。「這樣一幅才花了五分鐘完成的作品怎麼可以收取天價？」

「噢，但是女士，」他說著，用手示意了下作品，「**這些**可是花了我一生。」[6]

自助（self-help）的表率、也是暢銷書作家托尼・羅賓斯，是我所能想到在其領域中最為成功的男子。李奧納多・狄卡皮歐是他快速撥號中的聯絡人之一，他更稱呼前英國首相為「瑪格」・柴契爾（Margaret Thatcher）。一九九八年，在美國眾議院即將召開比爾・柯林頓彈劾案的前一個晚上，羅賓斯在家中接到一通電話：電話那頭是美國總統，希望徵求他的意見。

羅賓斯曾經著名地說過，「人們往往因為背後那經年累月的練習而在大眾面前獲得掌聲。」我們看見並為之歡呼、我們掛上海報並津津樂道的故事？那些不過是冰山的一角。真正重要的，是海面下那碩大的冰山。

有那麼一段時間，我的好友貝貝・卡瓦斯尼克（Babe Kwasniak）擔任癌症診斷公司 Ameripath 的銷售總監。在公司以數十億美元賣給 Quest 後，他決定離開業界並開始追尋他的熱情：教籃球。被大家親暱地稱為卡瓦斯教練（Coach Kwas）的他，是我遇過最厲害的籃球教練之一。

「見過鴨子浮在水面上嗎？那是世上最優雅的一件事。」在一場採訪中他這樣對我說。「在業界或團隊中，你也應該如此，優雅且專業。但你有看過鴨子在水面下如何游泳嗎？那或許是你見過最醜的動作。檯面下的事情，往往沒那麼優雅。」

紀律可以被歸結於幾項簡單的選擇。

一、決定你到底想要什麼。

二、決定你願意付出的代價。

三、決定你是否要付出這些代價。

就這樣。執行上述步驟，然後繼續向前。倘若你能先搞清楚自己的目標，未來你就能避免許多不必要的心碎和浪費時間。

和柯比一起昏倒

紀律既不誘人，也不討人喜歡。但它是道理法則，更是信念體系，是我們建構一切的根基。人類大腦總希望能以最高的效率來運作。而為了盡力維持這樣的高效率，我們必須創造一個良好且持之以恆的習慣，並將其轉化成紀律。

二〇〇七年，Nike 邀請我飛到洛杉磯，籌備第一屆的柯比·布萊恩技能營（Kobe Bryant Skills Academy）。他們聚攏了全美最頂尖的高中與大學球員（亞利桑那州立大學〔Arizona State University〕的詹姆士·哈登也在此列），進行一場為期三天的高強度迷你訓練營，讓這些年輕好手能向全世界最偉大的球員學習。

在當時，應該不會有人反對稱柯比為世界最強的球員。喬丹的時代已經過去了，勒布朗尚未出現，柯比可謂無人能及。關於他的日常訓練內容，早已成為一則都市傳說。在我們這個圈子裡，有傳聞說柯比過去總稱練習為「blackout」（昏倒），而不是「workout」（訓練）。

既然我有幸成為員工（而且未來很可能沒有這種大好機會），於是我詢問柯比能否觀看他練習。在我們這一行裡，大家都是這麼做的。人人都可以欣賞球賽，但要真正明白個中之道，你必須觀察練習時的表現。這就像購買 Jay-Z 的專輯和坐在錄音室裡親眼看他寫歌、錄製專輯的差別。

「當然。」柯比回答。「我明天四點會開始。」

「但明天下午三點三十分不是有一場營隊活動？」

「我知道。」他說。「我是指**早上**四點。」

噢，好吧。

我想著倘若自己能按時出現，或許有機會讓柯比留下印象。此外，我還能讓他明白身為一名訓練員，我可是認真的。因此，我打算**擊敗**他，比他更早到。當我的鬧鐘在凌晨三點響起時，我快速地跳下床，換好衣服，並跳上計程車。我在三點半左右抵達健身房，當然，外頭的天色還是一片漆黑。但就在我下計程車的那一刻，我發現健身房內的燈光亮著。我甚至還聽到球彈地、鞋子摩擦地板的聲音。我從側門迅速地走進去，而柯比早就渾身是汗地站在那裡。他打算在真正的訓練開始**之前**，先進行激烈的暖身活動。我找了個位子坐下，沒有對他或他的訓練員開口，只是靜靜地看著。

在接下來的四十五分鐘裡，我簡直驚呆了。整整四十五分鐘，我看著地表最厲害的球員做著最基本的練習。

我看著地表最厲害的球員練習運球。

我看著地表最厲害的球員練習腳步。

我看著地表最厲害的球員練習進攻動作。

是的，他以外科手術般的精確度和超級英雄般的強度，進行每一種練習，但他進行的動作實際上卻很簡單。我簡直不敢相信。

後來我去找了他。「再次謝謝你。」我說，「今天早晨能看你訓練真的是一件很享受的事。」

「不用客氣。」柯比回答。

接著我有些猶豫，怕自己聽上去過於無禮，或甚至更糟的是，聽起來太自以為是。「你是世界上最厲害的球員。為什麼你還要練這些基本動作？」

他露出了燦爛的招牌笑容。「為什麼你會覺得我是全聯盟裡最厲害的球員呢？」他反問。「因為我永遠都做不膩這些基本動作。」

他知道如果自己的腳步不能如剃刀般犀利，那麼接下來的每一步就無法發揮最棒的效果。而他也明白要想做到此點，就只能一而再、再而三地練習。柯比理解一切事物都必須一磚一瓦、一步一腳印地構築。他篤信所謂的基本功。倘若如柯比這樣一位頂尖的球員，都願意以大量心力來練習基本功，那麼我們其他人更應該如此。那天早晨，柯比給我上了寶貴的一課。基本功很**簡單**，但絕不**容易**。倘若這件事很容易，那人人都早已是柯比。

球員的所有動作，都始於腳下，包含每一次的投籃、傳球、滑步防守。腳步奠定了每一場比賽的根基。適當的腳步能給予球員更多的進攻或防守選擇，提升動作的效率、速度、敏捷和機動性；適當的腳步能讓平凡的球員表現出色，讓出色的球員表現優異，讓優異的球員成為最頂尖。這就是為什麼柯比用這麼多時間來練習腳步。直到你能做到這點，你才能真正地發揮本事，否則也只是在不穩固的根基上瞎忙。記住：學習基本功、了解基本功、掌握基本功。問問自己：在你的領域中，基本功有哪些？

作為一名顧問、演講者和作家，我明白就我自身領域而言，基本功為何一直有所爭議。多數人認為我所處的領域，其最基本層面為推銷。我必須將自己的服務賣給客戶。在我被雇用後，我必須將自己的訊息、信念及策略賣給客戶。但我選擇更進一步。推銷的基本是什麼？溝通。溝通的基本又是什麼？聆聽。

在我將其一一分解後，我認為就自己的領域，或任何一種領域而言，最基本的元素就是**積極地聆聽**。積極地聆聽指抱持著學習的心態去聆聽，而不是抱持著必須回應的態度去聽。聆聽的目的是為了建立交流，而不是給予答覆。這意味帶著同理心去聆聽，並能夠透過對方視角看世界，同時試著去尊重、珍惜、理解他人的觀點。無論一間公司或一個產業的規模為何，要想出類拔萃，就必須掌握積極聆聽的技巧（無論是對員工或對客戶）。積極聆聽就是商業的「基本功」。

拒絕駭客戰術

我們活在一個隨時隨地都能取得資源的世界，而這也讓我們更傾向於跳過或繞過其中的**過程**。我們學會追蹤最熱門、最新鮮、最誘人的事物，卻忽視了基本面。我們被誘惑著去「駭入」（hacking）事物，省去過程。但基本功有其意義，它向來如此，也將永遠如此。

駭，是一種捷徑；駭，是一種資訊侵略；駭，也可以是人們口中的彆腳丑角。我從不相信駭客戰術。我相信的是效率，而不是投機取巧。請跳過駭客戰略，去練你的基本功，贏得屬於自己的成功。

我的朋友傑伊．比拉斯經常描述他的父親無論是面對運動、人生或單純整理庭院，總是非常重視過程。「傑伊，」他會這麼說，「要想爬上任何一把梯子的最頂層，你只能一步一步、一階一階地爬。」比拉斯的父親強調我們絕不能跳過梯子的任何一階。當你錯過一階時，你就會直接掉到梯子的最底端。我們或許可以用一生來打造和累積自己的聲譽，但卻能因為一瞬間的犯傻，而立刻失去一切。

我們的文化總鼓勵大家忽視過程，認為自己能跳過一切的基本功，一步登天。這也是為什麼十二歲的孩子，反覆練習中場投籃。因為史蒂芬．柯瑞做到了。回到我那個年代，所有的孩子都努力練習自己在空中的動作，因為麥可．喬丹。

今天的孩子已經忘記去思考，為什麼柯瑞做得到。柯瑞已經將自己的技巧打造到即便在那樣的長距離下，投籃依舊有如他最熟悉的動作。在NBA的比賽中，一計壓哨三分球能讓整個世界為之歡騰。但凌晨獨自一人，在健身館裡拼命練習上百顆罰球？這不過是訓練，也不過是分內之事。像史蒂芬．柯瑞和柯比．布萊恩這樣的球員，永遠都不會忘記哪裡才是起點。

> 紀律很簡單。持之以恆地奉行紀律卻很難。
>
> ——傑西．伊茨勒

熱情或許能給我們原因（why），但紀律才能告訴我們該如何去做（how）。就整體社會來看，我們或許有進行一件事的力量，卻沒有持續下去的能力。數字不會說謊。九〇%的新創公司都以倒閉收場。[7] 根據研究，「九〇%靠節食來瘦身的人都會胖回來，且有極大比率的人變得比之前更胖。」[8] 而新年新希望、公司改組、心臟病發後所帶來的改變，也往往讓人失望。為什麼？人們過分關注最初的承諾，而沒能以充分的專注力來執行，並維持那些真正能帶來改變的基本功。

準備是我們可控制的競爭優勢，這能讓未來的你離成功更近。當我問馬克·庫班有哪些技巧是能從球場帶到商場的，他告訴我，「準備、準備、準備。」他總是不斷準備，直到他確信自己是在場知識最豐富的人，而且是在**任何場合**皆然。

庫班持續努力精進那些他不懂的事物，而他稱此舉為「知識優勢」。當我認識他時，他告訴我，「科技就是如此。如果你願意花時間，你就能趕上任何人。」萬事具備，知識優勢就掌握在**你**手中。庫班堅信許多人並不願意花時間或精力去取得此一優勢，因而在他邁向成功的路上，這些人被他拋諸身後。

從電腦事業起家的庫班，買了所有市面上買得到的書籍和雜誌，並將進修當作首要任務：「所有人都能買到這些書和雜誌。」他在自己的書中這樣寫道。「同樣的資訊展現在所有需要這些資訊的人面前。然而結果告訴我們，多數人卻懶得去拿。」[9] 人人都想得到成果，卻不想去做那些能帶自己通往勝利的行為。而庫班做了，且持續如此。

成功就像是一顆沒人控制的球，而球就在那裡。問題很簡單：誰想要球？因此，請學會輕鬆地去做那些別人認為太簡單而**不願意**做的事。成功者總是能輕鬆地閱讀、健身、注意飲食、全神貫注、設下標準、找到心靈導師、參加會議和建立人脈。如同吉姆．羅恩經常說的：失敗者會輕易**放棄**某些事。[10] 儘管環境和運氣確實占有一席之地，但至少你可以控制在機會降臨時（或機會該在何時、以何種方式降臨），自己做了幾成的準備。我明白準備可以戰勝壓力，這是不爭的事實。我也曾在許多情況下，一再目睹此一事實。**控制你能控制的**。不要將注意力放在結果，而是關注**過程**。

現在，我希望你可以稍微閉上眼睛，幻想眼前有一道磚牆。

看到了嗎？

很好。

假如你跟我一樣，你會想像一道每塊磚都砌得完美無缺的牆，上頭沒有任何一塊遺漏或凸出來的磚頭。而這意味著某個人以無比的專注和精確，完美砌起這道牆。假若你有紀律能完美地砌好每一塊磚，那麼你就會得到一面堅實而穩固的牆。不可能有其他例外。

當你能全神貫注投入其中，結果自然會是順遂的。

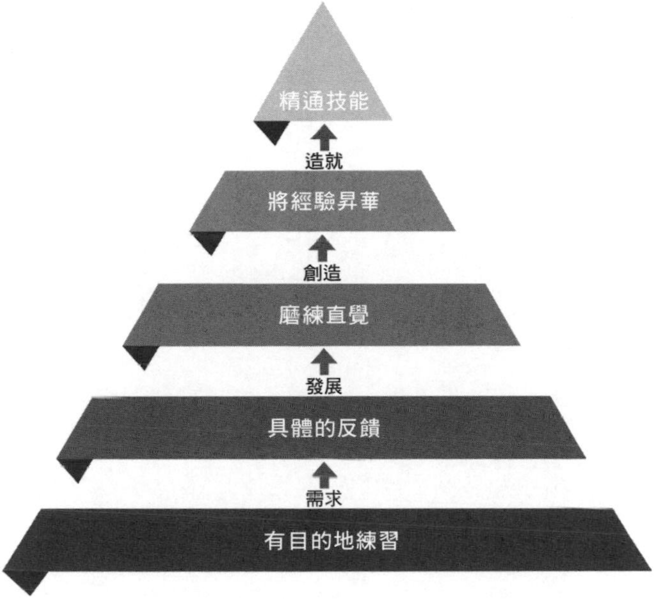

精通所有技巧的五大步驟

＊圖表設計：傑若米・史坦

當你能長期遵守紀律致力投入，自然能邁向成功。經驗的價值不在於上一份工作的頭銜或簡歷，而是體現在那些看不見的時刻，那些凌晨與深夜等種種發生在他人視線背後的事。在經過充分積累後，你的技巧就能像是與生俱來般被施展出來。

紀律的考驗

我的多年好友戴夫·鮑溫克爾（Dave Bollwinkel），是芝加哥公牛隊的球探。當雪城大學橙人隊（Syracuse Orange）為了一場和喬治城大學驚嘆隊（Georgetown Hoyas）於下午四點舉辦的比賽，而來到華盛頓特區時，戴夫傳訊息給我。他說自己要來華盛頓，分別探查兩隊中的幾名球員，並邀請我一起去看。「我們十一點在球場外碰面？」他傳訊息來。

「十一點？」我回傳。「比賽是下午四點。我們為什麼要在開球前的五個小時到球場？」

「因為這是我的工作。」他回傳。

戴夫的工作就是趁球員不知道有人在觀察時去觀察他們。戴夫對球賽的內容沒有太大的興趣，他早就觀看了數個小時關於這些球員的影片。他需要觀察的是那些球員在上場前的行為、觀察他們如何和隊友及教練交流、如何和球場的工作人員互動，以及球員在空閒時會進行哪些例行練習。

他想要看看他們如何做準備。他們會打打鬧鬧、試著從半場進行勾射嗎？還是他們會進行有系統且具體的練習？當熱身教練帶他們暖身時，他們會如比賽般專注地去做，還是嬉笑打鬧？

戴夫和我坐在看台上（唯一能看見他們私底下進行投籃練習的地方），而他一頁又一頁地做著筆記。儘管我的眼光並不如戴夫那樣敏銳，但我還是能清楚看見哪些球員知道該如何準備、哪些球員沒有。在其中一輪投籃練習中，有兩到三名球員的表現大大提升了他們在戴夫眼中的分數，而有兩到三名球員的表現大幅降低了戴夫對他們的評價。重點在於：**他們並不知道正在發生的事**。

戴夫根據他們或許根本沒想過有多重要的事，來寫下那些可能會左右球員未來發展的筆記，而他們對此渾然不覺。其中教訓為何？總有人在盯著你看，因此你做的每件事都很重要。如果你認為賽前準備不重要，那麼在某種程度上，當觀眾席坐滿了人時你可能還是無法表現出色。人總有放鬆的時候，而準備時的習慣遠比單一天的表現，更能透露出關於一個人的訊息。

這也是為什麼賴瑞．柏德在高中的時候，會在每天早晨上學前，先練五百顆投籃，即便在他腳踝受傷、接下來的賽季可能都因此報銷的時候，也從來沒變。[11]「如果你在昏暗的早晨……偷懶，」重量級拳王喬．佛雷澤（Joe Frazier）曾這麼說過，「你將在燈火通明的時刻被當眾揭穿。」[12]

二〇一〇年，亞馬遜創辦人兼執行長貝佐斯為普林斯頓大學的畢業生發表畢業演說。他提到我們的人生是由一連串選擇所締造出來的故事。當我們年事已高並說著自己的故事時，「最扣人心弦且意義重大的故事，會是一系列關於你如何做決定的心路歷程。」他說。「到頭來，是我們的選擇決定了我們的人生。」[13]

每一天，我們都必須做出一個決定。你可以選擇認真工作，也可以選擇不認真工作。不要忘了：**不認真工作也是一種選擇**。儘管這感覺不像是一種選擇，但其絕對是。事實上，這也是最容易做出的選擇。這就是為什麼多數人都選擇它。

如果你想要成功，你必須下定決心持之以恆地努力工作。即便沒有人監督你、即便你真的很想偷懶（這些時刻尤其重要，它是我們能領先他人的關鍵），你還是必須選擇讓自己每一天都變得更好。光是渴望成功並不夠，因為所有人都有這樣的渴望。犧牲是獲得成功的必要手段。

關鍵點：打造能賦予你專業優勢的習慣與行為模式。而紀律意味著擁有一套能幫助你朝目標邁進的系統，同時你能持續實踐並不斷完善它。

請記得：

- 我們不可能「找到」或偶然撞見成功。相反地，打造一套能協助我們獲得成功的習慣，才是致勝的唯一途徑。
- 持之以恆的習慣，是強者之所以強的原因。因此，請打造一套日程表及有系統的習慣，把要事擺第一。
- 消除一切干擾。同時，思索該如何聰明且有效率地運用時間，並無情地消滅日程中不必要的累贅。
- 運用看不見的時刻。明確善用每一分每一秒（真正的強者從不浪費任何一秒鐘）。關注真正重要的事物。

4 虛心受教

在你以為自己已經無所不知後又學到的事物，往往才是最重要的。
——約翰・伍登

反饋就是這個世界給予我們的回應。而忽視它會讓我們面臨極大的風險，因其顯然是促進進步的有效關鍵。倘若你不明白（也不願意發現）自己需要變得更好，你將永遠卡在當前的位置上，動彈不得。自尊心或許會讓我們避免聽到事實，但那些禁得起批評且對事物抱持宏觀理解的人，卻渴望聽到反饋。如同之前所探討的，自我覺察是必要的根基，但最真實的反饋則必須來自外界。而那些願意花心思接受反饋者，就是我所謂的虛心受教者。

不願意受教就意味著拒絕成長，因而離成功愈來愈遠。贏家渴望去了解那些他們曾經輸掉的領域，並理解自己為什麼會輸，好在未來取得勝利。這是修補錯誤的唯一方法，填平坑洞，讓自己成為一股不容小覷的力量。當你拋下自滿、敞開心胸，你將驚訝地發現原來你能做到、甚至左右這麼多事。

我們如何面對外界的反饋，決定了我們將進步還是退步。世界上最偉大的執行者與成功者，總能下定決心接受並善用一切批評，好讓自己更上一層樓。我們可以自行決定該如何處理反饋，畢竟反饋本身並無優劣。反饋是中立的，它獨立而不具意義，更不含成見。只有當我們將情緒與感受與之相連後，反饋才出現正面或負面的特性。無論這些反饋是來自一名教練糾正球員的腳步、上司對一則提案的建議或觀眾對演講者的評論，都不重要。

在運動表現訓練界中，我長久以來都是秉持著高強度訓練主義。它是一種極端強烈的訓練方式，要求訓練者執行每一組動作直到其身體進入「暫時性肌肉衰竭」（momentary muscular failure，ＭＭＦ）狀態。像是做推舉做到你再也推不上去為止。因此，我總是盡力追求失敗，亦即每組動作的極限。

不妨想想看：假如一名籃球選手進行三十分鐘的運球練習，卻沒有失手掉過一顆球，那麼他自然不可能變得更強！他所做的，不過是不斷重複自己能做到的事。為了進步，他必須想辦法突破自己的極限。**倘若你沒有掉過任何一球，你就不能進步。**

心態致勝

是的，虛心受教的概念已經從運動場和球場上，擴散開來。如同商業箴言所言：「最糟的客人，就是最好的朋友。」[1]我們從失敗中學習，也從那些否定你、拒絕你、不想和你扯上關係的人身上學習。不要害怕去聆聽他們的想法，他們將成為你最棒的老師。

家得寶（Home Depot）共同創辦人、亞特蘭大獵鷹隊（Atlanta Falcons）老闆亞瑟．布蘭克（Arthur Blank）曾說，他的事業之所以能成功，是因為他找到了自己需要填補的漏洞。而在他奮鬥的過程裡，他也一直秉持著這個想法。「在我經營家得寶時，我總會攔下那些雙手空空從賣場裡離去的客人。他們才是能教會我們最多事的人。」他說。[2]我們都知道，適者才能生存。高成就者總是反覆經歷以下過程：**學習——忘卻——再學習**。

看看稱霸披薩外送服務多年的達美樂。在這一路上，他們也曾經自滿導致業績下滑。當競爭者侵吞他們的市場占有率時，他們開始徵求顧客的反饋。而其中最令人震驚的答案？「你們家的披薩爛透了！」（此為改寫。）他們認真看待客戶的負面反饋（甚至透過廣告宣傳來承認這件事！），再積極地改善自家的披薩，讓其變得更健康且美味。他們稱此舉為「披薩大反攻」（pizza turnaround），他們的銷售額也開始顯著好轉，並在連續落後競爭對手數年後，終於又一次反超。[3]

心理學家卡蘿・杜維克（Carol Dweck）在《心態致勝》（*Mindset: The New Psychology of Success*）中，將兩類人進行比較：那些認為每個人自有其定位的定型心態者，還有那些總是不斷突破自己的成長心態者。她稱後者的行為為延展。「成長心態者不僅會尋求挑戰，更因為挑戰而強大。」她寫道。「挑戰愈大，他們的延展性也愈大。」[4]她的研究毫無疑問地顯示了這些擁有成長心態者，在經歷挑戰後更容易振作起來，並投注額外的心力，從而獲得成功。

我們如何面對自己的失敗，將成為整場比賽中至關重要的一面。我們都曾遭遇失敗，而有些責任在我們身上，有些則是因為世界本就如此。但成功者之所以能與眾不同，就在於他們**善用**這些失敗。事實上，那些擁有成長心態者，根本不會視其為失敗，而是學習的機會。這就是成功最顯著的特色。當他們取得一定程度的成功時，他們不會停下腳步；當他們撞上一面牆時，他們更不會因此停下腳步。這面牆不過標示著他們必須傾注心力的起點。

關於「虛心受教」此一特質，可以再細分為三大要素：

- **信任**：教練對球員、球員對教練、教練／球員對團隊有十足的信心。
- **心胸開放**：抱持謙遜、信賴和渴望的態度，去接受一切指教與輔導。
- **實踐**：能夠切實執行理想的行為模式。

真正優秀者的受教本領

虛心受教也意味著知道自身定位和理想目標間的差異，並致力於讓自己更上一層樓。在我於二〇〇四年第一次遇見凱文．杜蘭特（ＫＤ）時，他還是一名身形纖細、除了「哈囉」、「再見」和「拜拜」以外都不太說話的高中生。倘若你覺得現在的ＫＤ太瘦，那你真該看看那時候的他。他必須要在腿上放一塊磚頭，才能確保電影院的坐墊不會掀起來！不要誤會我的意思，他確實是一名天賦無可限量、無敵敬業的球員，但要讓自己更進化，他就必須將身體練得更壯，增加肌肉量。因此，我跳了出來。在經歷一番奔走與遊說後，他親切的母親汪達（Wanda Durant），終於讓我負責ＫＤ的健身訓練。

而我為他安排了魔鬼訓練。我簡直是無所不用其極。在經歷全身上下的殘酷折磨後，凱文完全癱倒在地上。而他偏偏是一位很沉默的人，因此我實在很難知道他的真正想法或感受。

於是在鍛鍊結束後，我走向他。「嘿，小伙子！」我詢問道，「你喜歡這樣的健身方式嗎？」

他直直地看著我，非常嚴肅。「不喜歡。」他說，「但我知道唯有這麼做我才能在NBA打球。我們下一次什麼時候見？」

即便當時的KD只有十五歲，卻已經成熟地知道自己必須要經歷哪些苦，才能得到渴求之物。他擁有那罕見的特質。當真正優秀的人遇到自己做不到的事情時，他們會投入其中。而正是這樣的行為，成就了他們的優秀。

我曾經在HBO頻道上，看了一部拍攝杜蘭特休賽期間的紀錄片，而他在**休假期間**進行的事情簡直多到不可思議。光是看一遍他的例行訓練，就足以使人感到精疲力竭。「他做訓練的態度就好像自己還在想方設法進入NBA一樣。」他的朋友這麼說。就算他才剛成為該聯盟的MVP，那又如何！他仍舊帶著十五歲時企圖成功的衝勁，不斷逼自己向前。當他在休賽期間來上我的 podcast 節目時，仍舊如此。採訪開始時，他已經結束當天從早上八點開始的訓練時光。休賽期間「才是真正的比賽。」他對我說。「這是讓你變得更強的時機。」

但事實上，並不是所有人都變得更強，只有那些願意受教的人如此。

杜蘭特虛心受教的態度，為其他人樹立了榜樣。他告訴我，他明白自己對新人及板凳球員的影響，所以特別重視自己每天都必須很早就開始練習，因為他知道其他人自然會學習他的模式。倘若你認為自己已經對所處領域瞭若指掌、根本不需要指導，請記得即便連凱文・杜蘭特都不敢這麼想。而他也永遠都不會這麼想，因為他就是這樣的一個人。你認為你在自己領域的表現能強過凱文・杜蘭特在他領域中的表現？我想我不需要說更多了。

當麥可・喬丹在夏令營中被球探相中時，讓他引起球探注意的點，並不是體育活動的表現。而是就他的年紀而言，卻能如此虛心受教。[5]最了不起的，就是一顆受教的心。想要變強大的推力，讓他們對進步有著永無止盡的渴望。他們永遠不滿足自身的表現，更拒絕停下學習的腳步；他們也從不因為名譽或光環而懈怠，儘管這麼做明明會更輕鬆。

前芝加哥公牛隊和洛杉磯湖人隊總教練菲爾・傑克森（Phil Jackson），在《領導禪》（*Eleven Rings: The Soul of Success*）中提到，在每一場訓練營開始前，他會和球員進行一項儀式。他會讓所有的球員排排站在底線，並詢問他們在接下來的球季裡是否願意接受他的指導。

堪稱史上最出色教練之一的傑克森，知道這樣的交流是有必要的。或許有些球員會認為這不過是做個樣子，或根本不了解為什麼每次球賽開始前他們都必須這麼做，但傑克森知道：他強化了彼此的連結，而這份連結將是往後一切事物的根基。

> 在我職業生涯中教會我最多事情的人，就是那些點出我盲點的人。
>
> ——臉書營運長雪柔・桑德伯格（Sheryl Sandberg）

商場制霸者的關鍵特質

你是充滿好奇心的人嗎？你是否有興趣學習更多關於你從事領域及周遭世界的事物？你是否求知若渴，並秉持這股精神不斷前行？倘若不是，我有些壞消息要告訴你。

亞當・布萊恩（Adam Bryant）為《紐約時報》（*New York Times*）採訪過許多成功的執行長，並研究來自各行各業的他們。那他們的共通點是什麼？答案是，「充滿熱情的好奇心。」[6]他寫道。我們不常見到他們這一面，畢竟在大眾眼中，他們是最沉著冷靜的領導者。[7]但那是因為他們必須如此。不過，如果你跟布萊恩一樣，一對一地採訪那些執行長，你就會發現他們就像是「貪婪地吸取著智慧與教訓的學生，對周遭一切抱持著最真實而熱誠的興趣。」[8]在我讀到這裡時，我想起了馬克・庫班。這些人是其領域的佼佼者、絕對的制霸者，但他們仍然渴望學到更多。而這也是他們能屹立不搖的原因。

回首二十一世紀的最偉大創新，你會發現那些創新成功的關鍵在於：有一批富有好奇心的人。比方說，Airbnb 共同創辦人布萊恩・切斯基（Brian Chesky），他將與他人共享居家空間和氣墊床的傻點子，轉變成三百億美元的巨大產業。而切斯基被身邊所有人描述成一個擁有「近乎病態般的好奇心」[9]且「偏執於持續吸收新知識」[10]的人。這就是成功的關鍵。時至今日，他**仍舊**是個求知若渴的人。Spanx 的億萬創辦人莎拉・布蕾克利也是如此。「當我看到一個問題時，」她對採訪者說，「我會提出問題。我會企圖找出缺口。」[11]

那些親身赴湯蹈火並浴火重生的執行長，所尋求的是能提醒他們自己是誰的事物。他們欣賞願意冒險者，重視那些勇於嘗試也虛心求教、無畏失敗並再次站起來的人。那些咄咄逼人、自以為無所不知的蠢蛋呢？沒人想要理他們。他們無法學到任何事，也無法帶來任何貢獻。那敞開心胸的人呢？願意聆聽並接受指教的人？每一個團隊都需要這種人。因此，請讓自己成為寶貴的存在；讓自己成為海綿；讓自己樂於傾聽和學習；**讓自己虛心受教**。

聖安東尼奧馬刺隊（San Antonio Spurs）在每一年球季結束時，格雷格・波波維奇（Gregg Popovich）都會把球員單獨叫到一旁，謝謝他們願意接受他的指導。[12]此舉傳遞出相當強烈的訊息：不僅僅因為這樣能表達感激之情，更因為其提醒了球員這是一種雙向的關係。若是缺乏意願，沒有人可以教你。因此，請確保自己總是敞開心胸。

讓失敗放馬過來

在每一把通往成功的梯子上，都有幾階是關於失敗的。它們不是短暫的停留或異常，而是整趟旅程的關鍵。唯有在我們累積夠多的搞砸經驗後，我們才能學會做許多事。「永遠不要害怕失敗。」UCLA傳奇教練約翰・伍登寫道。「我被教導不要害怕失敗，只要那些失敗是有益的。我在普渡大學（Purdue University）的教練告訴我，那些最常犯錯的隊伍也往往是會獲勝的隊伍。」[13]當我們懂得超越方程式中自負的那一項時，我們就能明白失敗的價值。比起成功，失敗能教會我們更多事。

而此一觀念也在商業界盛行起來。莎拉・布蕾克利在Spanx辦公室內總是特別強調必須慶祝所謂的「噢不！」時刻，好讓員工理解那些錯誤能如何帶給他們教訓。她將此種哲學與行為的靈感，歸功於她的父親。在她成長過程裡，父親總會在晚餐時刻詢問她和弟弟在這一週內，犯了哪些錯。[14]而她也將此一觀念內化，至今仍會要求自己把失敗當作寶貴的一課。

無論走到哪裡，P・J・卡勒西莫都是教練界的一則傳說：在薛頓賀爾大學（Seton Hall University）、在NBA（曾經待過四個隊，包括兩次奪冠的馬刺），以及最為人津津樂道的是，一九九二年在巴賽隆納贏得奧運金牌的夢幻隊（這也是一支集結了史上所有天才型球員的絕佳隊伍）。儘管如此，當我因為自己的podcast節目採訪他時，他並沒有想要討論那些曾經與他共事的天才球員，這點讓我相當驚訝。「當你手邊擁有一支才華並不出眾的隊伍時，你往往會學到更多。」他對我說。「當你輸掉比賽，尤其在你才剛踏入這一行時，你往往會學到更多，這是我的經驗之談……輸球是最棒的老師。」卡勒西莫明白，「失敗」這個詞彙不過是我們賦予過往事件的代名詞而已。而正是那些事件推著我們走到如今的地位。

某些學者也開始在自己的簡歷上，增添「知名失敗事件」。我也是此股潮流的愛好者。此種作法點出了成長並不是沿著一條筆直的路前行。而刻意隱瞞自己在職業軌跡上的挫敗，不過是一種滿足虛榮的心態。讓我們一起正視失敗吧！但記住：我們不能僅是思考，更要無盡地探索。

對失敗抱持著壓倒性恐懼，或許是世代性問題。根據一項近期的研究，千禧世代中有四〇%的人對失敗抱持恐懼，此比率遠高於其他年齡層。[15] 倘若讓我來推測，我會認為對網路社群世代而言，這就是事事都要分享所導致的副作用。沒有人願意失敗，因為失敗會被赤裸裸地看見且令人感到丟臉。但失敗就像是內建的發電機和學習系統（只要你夠聰明，懂得去擁抱它）。「失敗是如此珍貴。」研究者詹姆士．普羅斯卡（James Prochaska）說道，因為「它能讓我們在即便不想這麼做的情況下，專注於學習。」[16]

> 有時生活會用磚塊狠狠地砸我們的腦袋。
>
> ——賈伯斯

賈伯斯的逆轉勝啟示

我之所以熱衷於擁抱失敗，是因為過去的我總是對失敗避之唯恐不及。事實上，一直等到我邁入三十歲時，我才改變思維，將失敗視為珍貴的必經之道。畢竟，沒有人能事事一次到位。因此真正的問題不在於你會不會失敗（因為失敗是我們所有人都躲不掉的），問題在於你如何應對它。面對失敗的態度，將決定我們最終能獲得的成功與幸福。讓我們稱此種能力為「復原力」（bounceback）。

蘋果創辦人賈伯斯被人們視為極富遠見的天才，但他最為人津津樂道的故事，莫過於他是如何被自己一手建立的公司趕出來，又如何在十二年後重返並拯救該公司，並讓其成為全球最成功且最重要的品牌。賈伯斯備受人們讚揚的一點，就是他從不隱瞞這段經歷。相反地，他經常親口提起這個故事，因為他明白這也是他後來之所以能成功的根基。我們如何定位一場失敗、如何吸收該次經驗，決定了這將是一場正面還是負面的事件。同樣的一場失敗可以啟發你、激勵你、指導你，也可以擊倒你、折磨你和摧毀你。這取決於我們的選擇。

失敗是關於迎頭撞上「no」、撞上逆境、撞上所有的不安。我們必須讓自己適應失敗，並從失敗中成長。我很感激自己在這一生中，擁有許多被肯定的時刻。而幾乎這些時刻都是在經歷數不清的「no」之後才換得的。身為職業演講者，每一天我都會聽到許多「no」，而我也將其視為工作的一部分。但我總認為每一個「no」，都讓我離「yes」更近一些。倘若你總是得到「yes」，這意味著你把自己逼得不夠緊。倘若**你沒有掉過任何一球，你就不能進步**。

我們能決定自己該如何看待和感知那些失誤。這與成長型思維有關。視失敗為一堵牆的人，會被牆擋在另一頭。但把失敗看作是一扇門的人，會盡力去開啟那扇門。

接受指教，倍效成長

關於虛心受教，最重要的一點就是敞開心胸接受來自任何地方、任何人的指教。前終極格鬥冠軍賽（Ultimate Fighting Champion，UFC）好手法蘭克・森洛克（Frank Shamrock），曾是世界上該量級內最致命的選手。他是一名體態超級完美、外表英俊，並擁有無與倫比專注力和精力的人。儘管法蘭克說話帶著權威，但他實際上是一位相當含蓄的人，也是自信與謙虛的完美綜合體。他知道自己能在六秒鐘內將任何一個人毫不留情地擊倒，但他從不去炫耀或隱瞞這樣的能力。最近，我有幸在一次靜修活動上，和他好好相處了一段時光。在我和他談話時，他對於自己在私人生活中所犯下的一切錯誤直言不諱，更毫無保留地描述自己是如何盡力去修正這些錯誤，再繼續向前走。

法蘭克人生中的前二十一年是殘酷的。孩童時期的他經歷了虐待，更在寄養家庭與觀護所間來來去去。在下定決心改變自己的人生後，他用著和過去截然不同的方式，開啟了職業格鬥家的生涯。法蘭克採用的是當時還聞所未聞的科學與理性方式。他會研究對手的弱點、力量和打鬥風格，讓自己在踏入UFC的八角形擂台後，迅速找到明確的優勢。作為格鬥家的他總是不斷進化，希望自己是難以預料的。「儘管每一招都有效，但不可能永遠有效。」他對我說。

法蘭克是依照一套他稱為「＋、＝、－」的系統而活。

＋（加號）：他會找出領先他的人，並向其學習。

＝（等號）：他會找出和他一樣的人，並和對方交流。

－（減號）：他會找出落後自己的人，並和對方分享自身經驗。

我喜歡這套系統的原因有很多，其中一點是它點出了啟發、幫助與動力可以來自所有人與所有地方。法蘭克不會去評判哪些人值得花時間、哪些人則否。他重視每一個人，而周圍的所有人事物，都值得他學習。

你必須隨時做好接受指教的準備，無論這些指教來自何處，都敞開心胸接受。以亞馬遜為例，顧客可以在其他網站（甚至是自製網頁）中增加導向亞馬遜網站的按鈕。這個點子事實上來自一名客戶。貝佐斯之所以能將亞馬遜打造成商業巨擘，有部分原因就在於他「願意接納來自任何地方的新點子」。[17]事實上，需要足夠的謙虛與開放的心胸，才能真正接納來自任何一處的想法。另一方面，嶄新的行為才能帶來嶄新的結果。倘若維持不變，就只能停滯。

一九八〇年代早期，在搖滾樂團「金屬製品」（Metallica）即將崛起之際，他們決定踢掉自己第一位吉他手。他們舉辦了甄選會，相中默默無名的柯克．哈米特（Kirk Hammett），並雇用這位年輕人作為他們的吉他手。現在我們知道金屬製品是世界最強的搖滾樂團，那當時哈米特在成為主奏吉他手後，他做的第一件事是什麼？

答案是，他找了一位吉他老師。

成長、發展與進步，必須是一段持續的過程。在三流的階段你可以停滯多久？

答案是，一年。就在此刻，你不懂下定決心進步，更被迫進步！為什麼有些員工沒有這麼做的動力？他們年復一年、日復一日地待在原本的崗位上。

然而，改變才能帶來成長。我們適應改變的能力，決定了我們的快樂、表現與成就。有些時候，我們主動改變；有些時候，我們被迫改變。但無論情況為何，我們都必須適應。你必須預期事態將有所改變。請隨時做好準備，因為改變並不會敲鑼打鼓地告訴你它來了，而當它來臨時，你也未必有額外時間去準備。生命中充滿改變，而當我們能在改變前未雨綢繆，並接受改變時，便能跨出下一步、更上一層樓。在這一路上，倘若你能做到虛心受教，你就會驚喜地發現原來自己能做到這麼多事。

關鍵點：這是旅程的一部分，而不是終點。成功者從不停止成長。因此，請接受自己還有更多需要學習的地方，並敞開心胸接納來自各方的指教。

請記得：

- 你能掌握自己的「知識優勢」。
- 請敞開心胸，永遠不要過快評斷任一人事物是否值得你花心力。
- 我們四周有無數的好點子，請培養自己找出這些好點子的眼光。
- 接受一個真理：失敗為一種學習工具。
- 反饋是世界給予我們的回饋。

5 自信

你不可能變得比我強，因為你花在這件事上的時間無法超越我，所以我已經贏了。

——柯比．布萊恩

自信之所以為第一部分的最後一章，是因為它為前面所有特質的加總。你是否擁有自我覺察的能力？你是否有熱情？你是否願意有紀律地去做一件事？你是否願意虛心受教？這些問題的結果，會自然而然地連結到自信上。請贏得自信、堅守你的自信，並擁有**真正的**自信。

當你做好萬全準備，自信心就會油然而生。這就和史蒂芬．柯瑞可以在萬眾矚目、比賽即將結束之際，自信地投進罰球（而且空心入網）一樣。他知道球一定會進，因為他在空無一人的球場上，投過幾千、幾萬顆這樣的球。

億萬企業家的自信心法

你或許遇過某些領域的佼佼者，在你與對方交談短短五分鐘後，就頓悟了他們為什麼能走到如今的地位。他們對自己做的事充滿自信，而他們的能力也都源自於經年累月所下的功夫。

幾年前，我的《硬木爭鋒》（*Hardwood Hustle*）podcast 團隊和我預定了一班飛往達拉斯的飛機，準備拜見運動界與商業界最有自信的人：馬克・庫班，他是達拉斯獨行俠（Mavericks）的老闆、電視節目《創智贏家》（*Shark Tank*）的常駐嘉賓，也是特立獨行的億萬富翁。我們的班機遲了，導致全班人馬徹夜未眠地抵達達拉斯，但這沒有關係。我太興奮了！能夠見到庫班本人，就如同在我血管裡直接注射咖啡因一樣。他是那種能啟發人心且渾身散發著吸引力的人。

在我的「此生必見人物清單」中，馬克排在首位，因此能坐在他對面和他談論工作，簡直像是至高無上的體驗。他是一位非常有教養、親切且好客的主人，讓我們暢行無阻地進入他位在美國航空中心（American Airlines Center）內的私人套房。他的辦公室就位在球場下方的建築物內，配有幾台大型電視、皮沙發、獨行俠紀念品和全套的吧台設備。這簡直就是男人的終極夢想。

庫班的行程超級緊湊，但他還是設法撥出數個小時給我們。（而我們也度過一段很美好的時光！）儘管他還有許多行程要跑、還有許多地方要去，但他從未展現出一絲著急。馬克最讓我喜歡且敬佩的一點，就是他的自信。「總有些時候，我們會開始懷疑自己。」庫班對我說。「而自信讓我能熬過那些懷疑聲浪，並幫助我走過人生中的每一場表現。」庫班是「自信賦予力量」最活生生的例子，他白手起家，憑藉著意志力成為獨霸一方的強者。他聰明、創意且無所畏懼，完美體現了傳奇人物的精神。而他的自信是**贏來**的。

在和庫班對談時，看著身穿T恤和運動褲、將雙腳擱在桌上的他，我禁不住為他的真實而感到震驚。他邊灌紅牛邊說話的樣子，就好像我們是多年好兄弟，正喝著啤酒看球賽般。他看上去根本不像是億萬富翁或業界大佬或任何大人物。他不會算計著該怎麼說話，也不會引導話題或說著他已經說過成千上萬遍、變得猶如品牌形象的台詞。馬克．庫班是**真實**的。

我認識許多叱吒風雲的運動員、媒體人和商人，多到我知道這種特質非常難得。庫班知道自己是誰、想要什麼，也不會花太多心思在包裝自己上。他擁有堅定的信念，而他也樂於與人分享。這就是他。庫班知道自信不僅僅是一種結果，更是一種原因。這是一種自我再生的過程。

馬克的第一間公司 Micro Solutions，開始得很平凡，他從第一位客戶那裡賺得五百美元。到了一九九〇年，他將這間公司賣給 CompuServe。現在，他的身價超過三十億美元，而他的公司還在持續成長。在他接手獨行俠的時候，他們是NBA墊底的隊伍。事實上，該球隊甚至被票選為一九九〇年代最差勁的職業運動隊。身為這支球隊的老闆，庫班做的第一件事就是升級球員更衣室和旅行時的住宿。為什麼？面對這樣一支長期輸球的隊伍，多數老闆或許會認為這些是最不急著做的事。畢竟，這麼做只會讓他們更加安逸，助長其自滿的心態。但庫班不是一般的執行長。他知道唯有當球員覺得自己受到重視時，他們才能同樣重視其他隊員與比賽。

在更衣室門外的另一側，庫班也是親力親為。他將自己的辦公桌放在售票樓層，並在那裡成立工作室，和代理商一起打電話推銷票。庫班的努力說服了達拉斯的人民，讓他們願意以實際行動來鼓勵這支過去一直在空蕩蕩球場打球（和輸球）的球隊。情況於是好轉。

障礙嚇不倒庫班。事實上，它們讓他更投入。他告訴我，接手全NBA最差的隊伍這一舉措**給了他動力**。「恐懼可以是絆腳石，也可以是動力。」[1] 他在自己的書中寫道，而他的人生與事業就是他一次又一次選擇下的見證。

當我詢問他對成功的定義時，他毫不遲疑地回答：「每天早晨帶著微笑醒來，知道自己會讓今天又是成功的一天。」在我重新聽這段訪問的錄音時，我才體悟到這句話是多麼地深刻。重點不在於成功的一天，而在於他決定去**創造**這樣的一天，這才是關鍵。一切都掌握在他手中。這就是自信帶來的力量與影響。

「我喜歡競爭。在我還小的時候，我總喜歡向別人證明年齡根本不重要。」他說道。「在我開始經營公司時，我只有二十二、二十三歲。但我還是能打敗你。現在我變老了……但我不管你是十八歲、十二歲或五十歲，我還是要打敗你。你可以努力工作，但無論要付出什麼代價，我會比你更努力，然後擊敗你。」

庫班經常提到，他希望自己永遠是會議室裡準備最充分且知識最充足的人。他總是鼓吹大家「當個內行的人」。「就是因為知道自己比所有人都還認真、讀得比所有人都還多，我才能擁有自信。」他說。「而知道自己投注足夠的心力來換得競爭優勢，也是我能充滿自信的原因。」倘若他在某些地方失敗了，也絕對不會是因為他缺乏相關的知識或準備。他徹底掌握看不見時刻的精髓，而這也是他成功的關鍵。

庫班認為自信受到人們誤解。自信不是空虛的自我滿足，或如他所形容的「給自己一份安慰獎」。「自信來自經驗與知識。」他解釋道。有自信不代表他就是無敵的，更不代表他從不害怕。事實上，他對我說當他走進一扇門、企圖說服門後的人買下他的公司時，「這件事真的太可怕了，我總是提心吊膽的，但我的準備工作和自信帶我熬過這一切！」在知道馬克・庫班面對高風險情況仍舊會緊張時，我感到十分安心。這也提醒了我，自信不意味著永遠都不會害怕。相反地，自信意味著我們必須動力十足、做好萬全準備，好讓自己通過試煉。

自我覺察
＋熱情
＋紀律
＋虛心受教

自信

＊圖表設計：傑若米・史坦

和文斯・隆巴迪（Vince Lombardi）那不知被人提起多少次的座右銘不同，勝利並非唯一。（而且差得遠了。）❶當然，勝利的感覺棒呆了，也是我們努力的方向，但成功往往構築在失敗上是事實。這不僅只是關於如何克服恐懼，更關於我們如何化這種感受為動力。因為恐懼而萌生的力量、甚至是焦慮，都是我們能善用的資源。它可以被轉化成某些事物，變成那台驅使我們向前、甚至朝著恐懼源頭靠近的發動機。

---

❶【編注】美式足球教練文斯・隆巴迪曾說過：「勝利不是一切，而是唯一重要的事。」（Winning isn't everything; it's the only thing.）

當然，自信來自於過去的成功。馬克．庫班過去的成就，締造了現在的他。但我們也絕不能忘記，通過逆境、找到新出口並繼續前行，也是自信的來源。

自信也源自於信念、披荊斬棘的過程，以及承受所有的心碎。即便全世界的人都不看好你，自信能讓我們秉持個人理念。陳佩里（Perry Chen）花了**八年**才將募資平台 Kickstarter 從點子蛻變成現實。[2] Airbnb 曾經被所有投資者拒絕，直到矽谷大佬紅杉資本（Sequoia Capital）伸出手。[3] 想想看有多少偉大的點子和聰明的創業家，最終沒能突破困境。唯有堅決相信自己的人（甚至到非理性程度的相信），才能真正走向另一頭。

自信既來自於贏，**也**來自於輸，並需要數年的熱情與紀律才能樹立起來。而其中相當重要的一點，就是利用能夠激勵你朝目標前行的話語和信念，代替那些負面的自我懷疑思維。只要改變思考的方式，就能改變我們的行為。就這麼簡單。

> 比較，是竊取快樂的賊。
>
> ——美國前總統老羅斯福

擺脫比較陷阱，提高人生勝率

我的朋友、ESPN的保羅．班卡迪（Paul Biancardi）總喜歡說，「在比較的遊戲裡，我們遲早會輸。」為什麼？因為這場遊戲受到操控。與他人比較除了掀起我們的自我懷疑外，不會帶來任何好處。在我輸入這段話的此刻，我人在飛往南達科他州的飛機上。在同機的兩百五十個人之中，我可以輕易找到外表較其他人英俊、有趣、成功、高、健壯或聰明的人。我能不費吹灰之力就找到在任一條件上，明顯比我優秀的人。

倘若我將那些人視為決定自身價值與能力的標竿，我永遠都會是輸家。**我永遠都不相稱；我永遠都有不足；我永遠都不夠好**。

但這只是一個很容易落入的陷阱。直到今日，我還是會時不時地犯下這個錯。傳統廣告的首要目標，就是讓我們玩一場比較遊戲。它試圖讓我們覺得不滿足、洗腦我們還需要更多，並放大我們的不安。就許多層面而言，社群媒體助長了此一問題。我們將注意力過分集中在其他人所擁有的事物上，以及別人在做些什麼，從而忽視了對自己的洞察。

比較永遠無法為我們帶來好處，更無法為生命增添意義。事實上，它甚至剝奪了我們的快樂與滿足。我們唯一應該進行的比較，是對比過去的自己與現在或能夠成為的自己。

唯有如此，我們才能贏。

建立自信策略

成功者往往擁有一套固定的模式，來幫助自己獲得或建立自信。倘若你還沒有相關策略，請試著發展出一套模式，你甚至可以從全世界最強的運動員身上，找尋靈感。在《打起精神》（*Psyched Up: How the Science of Mental Preparation Can Help You Succeed*）中，丹・麥金（Dan McGinn）舉出一位不具名的醫生，描述其總在進入手術房之前，進行一連串具體的例行公事。這名外科醫生曾經是一位摔角選手，而他所進行的準備工作就跟過去他在比賽前所進行的動作，一模一樣。[4]

麥金提到自己曾看到西點軍校的運動員，在比賽前的準備階段，會聆聽其他演員口述他們過去的「最佳表現」與精彩成功事蹟。而麥金也採訪過許多出色的表現者，如知名脫口秀演員傑里・賽恩菲爾德（Jerry Seinfeld），談論自己的例行準備動作。麥金也曾坐在茱莉亞音樂學院（Juilliard）的課堂上，聆聽關於心理準備的課程。茱莉亞音樂學院聚集了全世界最頂尖的年輕音樂家，而該學院也特地開設了一門長達整個學期、主旨不在於指導音樂的課程。該門課程的目的，是幫助學生做好心理準備，處理登台和在所有觀眾面前表演的壓力。教授甚至會在課堂上要求學生做健身操，接著立刻進行一段表演，讓他們熟悉演奏時腎上腺素在體內流動的感受。[5]

自信，是我們展示在眾人面前的那張臉。我們活在一個如《創智贏家》的經濟體制下，每個人的價值都是透過某些特殊時刻，如重大訪談、演說或考核來評判，而我們必須讓自己做到最好。一旦缺乏自信，沒有人會願意給予我們權力、客戶、工作或升遷的機會。只要別人不知道，或不信任我們擁有必要的能力，我們就沒有發揮的機會。

信心來自於不被過去所拖垮。我們萃取出為了進步所需要的養分，然後邁出下一步。在德麥沙的比賽上，瓊斯教練會說「下一步」不下數百次。裁判沒有吹哨？**下一步**。你失誤了？**下一步**。在無人看管時投籃失誤？**下一步**。透過這句話，將焦點轉回到你真正能掌控的事物上：專注於下一步。無論成功或失敗，我們必須捫心自問的最重要問題為：為什麼是此刻？

做到最好的唯一方法，就是全神貫注於當下。但這並不表示要忽視曾經發生的事，相反地，你必須從經驗中汲取教訓。這意味著不要沉緬於沮喪之中，這也意味著你能從經驗中學習，並且，無論你的下一步是什麼，你都能吸收經驗、實際**運用**在下一步行動中。

> 沒有任何重大的有形事件為物理現象……它們都是心理活動。
>
> ——《選擇》（*The Selection*）6

失敗激勵學

好了，我已經拖夠久了，時候到了。讓我們重回二〇〇二年、我第一次跑馬拉松跑到二十七．三公里的時候。我的腿像著了火似的，而我的身體就快要不行了。我實在很想停下來用走的，儘管這麼做很丟臉且令人無地自容。這是我人生中第一次，讓內心的負面話語占上風。我已經深深陷在其中：**我做不到的。我不可能完成。沒救了**。我知道這麼做一點都不好且沒有任何益處，但這個聲音完全占據了我。我真的擋不住。每一次，當我企圖重振旗鼓再次跑起來時，我只感覺自己的雙腿好像兩塊鉛塊似的。它們根本不願意動，然後內心的負面聲音又再次嘶吼起來。

就在我徹底淪陷於這些負面思維（**你太爛了**、**你做不到的**、**你完了**）的同時，有兩名經過我身邊的跑者，讓我永生難忘。他們將永遠深埋在我的記憶裡。

其中一人，是一名穿著粉藍色禮服的八十歲男子，他已經強到可以穿任何服裝來挑戰馬拉松。而他正輕巧地從我身邊跑過，就好像這只是週末的散步。儘管他不是有意的，但這已經嚴重打擊到我的自尊，彷彿在傷口上灑鹽。

而這還不是最慘的。最慘的是，有一名**拉在褲子上**的中年婦女從我身邊跑過（我沒有開玩笑）。她的短褲後頭完全變成褐色。後來我才知道，當身體處在一個極端緊繃的物理壓力下時，體內的某些系統會自然而然地停止運作。這是會發生的，那時的你無法控制自己的身體。儘管如此，她還是超越了我。對我來說，接二連三的打擊非常殘酷，遠超過信心喪失的程度。接下來的路，我全程用走的，一路走到終點。

儘管我完成了馬拉松，但卻不是以我預期的方式完成。這完全違背了我的意願。最終，我告訴自己，**我再也不要跑馬拉松**。**這是我人生中最糟的一次經驗**。

數年後，我仍想著這件事。這揮之不去的記憶，讓我感覺猶如芒刺在背。重點不在於失敗，畢竟無法跑完全程並不丟臉，丟臉的是我居然讓負面思維占據了自己。我將這段回憶轉化成動力，激勵自己再也不能陷入同樣的處境。在這件事之後，為了測試自己並擺脫恐懼感，我又參加了幾場耐力賽。比賽辛苦嗎？當然。但這也是其值得挑戰的原因。我的老天，史上第一位（兩千五百年前）在雅典進行馬拉松長跑的人，在跑到終點後，很快就過世了。

鍛鍊心智的登山挑戰❷

我帶著馬拉松的回憶度過了十五年。這段回憶縈繞在我心頭，包含我如何被負面思維占據、自信心如何崩壞，以及我怎麼讓自己陷入了一個如此尷尬的處境。二〇一七年，我進行了一場更折磨人的活動。我參加了29029聖母峰挑戰（29029 Everest Challenge）。其目標是在兩天內重複攀登上斯特拉頓山**十七次**，等同於爬上聖母峰的高度。儘管在每一次成功登頂後，我們會搭著纜車回到山腳下，這件事仍舊是我從事過最艱難的活動，甚至遠比馬拉松更折磨人。

在參賽者之中，有曾經划船橫渡大西洋的男子、成功攀登七大洲最高峰的世界紀錄擁有者（稍後會有更多關於此人的故事）、兩名前NFL球員、一名NBC實境節目《減肥達人》（*The Biggest Loser*）的訓練員，以及一名準備**連續**七天在七大洲參與七場馬拉松的女子。這是一個令人敬畏的團體，而我居然能身在其中，著實讓我誠惶誠恐。

當然，我從未遺忘十五年前從我身邊經過的藍色禮服男子與失去腸胃控制的女子。在挑戰開始前的一個月，我開始了有條不紊且持續的準備。我在自己的力量日常訓練中增加了坡度跑步機與樓梯健身機訓練，盡我所能地模擬之後的比賽。然而光是擁有良好的體態並不夠，我絕對不能再次重蹈覆轍。我會透過充分的準備，來累積自信。

那座有著猶如酷刑般傾斜角度的山，是一頭猛獸。身為一名表現教練，我總是將上升的心跳率和高強度運動（如衝刺）連結在一起。但光是**走上**那座山，就足以讓我心臟劇烈跳動、雙腿熱辣辣，而且大汗淋漓（即便氣溫如此低）。

登山確實是一件極為艱困的生理活動，但它更像是一場心理試煉。因為那涉及了我如何詮釋自己所在的位置。畢竟，「我剛剛爬完了一半！」和「呃，還有一半的路要爬」是兩種完全不同的思維。

---

❷ 此段落最初曾刊登在我的社群媒體上。

日間攀登和夜間攀登更是截然不同，前者你可以輕輕鬆鬆看到約九十一公尺外的景緻，後者卻只看得到頭燈所照射的範圍。同一座山、同一條路，卻有著截然不同的風景。在某些攀爬的過程中，我只能獨自一人，但也有某些時候，我是跟一大群人一起走。在我落單時，我只能和自己的思緒相伴。而和其他人一起時，我們會互相打氣、彼此鼓勵，我的思緒也能因此暫時脫離生理挑戰的不適。

在我終於體悟自己不可能在時限內完成十七趟攀爬後，我的內心苦樂參半。我很失望，但壓力也隨著這份理解而消散。在進入此一狀態後，我終於可以露出微笑，深呼吸，將注意力放在享受剩餘的過程。我知道第十二趟會是我的最後一趟攀爬，但這也是截至目前為止，最快樂的一段路。我完全浸淫在那一刻，並刻意在某些景點停下腳步，欣賞壯闊的美景，反思整個活動與自己獲得的體驗。

儘管我沒能完成這項挑戰，但我知道重點不在此。雖然那個週末我沒能完成目標，但那一刻所帶給我的心滿意足，至今無可比敵。我經歷了蛻變，也更認識自己一點，並在一段漫長的時光後，再次全神貫注於當下。這項挑戰的重點在於對靈魂的考驗，以及突破自己的生理、心理與情緒極限，並和那些非凡的人們交流。而這三項我全都辦到了。

在這場體驗發生的之前、之間與之後，我的想法已與十五年前截然不同。現在，我不允許負面思維趁虛而入影響我（但相信我，要做到真的不容易）。儘管我的雙腿疼痛不堪，早已精疲力竭，但我仍然帶著自信與樂觀面對挑戰。我就像是一個完全不同的人，而事實也確實如此。

我從斯特拉頓山上學到的七件事

一、自滿是成長的敵人。你必須關閉「定速巡航」系統，刻意且盡可能頻繁地挑戰自己的極限。

二、生理不適會激發情感連結。因此，跳脫舒適圈能讓我們交到最好的朋友。

三、成功、聰明且充滿衝勁的人，更希望和成功、聰明且充滿衝勁的人相處。同類相吸。

四、無論是在人生或職場上，你的競爭對手從來就不是別人，而是你自己。

五、將挑戰切割成更小的單位，能便於自己掌控。同時，凡事按部就班。

六、視人生為一連串的恩典，而不是義務。此外，將「必須」轉化為「可以」，譬如：我不需要攀上那座山，而是我可以攀上那座山。

七、和其他人一起攀爬，會比獨自攀爬更感輕鬆。而有趣的對話和相互扶持，也能帶來天差地遠的差別。挑戰不意味著我們就必須獨自一人。

場上最努力的男人

兩度榮獲NBA MVP球員的史蒂夫．奈許過去曾說，「倘若聯盟中的每個人都像我一樣努力，我的飯碗就不保了。」奈許本人就是這句話最完美的見證。他將注意力放在自己能影響的事物上，像是如何做好準備，而這也是他自信的泉源。在我遇見奈許時，他邁入了三十歲中期，正值他那驚人事業的尾聲。「當你在比賽中看到我做了一個動作，而那個動作就像是天外飛來一筆時，我可以告訴你事情絕非如此。」他對我說。「我在比賽中做的每一個動作，絕對都經過上千次的練習。」

奈許告訴我，身為控球後衛，他的首要任務就是找出解決之道。他必須解決球場上的問題。根據NBA的統計數據，當球進入禁區後（無論是透過傳球或運球），該隊會有較高的得分機率（即便最終並不是在禁區內投籃）。當奈許將球帶進去後，他的任務就是找出所有的選擇。

而他把所有方法都練遍了，包含左右手傳球、彈地傳球給內線隊友、利用口袋傳球（pocket pass）給隊友出手底線三分，以及離球雙手、雙腳在執行這些動作時的完美度。在比賽中，奈許之所以能自信滿滿地在那些比他更大隻、更壯、更矯健的對手面前，直搗禁區，就是因為他早已在腦中準備了至少八到十個答案。準備給了他信心。無論他會在禁區中遇到誰，他都已經有了答案。

隨時準備好接球，無論球來自哪個方向。

——Flywheel Sports 執行長莎拉・羅布・奧海根（Sarah Robb O'Hagan）

冠軍心理學

自信來自於對自主性、影響力以及辨成事情的能力的理解。運動心理學家鮑伯・羅特拉（Bob Rotella），曾經給予麥可・喬丹、老虎・伍茲等人幫助。在《冠軍如何思考》（*How Champions Think: In Sports and In Life*）中，羅特拉指出冠軍最重要的必備特質，就是樂觀主義。[7] 試想：羅特拉曾與各領域的傑出好手共事，有些人的能力甚至堪稱該領域的最頂尖。而他仍舊認為正面思維是讓他們成為冠軍的最重要特質。「倘若別人都不認為你的目標太瘋狂，」羅特拉寫道，「那或許意味著你的目標不夠遠大。」[8] **倘若你未掉過任何一球，你就不會進步**。

當正向思維擴散時，你會下更多功夫苦練、外表看起來更有幹勁，而你的恢復力也更強。保持樂觀並非不切實際的空想，也不是過於樂觀的處世態度或新時代的空泛價值觀。這是經科學實驗證明有效的思維。「結果證明，樂觀主義是預測工作績效的最強大指標。」尚恩・艾科爾（Shawn Achor）在《哈佛最受歡迎的快樂工作學》（*The Happiness Advantage*）中寫道。「研究顯示，樂觀主義者設下的目標往往比悲觀主義者多（也比較困難）。樂觀主義者願意花更多精力去達成這些目標，且在遇到困境時會更投入，也更容易跨越障礙。」[9]

當我們不去做該做的事時，會開啟一個循環。首先，我們會變得充滿罪惡感且愧疚，而這會侵蝕自信。然後，漸漸被侵蝕的自信導致我們更沒有精力和動力。這兩股力量的減少，會使我們的生產力下降、情緒低落。接著，循環又重頭開始。[10]

而同樣的循環也發生在正向思維上。成功與自信總是相互餵養，所以你別無選擇，只能從自己有把握的事情下手。而自信帶來力量的最好例子，就是「四分鐘跑完一・六公里」——一個所有專家都認為不可能達成的目標。儘管科學家宣稱人類無法做到這件事，但在羅傑・班尼斯特（Roger Bannister）首度於一九五四年打破此紀錄後，此紀錄甚至一再地被刷新。人們深信這件事是做得到的，所以它成真了。❸我們的大腦有驚人的力量，足以放大或縮小我們眼前的目標。光是透過我們的思考方式，就能決定我們會離目標更遠或更近。

TD北岸花園球館堪稱運動界內最神聖的建築之一。粉絲們視這棟建築為聖殿，一走進籃球場，你就可以看到懸掛在橫梁上的各面冠軍旗與退休運動衫，就像是紀念那些最偉大運動員的聖壇。對所有人而言，這就是一個神聖之所，即便對他們的宿敵湖人隊來說亦然。❹

而你知道賴瑞·柏德怎麼稱這裡嗎？答案是，「健身房」。

---

❸ 每一年約莫有二十名美國人打破四分鐘一·六公里的極限。倘若將其他國家納入考量，像是最擅長跑步的肯亞，這個數字將更高。當然，當代的訓練方法與營養攝取確實發揮了很大的功效，但在突破此一極限上，我們也絕不能忽視自信扮演的角色。

❹ 【編注】TD北岸花園球館為NBA波士頓塞爾蒂克隊的主場，湖人隊為其勁敵。

關鍵點：了解自己、在乎自己所做之事和專注於讓自己更好，就是贏得自信的方法。自信能帶來成功。

請記得：

- 不切實際的自信是致命的，而紮穩根基的自信能給予我們最強大的力量。
- 自信是一股會蔓延的力量，它不僅能照亮你的任務，更能賦予他人能量。
- 不要變成一個自大的討厭鬼，請確保自己之所以能抱持自信，是因為你言之有物、行事有方。
- 贏得的自信就像塊磁石，能將你的目標吸引過來。

自我測試

在進入第二部分前，請先問問自己：

一、倘若你今天被開除了……你該如何讓明天的自己被再次聘用？

二、你會做出哪些改變，行為又會有哪些不同？

三、無論你的答案是什麼……你還在等什麼呢？

PART

II

教練

倘若你是一名教練，你必須有成為領導者的決心。這份頭銜需擔負的責任，不僅僅是招聘人員、開除員工、領最高薪水和做出最終決策。真正的領導者還必須具有遠見，知道自己與團隊該走向何處，並創造出一套能讓所有人想要一起打拼、朝目標邁進的文化。他們必須具備一定的品德，且致力於為所有團隊成員服務（公僕）和給予其力量（賦權）。最重要的是，他們在乎和誰一起共事，以及自己又做了些什麼。唯有這樣，他們才是名符其實的領導者。

6 遠見

> 知道「如何」去做的人，永遠都能找到工作，但知道「為什麼」這樣做的人，將永遠是他們的老闆。
>
> ——國際知名領導學專家約翰．麥斯威爾（John C. Maxwell）

讓我們來談談遠見。

頂尖的運動員總能知道自己的隊友會出現在哪裡，而不只是隊友此刻的位置。在美式足球的球場上，倘若一名四分衛無法做到這點，其傳過去的球和攔截將永遠都不到位。在籃球場上也是如此。身為球場上的指揮者，控球後衛不僅要清楚當下所有球員的位置，更要明白所有人會跑向哪裡。控球後衛不僅需要考量許多事情（像是敵方的防守者和運球），也得接受激烈的肢體碰撞，但其對於每一位隊友正在移動的方向，以及他們最終會站定的位置，仍舊必須有高度清晰的洞察力。

真正厲害的控球後衛能洞悉當前的處境，包含誰切到籃下、哪一邊球員的回防速度慢了、誰無人防守。除此之外，他們甚至還能看到五秒後的情況：誰即將衝刺快攻、誰無法掌握隊友位置，以及誰準備執行開後門戰術（backdoor cut）。在這些人跑到定位時，球必須即時且準確無誤地傳到他們手中。因此就這點來看，控球後衛必須能夠預知未來。而這就叫遠見。

在這麼多活躍的球員裡，我認為鮮少有人在球場視野（court vision）方面，能超越克里斯．保羅。第一次遇見克里斯，是在十多年前舉辦的菁英後衛訓練營（Elite Guard Camp）上，之後也因此有幸和他共事多年。克里斯最讓人欣賞的其中一點，就是他並不像某些人那樣，出借自己的名字來舉辦訓練營。克里斯全力以赴，他出席訓練營的每一項活動、每一次訓練，甚至是每一頓飯。他總是言行一致，而孩子們也完全感受到了。為此，我深感佩服。

當然，強者是不休息的，因此即便是休賽季、即便克里斯還需要照料訓練營的事務，他仍舊會抽空進行自己的訓練。因此，在每天的訓練營開始前，他會提早於凌晨五點鐘起床，進行完整的訓練（包括重訓和上場練習）。他渴望成為強者的信念，不斷地推著他向前。在我認識的所有人之中，克里斯是最具競爭意識的一位。無論是玩牌、打保齡球還是投籃遊戲，他都超級渴望贏。這就是他的天性。

開發自己在場上的遠見，也讓克里斯成為過去二十年裡，ＮＢＡ最頂尖的後衛之一。克里斯相較之下較為矮小的身高（約一百八十三公分），讓他**必須**具備異於常人的遠見，以彌補自己在體格上的不足。而他的標準是如此高，根據一名記者的說法，「就連籃球的紋路，他也會配合特定隊友的喜好。」[1]克里斯本人也證實了這點。「球上面之所以有花紋，肯定是有原因的。」[2]他對採訪者說道。

像克里斯這樣出色的控球後衛，都有著無與倫比的遠見。而具體來說，他們透過兩種方式來獲得這樣的能力：

一、本身就擁有絕佳的球場視野，意即他們總是讓自己站在能看見球場最大範圍的位置上。籃球是一場關於直線與銳角的比賽。而厲害的控球後衛會善用自己的角度，提升視野廣度。

二、就某種程度來看，他們就像是預言家。和西洋棋手一樣，他們必須提前思考一、兩步後會發生的事。他們必須提前想好防守者會跑到哪裡，或隊友會從哪邊切入。

精準預見思維

下了球場，運動員仍必須要有遠見。頂尖的球員往往能跑在比賽前頭，事先學習和運用能增進個人優勢的資源。在十年前，這意味著體力、調理和營養攝取；五年前，這攸關了運動心理學、瑜伽和影片破解／分析。很快地，這個戰場將轉移到最先進的穿戴式科技、虛擬實境訓練道具，還有根據血液類型量身打造的營養補充品。

現在的球隊會運用物理分析（來預測受傷可能）、心理測驗和個人檔案剖析，來決定該選哪一位球員。光是身為一名出色的球員，已經不夠了，他們還必須洞悉球賽的發展趨勢。他們必須和即將踏入球場的新一代球員、明日之星競爭，而那些人將會是運動史上準備最完備的一代。

這樣的能力，同樣適用在成功的教練和總經理身上。他們必須思考自身的將來，並研究這場競賽的未來走向。所有職業運動、甚至是所有職業，都正在演化，唯有搶先理解並接受改變，才能成為競賽中的贏家。休士頓火箭隊的總經理達雷爾·莫雷，因為很早就採納了先進的分析方式，因而改變了籃球的打法與觀察和研究方式。當某些總經理還猛盯著得分與籃板看時，莫雷和其工作人員發明了結合三分球、投籃與罰球的「真實命中率」（true shooting percentage），以及其他先進的統計方法。

因為莫雷的遠見，讓火箭隊成為有史以來三分出手最多的球隊，更成為西區聯盟的強隊。現在，全聯盟的人都在偷學他的戰術。借用體育作家提姆·卡托（Time Cato）那令人難忘的評論：「莫雷將常規狠狠地撕碎、點了把火，然後射向墨西哥灣。」[3]莫雷為近期的火箭隊取得了巨大的成功，這包括在二〇一八年以一勝之差、幾乎登上ＮＢＡ冠軍寶座。而他們的成功，全因為莫雷擁有預測比賽走勢的遠見。

另一個堪稱最著名的例子，則是在二〇〇〇年代早期，帶領奧克蘭運動家隊（Oakland Athletics）的比利·比恩（Billy Beane），他徹底改變了棒球的打法、扭轉了訓練球員和理解棒球的方式。（其故事也收錄在麥克·路易士〔Michael Lewis〕的《魔球》〔*Moneyball*〕中。）當時，其他的球探和球團總經理都還停留在上一個世代的思維中，拘泥於「眼力測試」等關於真正的棒球選手應該如何的陳腔濫調裡。因此，當比恩帶著他的哈佛夥伴保羅·狄波斯塔（Paul DePodesta）闖進來時，其他老派的管理者都因為他們過分關注那些看似瑣碎的數據（如上壘率和保送），而嘲笑他們。但比恩眼裡只看得到一件事：未來。

波士頓紅襪隊（Boston Red Sox）在採納了比恩的方法後，贏得了三個冠軍（儘管他們最終沒能成功搶得比恩的合約）。而在十五年後，聯盟中所有主流球隊都有一個備受倚重的高階數據部門。遠見的其中一個非常重要的面向，就在於我們能為自己的決心，拿出多少勇氣，亦即當其他人都認為或甚至希望你失敗時，你該如何堅持下去。具備遠見的人，並不總是受到眾人的歡迎或喜愛，但最終他們總能憑藉著聲譽、為後人留下的事蹟或有如標誌性般的地位，抵達巔峰。

> 優秀的運動員知道自己在場上的位置；偉大的運動員知道場上其他人的位置。
>
> ——美國大學籃球教練唐．麥耶爾（Don Meyer）

願景領導學

真正的領袖就像磁石。人們之所以心甘情願地追隨他，往往是因為其懷抱遠見。在人們挺身追隨一件事物（what）前，他們必須先信任那個人（who）。

在籃球場上，那些偉大的球員如比爾・羅素（Bill Russell）、麥可・喬丹和勒布朗・詹姆斯之所以成功，是因為他們能為成功描繪願景。這樣的遠見不僅決定了他們做的每一項抉擇，更滲透到其一言一行中。人們爭先恐後地想要加入他們的行列，因為人們喜歡追隨有遠見、清楚自身目標也知道該如何實踐的人。追隨這樣的領袖，就像是表達「**我想成為實現這份遠景的一員**」。

想想自己：你擁有清晰的遠見嗎？你有宣揚它嗎？你的願景具有一致性嗎？

《Inc.》雜誌進行了一份知名的調查，並清楚闡述了「老闆認為的事情走向」與「實際現實」間，出現多大的落差。該雜誌首先詢問了公司高層，認為有多少比率的員工能正確回答出該公司的三大首要目標。高層的預估為六四％。他們對於雙方間的溝通，有著過於美好、甚至是不切實際的想像。在研究者針對員工展開調查後，得到的數字為二％。[4]在一百人之中，只有兩個人知道公司的主張。倘若我們進一步思考，這些首要目標正是公司之所以存在的原因時，你就能明白這樣的數字是多麼地令人吃驚了。

重點在於，**清楚**自己的遠見，並將其**散播**出去。成功的教練清楚理解團隊的發展前景與能達成的目標。而同等重要的是，他們也必須持續宣揚這份體悟，甚至去「說服」那些團隊中的懷疑者。倘若你無法改變破冰船的航行方向，那麼就算搶先得知冰山的位置，也毫無意義。

自我測試

倘若你能當家作主，請問問自己：

- 你的下屬是否知道你的願景？
- 倘若詢問他們，他們回答得出來嗎？若無法提前準備，他們能答得出來嗎？
- 你是否有強調過，所有人每天都必須一起工作的原因？
- 你是否會定期跟他們解釋其工作內容的目標？
- 倘若有，次數有多頻繁？
- 倘若沒有，又是為什麼？是因為你不知道？還是因為你認為他們不需要知道？或因為你從來沒有思考過這件事？

回答這些問題或許會是一件相當嚴肅的活動，但請不要逃避，去面對問題。這是必經的過程。

遠見，也意味著擁有識人之明。以運動為例，教練、總經理和球探的其中一項任務，就是從微小且稍縱即逝的跡象和行為中，看見一名年輕球員的未來。真正優秀的招募者，能想像一名運動員可以達成的最高境界，而不是局限在對方的當前表現。

綜觀NBA的歷史，我們可以發現選秀的順序根本無法預測一名球員日後能多成功。這並不是因為大家調查得不夠仔細，而是因為一名球員當前的表現，僅能微弱地反映出其未來些許樣貌。畢竟，在現在與未來間，存有太多因素，但偉大的預知者總能察覺一二。

是的，聖安東尼奧馬刺隊的提姆．鄧肯（Tim Duncan），確實是選秀狀元，但同樣在馬刺隊四次奪冠中發揮重要功能的東尼．帕克（Tony Parker）和馬紐．吉諾比利（Manu Ginóbli），在選秀中根本沒擠進前幾名。東尼．帕克在選秀中以第二十八順位被選中，而吉諾比利則是在選秀的尾聲才被挑中。但是馬刺隊的經理看見了他們的實力，細心栽培兩人，然後創造了歷史。

在二十一世紀的職業運動界裡，球團在蒐集情報與評估當前表現上，花了遠比過去還要多的心力。他們知道比起碰運氣然後冒著出錯的風險，花時間、金錢和心力去盡可能仔細地調查潛在球員，絕對是值得的。錯誤的決策可能會導致災難性的合約、沒有自由球員以及連續數年的排名墊底。不妨問問捨棄凱文・杜蘭特而以第一位順位選了格雷格・歐登（Greg Oden）的球隊，和捨棄卡梅隆・安東尼（Carmelo Anthony）、克里斯・波許（Chris Bosh）和德韋恩・韋德而以第二順位選了達科・米里西其（Darko Miličić）的球隊。倘若此刻的你搔著腦袋在想米里西其到底是誰……**懂了吧**。

在球團將數百萬美元及未來託付給一名能力還未受認可的球員時，他們一定會去分析這名球員的每一場比賽。而他人生中的方方面面，也都會被挖出來並納入考慮。這些集結而成的資訊，能幫助球團想像出一名球員未來可能的樣貌。除了身高體重、出手選擇及腳步需要分析外，還有許多如傾聽的能力、動機及無私精神等無形的條件需要評估。

當然，不是只有運動界才會使用此些方法。儘管在運動世界以外，有些資訊很難被量化，但最頂層的企業仍舊會這麼做。在他們決定雇用一個人**以前**，他們會試著釐清這個人的樣貌。當一名員工被注入到公司的血脈裡，他的行為就會擴散到全體。Airbnb 的創辦人切斯基在雇用第一名員工（一名工程師）前，花了五個月的時間進行上百次面試。他對面試者表示，第一名被雇用的員工會成為該公司DNA的一部分，而他也以極嚴肅的態度，來看待這個決定。[5] 領導者必須在為時已晚之前，預見一名員工能創造或奪走的事物。

在亞馬遜發展初期，貝佐斯經常說「每當我們雇用一個人，這個人就會提高下一次的雇用門檻，如此一來整體的人才水平才能不斷提升」，亞馬遜的第一位員工尼可拉斯．洛夫喬伊（Nicholas Lovejoy）對作家理察．布蘭特（Richard L. Brandt）說道。「所以當一名員工被雇用時，他應該感到高興，因為現在的他已經不可能再被雇用了。」[6]「不斷提高員工的水準」是一個多麼驚人的標準！而這點之所以重要，還有另外一個原因。當公司不斷提高標準，員工就絕對不會因為自己在公司中的地位而自滿。此外，這也能塑造出持續進步的氛圍，而它是一種人人都渴望獲得的狀態。

皮特．費洛（Pete Philo）是前ＮＢＡ球探經理及知名籃球人才評估機構 TPG Sports Group 的所有者兼總裁。ＴＰＧ經營創投平台「運動贏家」（Sports Tank，有如體育產業版的熱門電視節目《創智贏家》），以及專業球探學校（Pro Scout School）。該學校針對那些想成為ＮＢＡ球團執行者、球探、總經理的人，傳授必備的工具、觀念與原則。皮特本人就是有遠見領袖的最佳典範，在球探情蒐與才能評估尚未普及以前，他就洞悉了這些事物的潛力。當我遇見他時，他告訴我他的其中一名心靈導師，給了他關於遠見的重要忠告。皮特說，「想想眼前的問題可以如何解決。從這一刻起，你會驚訝地發現腦中居然能冒出這麼多點子。」

試圖翻越障礙？了不起。不把障礙視為障礙而是機會？這就叫遠見。

企業成敗的關鍵差異

所謂的遠見，就是在事前、在所有人甚至不覺得這件事**會**發生前，就提前預料到。這就像 Netflix 擊敗百視達，前者最初還不到該影視巨擘五百分之一的規模，卻在十年後成為百視達**破產**的主因；[7] 這就像 Zappo 擊敗了整個鞋業，只因為其創辦人明白鞋子的購買和退貨是一件非常麻煩的事，但只要透過高效率的程序與一流的客戶服務，就能以簡單的 e-mail 將這件事做對、做好。

遠見，就是少數那些能在十年前就預見此刻的人。如今，在一個互聯網四通八達的世界裡，人們根本不會介意（甚至還願意花大錢）搭陌生人的車，或住在陌生人的家裡**！**我成長在一九八〇與九〇年代，那是一個沒有人認為這種事會發生的年代。**沒有人**。那些說自己曾經做過這些事的人，都是騙人的。

現在，Airbnb 和 Uber 的創辦人被譽為天才，而利用他們家的服務則被視為聰明的交通和旅宿選擇。領導者的目光總是聚焦在大藍圖之上，更致力於讓世界追上自己的遠見。他們不怕被人嘲笑、排擠或孤立。倘若他們能屹立不搖地堅持著自己的遠景，甚至不惜逆著當前趨勢而行，最終他們總能站上最頂端。他們獨自一人，矗立在人生的巔峰。

所謂的遠見，就像是 Google 提出的「二〇%時間」，一個給予所有員工固定比率時間、依其選擇與創造力從事外部項目的計畫。此計畫也催生出許多成功的 Google 副產品如 Gmail、AdSense 和 Google Talk。**誰會想到強迫員工少工作一點，會讓他們達成更多成就？**這就叫遠見。

> 追求你的願景，而不是金錢。
>
> ——Zappos 執行長謝家華

遠見需要一個困難但不可或缺的平衡措施，那就是死守決心的毅力和適應的意願。遠見需要潛心投入，但不可錯把頑固和此混淆。擁有遠見意味著擁有堅實的根基，讓自己能視需求去改變和發揮。

擁有（或缺乏）遠見，能左右一間企業的命運。缺乏遠見就是像 Reebok 這樣一家想簽誰就能簽誰的頂尖球鞋公司，卻選擇**不要**和麥可．喬丹簽約。你問為什麼？在喬丹剛加入ＮＢＡ的一九八四年代，當時大個子才是主流。他們不相信一名得分後衛足以改變這樣的模式。他們的思維卡在當下，而無法看見未來。

缺乏遠見也是黑莓機失去大量使用者的原因，儘管在不久之前，黑莓機還是人手一支（甚至是兩支）的盛況。

這也是為什麼柯達不得不在二〇一二年宣布破產，儘管早在一九七五年時他們就已經想到數位攝影！但他們最終決定不要追求此一產業，只因為他們怕這麼做會壓縮到既有的底片生意。[8]

這也是為什麼百視達沒有便宜併購 Netflix（而且還數次在機會送上門時硬生生擋下）。他們看不見下一步，因為他們沒有遠見。「管理和遠見是兩件獨立的事。」[9]前百視達管理者對《綜藝》（*Variety*）雜誌這樣說。他們曾經可以用相較之下微不足道的五千萬美元買下 Netflix。為了強調我們的論點，在我動筆的此刻，Netflix 已經徹底扭轉人們觀看電視與電影的模式，更成功製造出屬於自己的節目，公司市值也高達了一千五百億美元。為了讓讀者對此天文數字有更正確的體會，我們這樣說吧：他們的市值超過**迪士尼**，並且在持續成長中。

遠見讓我們敞開心胸、探索新事物，而不是像百視達或柯達那樣，滿足於現況。請記得：**舒適圈就像一座監獄**，而堅守領先地位是沒用的。在運動場上，尤其是美式足球場上，那些只想著撐到比賽結束的隊伍，其表現在統計上往往不如預期。在第五十一屆超級盃（Super Bowl LI）中，亞特蘭大獵鷹隊在進入中場休息前以 21-3 的比數領先。在第三節結束時，比數甚至來到 28-3。接著，令人不敢置信的是他們再也沒能得分，最終還以 28-34 輸掉比賽。為什麼捍衛自己的領先地位起不了作用？因為這樣抹滅了所有球員的衝勁。維持領先地位無法激發球員的興奮之情，而撐到比賽結束的心態更無法激起獵鷹球員的衝勁，他們不像敵隊的新英格蘭愛國者那樣，有強烈的絕地大反攻動機。

> 改變源自於樹立新規則和新事例。當代所有的新發展、那些真正具有突破性的成就，都不是建立在舊規之上。
>
> ——美國體育經紀人大衛・福克（David Falk）

真正的驅動力

遠見意味著理解自己的目標，並秉持此一目標來行動。如同我的好友及世界知名客戶服務專家布萊恩・威廉士博士（Dr. Brian Williams）經常說的，「不要將功能與目標搞混。一張椅子的**功能**是讓人有地方可坐，但一張椅子的**目標**，應該是提供舒適。」

你們公司的功能（推銷保險、提供金融意見等），不一定會和目標重疊。你們公司的目標或許是協助人們買下屬於自己的家、感到安心或為未來做打算。而一間公司必須擁有一個能和其遠見相符的目標。另一方面，我們的目標是我們每天早晨之所以會跳下床的原因，也是推動人生前行的力量。你的目標決定了你的位置，而你的願景決定了你該走向何方。

自我測試

花一點時間思考自己公司或組織的目標（尤其當你從沒做過這件事時）。從你當前正在進行、執行或提供的服務中抽離，認真思考你能為客戶、員工，甚至是全世界帶來什麼。

簡而言之，你是否能解釋自己公司的目標為何？而這又與功能有何不一樣？

提升表現的兩大關鍵

傳奇運動記者和勵志演說家唐·耶格（Don Yaeger），明白將遠見化為現實所需付出的代價。除了和運動界傳奇人物如約翰·伍登、沃爾特·佩頓（Walter Payton）及喬·納馬斯（Joe Namath）共同出書外，他也花了超過五年的時間，研究團隊合作成功的原因，並採訪了一百一十個隊伍。那他的結論是什麼呢？「頂尖的球隊知道自己的動機，他們能感受到團隊的目標。」他在我的 podcast 採訪中說道。

遠見是一種能幫助我們紮下根基的方法。它提供了一張地圖、路線和指南書，協助我們通過各行各業必得經歷的曲折和高低。如同唐對我說的，他很早就學到這點。在他開始從事運動寫作一職的第一天大早，他的父親在家門前的車道上攔下他。父親對還年輕的他說，既然他能有這個機會「和真正了不起的大人物、人生贏家」見面，他應該事先想好一個自己可以問的問題。一個**亙久不變**的問題。唐接受了這個建議，並想出了一個好問題：是什麼習慣讓你和其他競爭者不同？

在經歷了數十年的職業生涯、採訪過兩千五百個人之後，唐從《運動畫刊》（*Sports Illustrated*）退休了，而他也累積了數不清的智慧箴言。他將這些經驗帶到商業世界中。「當員工們認為自己是為了一個使命，而不是一間公司工作時，他們的表現就會開始改變。」唐經常對我說。

唐教給我的另一項寶貴智慧，也是他從伍登身上直接學到的智慧，則是和那些能幫助你成為想要成為之人的夥伴為伍。「你永遠無法贏過自己知己圈中的人。」伍登對他說。「捍衛你的知己圈，就好像他們是你最寶貴的資產一般。」

我在第一章所提到的NBA球員馬凱爾・富爾茲，從非常年輕時就明白這個道理，並結交了不是只懂得吹捧他的心腹之交。這也是他現在之所以能晉升成職業球員的原因。遠見不僅僅是關於想法，更與人密不可分。這意味著我們應該著眼於未來，觀察周圍有哪些人能幫助你登峰造極，哪些人卻有可能有意或無意地拖累你。無論在職場上或私底下，請和那些你認為能幫助你達成最高目標的人為伍。

Under Armour 的策略性遠見

我們必須專注於日常工作，但如果缺乏大藍圖（亦即遠見），我們就不知道自己正在朝何處前進。搞不好我們根本哪裡都去不成；搞不好我們只是在原地踏步。當我們連方向都不知道時，就算全力衝刺，也只是徒增疲憊與挫折。然後我們環顧四周，才驚覺自己已經輸了，或根本沒有離開原地。

麥克・邦吉・史戴尼爾（Michael Bungay Stanier）是一名作家和激勵型演說家，也是「蠟筆盒公司」（Box of Crayons）創辦人，該公司和各企業合作，並提供培訓課程。我跟麥克是在「勇氣公開演說」（Heroic Public Speaking）的總部內認識，當天舉辦了一場專為職業講者和業界領導者設計的私人培訓活動。當我們發現彼此的領域相同時，立刻一拍即合。「我喜歡將策略看作是視覺藝術。」麥克告訴我。「你看到終點了，於是你開始想辦法找路走到那裡。但有些時候我們會過於執著於腳邊的道路，因而疏忽了終點。」

麥克明白任何一個組織或團隊的長遠成功，都是奠基於每週或每日舉辦的「微型培訓（micro-coaching）會議」。他認為此種簡短（約十至十五分鐘）的互動，是高效表現的根基，更能確保所有人都追尋共同願景。透過持續且頻繁地與夥伴們交流，你能明確知道他們腦中的想法，以及你們是否在同一條軌道上。此外，還能讓他們知道你確實在乎，而這也是確保他們不要脫隊的關鍵。

這就像每天存一點錢到銀行帳戶裡，透過時間累積增值。而此種迷你培訓會議最棒的一點，就是在多數時候，「球員」必須扮演說話的角色。身為「教練」，你只需要問他們一連串的問題，讓他們自然而然地說出當前的狀況、認為哪些事富有挑戰性，而他們又在哪些方面需要協助。

強大的遠見既像是一張藍圖，上頭清楚描繪你必須打造的事物，也像是支撐著整體結構的鷹架。許多創業家就是乘載著心目中的願景與渴望，一路從底層打拼到頂層。一九九四年，就讀馬里蘭大學（University of Maryland）的凱文・普朗克（Kevin Plank），在未拿到體育獎學金的情況下進入美式足球隊，擔任全鋒。在發現汗水會讓行動變得笨拙而難以保持敏捷後，他開始用各種布料來修改衣服。儘管普朗克並沒有專業的運動服飾背景，但他知道自己做的事是重要的。他擁有**遠見**，也有**目標**。因此他四處奔走，只為了弄清楚要怎麼樣讓自己的運動服變得更輕盈。[10]而這件事很快地演變成一樁生意，並讓他開始涉獵到其他類型服飾，從而走向全球。普朗克花光了積蓄，讓自己背了四萬美元的債務，並在祖母家的地下室創辦了自己的公司。他替公司取名為 Under Armour。

普朗克並不是一位沒有自信的人。每年，他都會寄一張聖誕卡給 Nike 執行長菲爾・奈特，上面寫著：**你還不知道我們是誰，但就快了**。我不知道奈特是否有將他當成一回事（也很難想像奈特會嚴肅以待）。不過我猜，奈特最終還是接收到這條訊息。現在，Under Armour 公司的市值約為一百七十億美元，且根據某些分析師的看法，甚至還有可能將 Nike 踢下寶座。[11]二〇一六年，《富比士》票選 Under

Armour 為全球第六大最具創新力的公司。儘管 Under Armour 就像是一夜爆紅的公司，但根據普朗克本人的說法，Under Armour 仍舊維持「替補的心態」。[12]儘管他親手打造的公司已經一飛沖天地衝向運動界最頂峰，他的遠見仍舊沒有改變：一個憑藉著對細節與品質的關注，來打敗業界大佬的拼拼湊湊小公司。

蘋果、星巴克的經營願景

所謂的遠見，指的不僅僅是清楚自家的產品或服務，還包括是否知道其之所以與眾不同的原因。這可以歸結到一個點子上嗎？不妨想想看：你多數行為的共通點為何？你能用一個詞來概括嗎？

我們多數人對蘋果及其產品都非常熟悉。即便你沒有他們家產品，你也絕對看過 iPad 或 iPhone。而他們所有的產品、甚至是最早的 Mac 電腦，都是秉持著同一個原則（事實上，更像是一個字彙）。

想想蘋果的每一項產品。你能猜到這個字嗎？

這個蘋果所奉行的字彙就是：**簡約**（simplicity）。簡約是「驅使蘋果去創造那些產品，並做出那些行為的原因。」[13]蘋果前創意總監肯恩・西格爾（Ken

Segall）寫道。西格爾也是讓蘋果所有產品都冠上「i」的其中一人。人人都知道賈伯斯對自己的遠見充滿狂熱，「對簡約的力量有著最深且近乎宗教信仰般的執念」。[14]（在西格爾的書裡，『simplicity』是以全大寫字母來表示，以凸顯其論點。）賈伯斯本人總是以同樣的黑色高領毛衣、藍色牛仔褲來面對大眾，也是簡約此一概念最活生生的例證。

即便在賈伯斯過世後，簡約仍舊是該公司口號。隨著科技世界日益複雜化，簡約反而變得更難能可貴且關鍵。賈伯斯的願景仍舊影響著蘋果和其產品。想想看一支 iPhone 可以做多少事，而上面的按鈕又有多少個（我數了我的，四個）。蘋果的每一支新手機仍採用極簡化設計（像是擺脫耳機的插孔），真實地銘刻著公司創始者的理念。賈伯斯希望將進步與簡約融合，並體悟到科技的意義並不是增加生活的複雜性，而是化繁為簡。

還有其他公司也是憑藉著一個單純的願景，蛻變成全球知名企業。一九八〇年代，行銷經理霍華．舒茲替西雅圖一家只賣咖啡豆的小咖啡店工作。在一趟義大利之旅中，舒茲被當地的咖啡文化震撼到，明白原來一間咖啡廳可以成為公共空間。在他回到美國後，他企圖複製出這樣的文化。他希望在工作與家庭之間，打造出一個人們可以消磨時光的「第三空間」。他將此一概念傳遞給小咖啡店的老闆，而接下來的故事你們都知道。星巴克或許是地表上分布得最密集的咖啡店，而能和其匹敵的僅有麥當勞和可口可樂。然而，這僅僅是因為一名男子選擇將自己的遠見付諸實現。

推銷遠見，開拓管理新視野

卓越見識或許是萌芽自某個場域，或先存在於一個人的腦海裡，但在正確的環境下，那些想法可以匯集、成長並茁壯。全食超市始於約翰・麥凱位在德州的車庫裡；蘋果發跡於賈伯斯位於北加州的車庫內；亞馬遜則創立於貝佐斯在西雅圖的車庫中。為什麼都是車庫？因為車庫是一個你可以盡情搗亂並打造東西的地方。車庫可以包容所有的失敗與闖禍，而這就是它之所以存在的原因！

Google 和臉書誕生在大學的宿舍中，那是一個能讓擁有豐富想像力的年輕理想主義者發揮的場域。大學宿舍就像是孵育中心，儘管臉書如今已是身價數百億的企業，但它最初是由一群志趣相投者（就有如我們與投緣的大學死黨）所開發而成。與其讓自己沉浸在運動賽事、和女孩約會或爛醉如泥，祖克柏和他的室友沉浸在自己的網站中。他擁有遠見，而他們幫他實現。遠見就像是一種信仰，存在於你和周遭夥伴間。在我們還年輕、身邊都是志同道合的朋友時，要秉持個人理念往往比較容易。天真有時也是一種資產，而在那雙睜大的雙眼中往往蘊藏著無邪與童心。

憑藉著一個點子和一張充氣床，Airbnb 在某個客廳裡誕生了。而這個點子萌芽在更早時期，其中一名創辦人在車庫拍賣時認識了一個需要借住的傢伙。現在，Airbnb 擁有的房間遠比世界上任何一間連鎖飯店還要多。「我認為你應該永遠用孩子的方式去思考和生活，或擁有如孩子般的好奇心與想像力。」共同創辦人切斯基對採訪者說道。「這或許是我們所能擁有的最重要特質，尤其對企業家而言。」[15]他的共同創辦人喬・傑比亞（Joe Gebbia）曾說，「偉大的點子最初總是極端的。」人們對你的點子**應該**是無比熱愛或十分痛恨，這才意味著你的點子夠重要。你的點子能推著人們朝某個方向移動，也因此你並不是出於恐懼才行動，而是敞開心胸，把握大好機會。或許你會揮棒落空，但你絕對不能因為不揮棒而被判出局。

擁有遠見並不是去預測人們會喜歡什麼，也並非設法讓自己的點子變得最受歡迎。真正的關鍵在於邁開腳步追逐**正確**的理想。前運動員兼激勵型演說家路易斯・豪威斯（Lewis Howes）曾說過，我們必須擁有足夠強烈的遠見，好讓其內化成我們的一部分。即便在那些缺乏幹勁或混亂的早晨裡，你還是看得見大方向。你一頭栽進自己的遠見中，讓它帶領你。[16]擁有遠見，就像是擁有一套能指引你行進的內建導航，或一個總能指引你朝著正確方向前進的指南針。缺乏遠見的領導者，只能漫無目的地瞎忙，而別人終舊會看穿他的偽裝。這樣的情況也將因此影響全公司上下。

研究顯示，有愈來愈多員工在上班時無法投入。近期，一份蓋洛普調查發現，有高達三分之二的員工對工作提不起勁。這是一個多麼驚人的數字。想想看，有六六%的美國工作者停滯在辦公桌前，躲在自己的小隔間中，注意力卻已經飛得老遠。擴大到全球來看，也僅有十三%的成人能完全投入在自己所做的事情上。[17]一份二〇一五年的問卷指出，有七〇%的人「痛恨」自己的工作。[18]所有的老闆和經理，最好將這個數字牢牢記在心底。

身為一名教練，你的遠見不僅能讓你看見通向未來的道路，更能為那些追尋著同樣目標的人，提供車子、座位，讓他們加入你的行列。請確保自己提供了這些條件，絕不要讓日常工作拖累了你的目標。倘若你覺得手下的人開始失去方向，請試著將你的願景帶到最前線。比方說，透過會議、e-mail和對話來提醒他們。或者，跟員工討論在達成此一宏觀目標上，他們扮演了何種角色，以及徵求他們對此一大目標該如何實現的意見。這些看似微不足道的動作，會日積月累成結果，讓所有人感受到肩膀上的使命，並加深其對大方向的認同。這麼做更能維繫起他們和你，以及和大目標間的連結。

> 你無法決定在哪裡工作。真正重要的是，你的下一步。
>
> ——賈伯斯

我不相信這個世界上有所謂的「金點子」（million-dollar idea）。這個詞就好像在暗示你：只需要想到一個好點子，錢就會源源不絕地湧進來。事情並不是這樣運作的，也永遠不可能如此。遠見不該止步於想出一個點子。倘若事情這麼簡單，這個世界上就會有更多億萬富翁，每日空坐著想點子。因此，重點在於將點子付諸實踐，而實踐需要其他人的幫助。為了**將你的遠見推銷出去**，我們必須和那些對你及你的目標有著強烈共鳴的人，建立起緊密而齊心的團體。而且，交流彼此的願景是絕對必要的。根據卡內基技術學院（Carnegie Institute of Technology）的調查，「我們在溝通、協商與領導方面所展現的個人特質與能力，決定了我們八五%的經濟成就。而僅有十五%，是受限於技術性知識。」[19]

所謂的遠見，應同時包括微觀與宏觀、現在與未來、無形的想法與有形的步驟。「最具創造力的人，往往會逼著自己去追求宏大的目標。」查爾斯・杜希格（Charles Duhigg）在《為什麼這樣工作會快、準、好》（*Smarter Faster Better*）中寫道，「接著再打造一套系統，將目標拆解成可控制的小區塊。」[20]也就是說，將你最終期望達成的目標，與你期望組織能做到的事情銜接起來，再將所有事情切割成可管理、能引領眾人邁向成功的步驟。

「無論是影響多麼深遠的遠見，只要缺乏實踐的步驟，也不過是空想。」莫利・克萊恩（Maury Klein）在《尋找經營之神》（*The Change Makers*）寫道，這是一部濃縮了過去一百五十年內最偉大企業家的作品。「這些了不起的成功者之所以和其他人不同，不只是因為他們擁有崇高的遠見，更重要的是他們擁有實踐的能力。」[21]請記住，儘管「遠見」一詞在商業界中經常和預測未來掛鉤，但其原意非常單純，就是「看見」（see）。沒有人能看見你能看見的，所以請睜大雙眼。

關鍵點：有遠見意味著理解自己身處領域的未來、清楚團隊的目標，並確保自己的所有行為都是為了更接近最終目標。

請記得：

- 領導者能理解宏觀思維，像是當今和過去及未來的關聯性。
- 領導者會時時確保自己能深謀遠慮、掌握事物的關聯，並全心投入，以著眼於大勢。
- 真正的領導者不會隨波逐流，而是會發想出正確的點子。
- 不要忘了推銷自己願景的重要性。請啟發並說服那些同樣具有決心的人，讓他們加入你的行列。

7 文化

領導者的任務不是想出偉大的點子，而是創造一個能夠孵育出偉大點子的環境。

——賽門・西奈克

倘若說遠見始於腦袋，那麼文化就是始於腳下。文化是多種價值觀、信念、行為的集合，以及一個團隊、團體或組織的氛圍。正向的文化能在一個所有人都受到激勵、感到安心且受重視的環境下，自然成長。身處在成功氛圍下的人，會覺得自己的貢獻和角色是重要的，也會認為自己必須迎接挑戰以換得成長和發展，因此組織不可能毫不遲疑地突然拋下自己。身為一名教練，倘若你能營造出這樣的環境，就意味著你成功創造出一塊肥沃的土地，讓所有人都能成就最棒的自己。

全力拼搏的塞爾蒂克文化

即便是最為人歌頌的文化，也不可能憑空出現，更不可能自動再生。文化需要領導者下定決心去發展和維護。在這方面，我想不出比布拉德．史蒂文斯（Brad Stevens）更好的例子。

布拉德．史蒂文斯在四年內，就從規模較小的NCAA一級❶巴特勒大學（Butler University）的男子籃球教練，搖身一變成為NBA史上贏得最多冠軍的隊伍——波士頓塞爾蒂克隊的總教練。他指導球隊連續兩年拿下全國冠軍，更成為體育界的偶像。噢，而且他還是在三十六歲那年拿到這份工作。

假設史蒂文斯的故事就在這裡結束，其仍舊是一個輝煌的成功故事。但史蒂文斯不僅得到令人垂涎的工作，他還是眾所公認的超級成功者。在史蒂文斯的領導下，塞爾蒂克如今不僅是東區聯盟最強球隊之一，更是NBA全國冠軍賽最名正言

---

❶【編注】NCAA為國家大學體育協會，其將旗下各校以實力分為三個級別，第一級別為最具有競爭力的院校，且預算、獎學金、設施等資源也更豐富。

順的常客。就算面臨逆境、傷兵和層出不窮的改變，也阻止不了他。

在二〇一七到二〇一八的賽季中，塞爾蒂克僅剩下四名跟去年一樣的球員。在開幕戰的那天晚上，他們高薪聘來的新球員高登・海沃德（Gordon Hayward）便因傷退場。在整個賽季中，全隊十二名球員中有七名是菜鳥球員，且傷兵領的薪水總額更近乎聯盟內薪資排行榜之冠。[1]儘管如此，他們**仍舊**是該聯盟最佳紀錄的角逐者。緊接著，他們的ＭＶＰ凱里・厄文（Kyrie Irving）在季後賽即將開打的前夕倒下。儘管如此，他們**仍舊**衝到了離總冠軍賽僅一場勝利之遙。在沒有讓那些拼了命的剩餘球員受傷的情況下，該隊伍所取得的集體成就，就像是對史蒂文斯親手打造文化的肯定。

在史蒂文斯剛上任時，他面對的是一支充滿傳奇但正處於艱苦時期的隊伍。然而，他拒絕被事情的現況及這支隊伍的行事風格嚇倒。想想這需要多大的勇氣：來自相較之下管理規模較小的大學教練，獲得了那張通往ＮＢＡ的珍稀門票。毫無疑問地，他接手的是一支在職業運動中有著傳奇地位的隊伍。但在他抵達此處時，他不願意屈服在那些根深蒂固的行事風格下。他全力以赴，並很快地就知道自己該從何處著手，那就是：改變文化。

即便如塞爾蒂克這樣一個在其領域中享有極高聲譽、摘過無數冠軍旗、擁有許多名人堂等級球員的組織，要想培養文化，仍需要下許多功夫。文化是有生命力的，其必須深植在人們心中，讓人們**選擇**將其傳承下去。

想想那些交到新員工手中的文件包或在公司會議上發放的影印文件，是如何被扔進回收箱。我相信製作這些文件並將素材統整在一起的人們，一定認為自己正在傳播文化，但這不是文化傳承的方式。它不能是單向的行為。單憑閱讀紙本文件無法創造文化，而大聲朗誦這些文字，也不可能使其成真。唯有通過人，文化才能實現。

史蒂文斯了解動機，也明白哪些有效、哪些無效。我參加了一場史蒂文斯的演講，在演講中，他解釋自信不僅僅是源自於變得更好，更是來自於**知道**自己變得更好。無論是透過溝通、反饋或獎勵，領導者必須想辦法讓球員知道自己正在進步。你必須付出充分的關心，並下定決心建立一套文化，好讓你的人擁有這些條件。

在我為了 podcast 節目採訪史蒂文斯時，他告訴我他想要找的助理是「聰明、有創造力、努力工作和謙虛……」史蒂文斯明白團隊中增加的每一個人，都可能帶來影響、進步，也有可能損害整個團隊的文化與和諧。「如果認為員工間的化學作用不會影響到整個團隊的化學作用，那就太傻了。」他說。想想看，你讓哪些人加入團隊、又讓哪些人離開，這些抉擇都會為團隊加分或扣分。聘請和解僱並不是只發生在老闆與員工間，它會在整個公司內發酵。真正的領導者能深切明白，自己的決定會如何影響整個團隊或全公司。史蒂文斯是如此在乎他為塞爾蒂克所打造的文化氛圍，因此，他總是持續衡量自己的每一項決策，是否適合整個團隊的趨勢和目標。

我問史蒂文斯，在他還只是大學教練時，他是如何獲得球員們的認可，畢竟許多球員都是來自各高中的頂尖好手。而這件事也是他在進入ＮＢＡ後、在面對來自各大學的頂尖好手時，所需要做到的。「每一名球員都能為球隊帶來強大的力量。」他對我說，「而我們教練的最大職責，就是最大化這份力量。」我曾經和那些傳奇教練共事及交談過。要想和十二個人建立起一套和諧一致的文化，絕對是難如登天的事。因為這些球員都有著最強大的自我，而上場打球是他們之所以能獲得如此漂亮薪水的原因。

史蒂文斯擁有遠超過其歲數的智慧，也具備能和團隊內每一個角色交流、引起共鳴的能力。他知道身為板凳球員很不好受，而他告訴我他努力去「協助那些球員明白，即便沒有上場，他們仍有長足進步與成長的空間、他們對團隊仍然是有價值的……沒有什麼事情比整個團隊一起贏球更棒的了。而我們所有人都能為此做出貢獻，這就是我們最應該嘗試的事。」

身為終身學習者，史蒂文斯告訴我他之所以會接觸到商業領袖及其他業界人士，是因為商場與運動場擁有某些共通的特質。「倘若你讓自己去接觸對的人，並效力於那些能賦予你力量的領導者，你就能持續專注於進步之上。」他說。擁有史蒂文斯為他們建立的這套文化，塞爾蒂克勢必能繼續成為冠軍候選。即便球員換了（如同他們此刻打算做的），文化也會繼續流傳。

勇士的賦權精神

判斷文化的最好方法，或許就是觀察老闆不在時的氣氛。這其實就跟當父母很像，孩子在你面前的表現，不一定能反映出你教養他們的方式。當你不在時，他們會做些什麼？這些行為往往更真實。

當金州勇士隊（Golden State Warriors）的總教練史蒂芬・科爾（Steve Kerr）因為嚴重的背傷甚至無法在二〇一七年的季後賽坐鎮場邊時，勇士隊仍舊再度搶下NBA冠軍。這意味著科爾的存在根本不重要？科爾是冗員？事實恰恰**相反**。由於科爾早已為球員們打下扎實的根基，因此他根本不需要親自出席。他所培養出來的文化是如此強大，即便他人不在場，大家也不會絲毫動搖。

勇士隊不乏天賦異稟的球員，但任何了解籃球的人，都知道光憑此點是不夠的。而科爾的角色發揮了巨大的價值，甚至遠比任何一位明星球員還要重要。《運動畫刊》的克里斯・巴拉德（Chris Ballard）寫道，如果你覺得勇士隊就像是一台自動駕駛車，「那也必須要有人去設計並維護這輛車。」[2]不要忘了，在馬克・傑克森（Mark Jackson）擔任教練的時候，這些球員同樣才華洋溢，但他們沒有機會展現。

毫無保留的謙遜，是科爾人格特質中的一部分，而這也可能會讓無心的旁觀者忽略他的重要性。身為一名教練，他非常努力地確保事情不是以他為中心。此舉有時會讓人誤以為他只負責基本面。然而事實上，他更像是根基本身。在科爾為勇士隊所打造的文化裡，球員才是焦點。他之所以沒能得到應有的肯定，是因為他根本不在乎這些事，他只在乎球員們對這個團隊的感受。一名受到過分肯定的教練，未來也沒有什麼值得再被誇獎。而他的球員也將因此感到不滿，從而影響團隊的表現。

根據勇士隊明星大前鋒卓雷蒙・格林（Draymond Green）的描述，科爾建立了一種看似球員在主導一切的「賦權式文化」。[3]但這並不意味著事實上就是如此。這也是為什麼在二〇一八年的賽季中，科爾能愜意地讓球員們自己叫暫停、圍成一圈，然後自己分析防守和進攻策略。他可以信任他們，因為他們一直在他所創造的文化底下運作。在我們擁有明確的遠景後，文化就是我們創造來孵育自己遠景並使其成真的環境。這也是我們確保車子能繼續開下去的方法。

打造感召領導力

在杜克大學這樣一個文化悠久的地方，麥克．薛塞斯基教練總是利用每年的第一次團隊會議，來確立每一位球員的行為與大環境的關係，意即每一位球員的舉動如何體現杜克大學籃球隊與整間學校的精神。「記得，發生在你身上的事，就等同於發生在我們每一個人身上的事。」[4]他對大家說，並透過正面（**我們是一家人**）與反面（**別搞砸了**）的論述，來發揮這句話的力量。K教練創造的文化，將所有人維繫在一起。

在保羅．拉比爾（Paul Rabil）的 podcast 節目採訪中，傑伊．威廉斯（Jay Williams）提到了一個非常有趣的故事，描述十六歲的他是如何和K教練對坐著談話。K教練稱呼他為「威廉斯先生」，這對年輕的傑伊起了很大的效果，因為這讓他覺得自己像個大人。[5]K教練並沒有許諾威廉斯一個誘人的合約、上場時間、

NBA事業或明星光環。但他確實說了：「我向你保證，當你離開時，你會為自己的人生做好準備。」

而這樣一則簡單的訊息，開啟了那名年輕人心中的開關。威廉斯在自己的回憶錄中寫道，他明白了「這是關於成為男人……挑戰我要像個男人般去思考自己的將來。」[6] K教練對其球員的要求，遠比籃球來得更深、更遠。這也是他之所以在和球員相處上，能取得如此長久成功的原因之一。

支持意味著組織內的成員選擇去接受、共享並維護教練試圖打造的文化。文化的存續無法單憑在上位者的發號施令。唯有接納，才能讓文化獲得生命，並因為成員而得以被強化。文化是需要**認同**的。

賽門．西奈克在自己的《先問，為什麼？》（*Start with Why: How Great Leaders Inspire Everyone to Take Action*）中，主張企業應該打造出一套全員支持的文化。受支持的文化會清楚定義目標、養成忠誠度，並讓成員樂於為團隊做出貢獻。他解釋道，真正的領導者能讓其他人自發性地追隨自己，而且不是因為他們不得不，而是由於他們**想要**。

聰明領導者會使用的方法之一，就是讓那些能影響組織內其他人接受意願的意見領袖（influencer），和自己站在同一個陣線。假設你想要贏得一個團體的心，請先摸清楚該從誰下手。**誰才能影響其他人？**

其中一個最好的例子，來自於我最喜歡的電影《火爆教頭草地兵》（*Hoosiers*）。來自外地的教練諾曼．戴爾（金．哈克曼〔Gene Hackman〕飾），來到印第安那州一個不太歡迎外地人的小鎮，並在指導高中籃球隊上陷入了瓶頸。他知道自己的時間不多，但與其強迫心不甘情不願的籃球天才吉米．奇特伍德加入團隊，他表示自己更願意給孩子空間，讓他做自己，並以充滿同理心的方式來一對一地教他。他和奇特伍德談論他對籃球的熱愛，但從來不會對他施加壓力，或詢問他是否要加入籃球隊。儘管全鎮上的人都跟他說，唯有這麼做才能讓他保住自己的飯碗，但他還是背其道而行。而這個策略在重要關頭生效了：當吉米同意重回球隊並上場打球時，他說他只願意為戴爾這麼做。之後，球隊與整個小鎮的人齊心協力，並開始戰無不勝。奇特伍德就是壓力點，而教練戴爾知道該如何施加壓力。

領導並不是強迫所有人朝往同一個方向，而是走在前頭，並相信身後的人會跟上來。相信他們會**願意**跟上來。倘若眾人是在一個正向的文化下工作，那麼他們自然會出現在你希望他們出現的地方，而你甚至不需要轉頭確認他們是否有跟上來。因此，請創造一個能讓最出色的點子獲得認可、一個所有人都覺得被器重、一個讓眾人覺得唯有團結才會力量大的環境。

> 獎勵有意義的失敗。
>
> ——Google 箴言

大膽失敗的 Google 文化

Google 之所以能開創市值五千億美元俱樂部、成為網際網路的中流砥柱，靠的可不是打安全牌。Google 的風氣向來是上司鼓勵下屬進行一定程度的健康性嘗試與失敗，試驗所有的可能性再看看哪些可行。Google 曾開發出成功商品（Gmail、AdSense），也曾推出失敗產品（Google Glass），但這就是他們的文化：奮力一揮。俗話說，「倘若不出手，就只有百分之百輸的可能。」而 Google 就是最好的寫照。

「如果你達成了所有目標，」前 Google 資深副總裁拉茲洛．博克（Laszlo Bock）寫道，「這就意味著你設的目標不夠大膽。」[7] **倘若你沒有掉過任何一球，**

你就不能進步。事實上，在Google的X實驗室，Google的主管階層會給予那些負責執行實驗性任務並測試最瘋狂企劃，最後又決定**終止**其企劃的團隊，額外的獎金與假期。[8]

是的，你沒看錯。員工能因為放棄而得到獎金。

為什麼？Google知道許多時候，一個不可行的計畫之所以會浪費過多的人力與資金，往往只是因為沒人想把醜話說出口。然而，Google的X實驗室能鼓勵人們承認自己的錯誤，不會因為愛面子而浪費更多時間和金錢。這已經內化成Google文化的一環。不過，他們並不是只在嘴上說說要面對健康型失敗，更是身體力行地實踐。

除了鼓勵員工擁有雄心壯志且懂得從不同角度去思考外，Google也成功建立起扁平化組織。該公司的高階主管所獲得的福利和資源，就跟菜鳥員工一樣。高層的男人與女人們不會因為職位得到專屬停車格、專用廁所或用餐空間。[9]「身為一位領導者，」博克寫道，「放棄地位象徵也是傳達你確實在乎團隊想法的最強而有力訊息。」[10]倘若你的公司會給予資深管理階層特權，不妨思考他們為什麼這麼做。此舉傳遞出怎麼樣的訊息？其目的是為了給予員工動力嗎？地位象徵？為什麼特定職位的人可以獲得自己的廁所和私人停車格，其他人卻不可以？

強大的文化能確保組織不要脫軌（尤其在陷入低潮時），並讓員工更理解與投入公司的大方向。積極的文化能提升效率、效果和生產力，而缺乏文化則會降低鬥志、增加磨擦機會、破壞團隊和諧。倘若一名旁觀者進入你們的辦公室，並花十五分鐘進行觀察，他能清楚你們的組織定位嗎？能了解你們的標準嗎？能感受到你們的文化嗎？

不要忘了：你的人也是你最重要的工具，更是你最重要的競爭力來源。你可以複製別人的產品、模仿別人的服務、仿製別人的技術。但你很難複製文化，更遑論獲得其他人的支持，並將其散播出去。身為一名教練，應隨時記得：你如何對待自己人，將是整個文化中極為重要的一部分。倘若他們覺得自己受到重視，他們就會努力撐起整個團隊。倘若他們感覺被輕忽，那麼他們自然不會努力，或甚至想著尋找第二條出路。

一份蓋洛普調查指出，員工流失的第一大主因，是不良的管理和領導（六五%）。《財富》雜誌（*Fortune*）「年度百大最適合工作企業」調查發起人羅伯特・利弗林（Robert Levering）和米爾頓・莫斯科維茲（Milton Moskowitz）認為，「創造理想工作環境的關鍵不在於白紙黑字寫下的員工福利、計畫或施行方針，而是設法在工作環境中，打造出高品質的關係。」[11]創造有意義的關係是獲得員工支持、使其投入並獲得動力的最有效方法。這也是創造贏家文化的基石。

自我測試

下面，是一份為了提升工作滿意度和文化風氣的每週檢查表。❷請設想自己正在設計這樣一份準備交給員工的清單。

上一週，當……我運用了自己的能力。

上一週，當……我提升了團隊的價值。

上一週，我做了……等令我雀躍的工作。

上一週，當……我感覺受到重視且能力獲得發揮。

下列是我未來一週的優先完成事項：

下列是我未來一週可能需要的協助：

❷ 這份表單來自於和我分享此方法的布萊恩．威廉士博士。

給領導者：完成這些每週匯報不該是你額外的任務，而是分內工作！

拒絕混蛋守則

文化可以是一種非常脆弱的事物，尤其在其剛建立之初。光是一個強烈的人格特質，就可以在文化上戳個洞或使其完全崩塌。如何應付這樣的人（或甚至到底要不要讓這種人加入自己的團隊），也屬於公司文化的一環。管理科學教授羅伯・蘇頓（Robert I. Sutton），曾經在史丹佛大學系所內創立了一套知名的「拒絕混蛋守則」（no a-hole rule）。這是一種他和同事在決定是否要和一個人合作時，會使用的測試方法。你只需要單純地問道：「雇用這個人會違反拒絕混蛋守則嗎？」[12]

我太喜歡這個方法了，它不僅直接、簡單而且超級有效。負面者就像是病毒，他們的態度會在工作場合中擴散開來，並滲透進各層各面。「他們是悲劇的支持者，也是夢想的扼殺者。」蘇頓寫道。[13]他們情願想方設法找出事情不會順利的理由，也不願意去探索自己到底可以成就些什麼。

在《拒絕混蛋守則》（*The No Asshole Rule*）中，蘇頓也做了進一步的分析。他不只使用了自己的親身經歷作為證據。根據他的方法，他以實質證據來分析「混蛋」對職場帶來的影響。蘇頓發現，「混蛋們對其組織造成的損害，也常在關於心理虐待、霸凌及排擠的研究中觀察到，包含：增加人事流動成本、無故曠職、對工作投入度降低，並導致個人注意力不集中與表現受損等。」[14]

光是一個以自我為中心的人，就擁有足以毀掉整個體系的力量。此種類型的人擁有巨大的力量和影響力，而這也是任何一位學校老師都會同意的看法。堪稱職業運動隊中最為成功的紐西蘭國家橄欖球隊（New Zealand All Blacks），也有一個類似的原則，而他們的表達方式更為生動：「白痴退散。」[15]這些蠻力十足的傢伙所從事的是高度肢體碰撞的運動，但這並不意味著他們就不需要一套能帶領他們走向成功的支持型文化，更不意味著他們會喜歡和混蛋一起打球。

我們應徹底隔離自私、負面和態度差勁的人。如果不小心讓這些人滲透進來，也應該盡快將其剷除。倘若讓他們繼續待下來，他們將成為文化的一部分。領導者必須明白：倘若他們容忍了某一種行為，就意味著他們認可了此種行為。就這麼簡單。請記得：**領導力不是取決於你的言論，而是取決於你所願意接受的事。**

形塑文化的關鍵思維

《你是來帶人，不是幫部屬做事》（*The Coaching Habit*）的作者史戴尼爾，是企業領導力的專家，深諳如何打造贏家文化。在我採訪他時，他告訴我，「文化可以被視為組織內部工作者的習慣，亦即我們每天在不加思索下所做出來的事，而那代表著『我們真正在乎的事，以及我們是如何做事的』。因此，要想改變文化，請從習慣做起。」

文化是一種遲早會開花結果的事物。起初你還能掌握它，但漸漸地，你只能受自由成長的文化所支配。這也是為什麼「文化」一詞會讓人聯想到化學課上，那些在培養皿內成長的東西。我們決定了培養皿的環境和條件，接著事情就會順勢而行。

約翰．伍登在自家的UCLA球員身旁時，絕口不提贏球。他甚至避免提起贏這個字！他宣稱在過去那三十年的輝煌職業生涯裡，他的其中一個目標就是避免說出這個字。他對贏的標準和多數教練不同，而他希望在球員更衣室裡打造出一套不要過分看重贏球的文化。「好的領導就像是好的推銷員。」他曾經這麼說。「你要推銷什麼？你的哲學是什麼？什麼是成功？」[16]

自我測試

你們團隊對成功的定義為何？

你的組織內部文化是構築在金錢上嗎？職位？或某些無形的事物？

倘若你發現團隊或公司文化缺乏生產力或甚至有害，那**從今天起**，你可以採取哪些行動來改變這個文化？

文化的另一個重要面向，就在於開誠布公的氛圍。倘若大家都不願意分享自己的看法，那麼這將成為一個充滿恐懼、猜忌和失敗的文化。在一個沒有人敢將真實情況告訴老闆的環境中，問題只會惡化。「倘若你期望的是一個互相信賴的文化，那麼你就必須打造並培育一個充滿信任的文化。」我的好友傑伊・比拉斯寫道。[17]儘管每個領域的文化都不相同，但誠實與信任永遠是每個組織內最基本的概念。

創造一個人人都敢於直言的環境，是領導者的責任。我曾經聽過一個關於華爾街投資企業低階員工（讓我們姑且稱此人為馬克），誤置三千萬美元資金的故事。

是的，他**誤置這筆資金**，而不是賠掉這筆錢。就金融企業的角度來看，他只是沒有將這筆錢放在對的地方。而這件事在幾天後才被發現。

但顯然地，馬克的頂頭上司性格火爆，總喜歡公開懲罰員工，讓其難堪。因此，嚇壞的馬克開始進行一連串的掩蓋和逃避，好拖延這筆錢被找到的時機。數天後，這筆錢終於被找到了，事情也終於恢復正常。

接著，該公司的大老闆（執行長），把馬克和馬克的直屬上司找來。馬克被逮住了，他只好實話實說。當執行長在聽馬克交代事情經過時，他發現真正的問題不是出在錯誤身上，而是馬克覺得自己要想辦法掩蓋這個錯誤的心態。接著，執行長做出了決定：他開除了**馬克的上司**。執行長認為馬克犯下的錯並不是問題真正的所在，而是他上司所創造出來的工作文化。

活潑歡快的 Zappos 精神

其中一件最令我印象深刻的文化實例，莫過於 Zappos。在一趟拉斯維加斯的旅程中，我參加了 Zappos 的公司導覽（Zappos Tour Experiene）。這是一個專門為那些對其總部有興趣、想了解公司歷史，並親身體驗其獨一無二文化氛圍的人所設計的活動。Zappos 的執行長謝佳華認為 Zappos 是一個「結合獲利、熱情與使命感的公司」。[18]而在實地走訪該公司的營運中心後，我深刻體悟到這句話絕非印刷在公司簡章上的空洞文字，它是公司賴以為活的信念。

儘管 Zappos 是一間市值超過數十億美元的公司，其公司氛圍卻讓你感覺不到這個事實。Zappos 的大廳色彩繽紛、氛圍親切，一點也沒有大公司的架子，牆壁是色彩明亮的馬賽克磁磚，並掛著滿滿的 Zappos 風格紀念品。接待人員的穿著很輕便，臉上掛著大大的笑容，渾身散發著極具感染力的朝氣。接待櫃檯後的牆壁上，是數條斷掉的領帶拼接圖。

「那些是什麼？」我問接待員。

「任何時候只要有人打著領帶來面試，」她回答，「我們就會拿出剪刀並當場剪斷領帶。我們不是那種需要打領帶來上班的公司！」

在參觀的過程中，我注意到其辦公室的設計兼顧了功能性與趣味。辦公桌擺放在寬敞的空間內，創造出一體的氛圍，並鼓勵員工公開交流。員工可以依照自己的想法，隨心所欲布置自己的空間。此舉促進了團體內部的人情味及個人色彩。此外，還有非常多的室內與室外公共空間，供員工休息和吃東西。而 Zappos 的客服中心則布置得像是正在舉辦生日派對般，時時刻刻充滿了慶祝的氛圍。隔間的牆壁上掛著用粗馬克筆列出工作目標的白板，還有客人寄來的感謝卡。所有的一切都是如此坦然且毫無保留。說真的，這裡就像一個大家庭。

但這並不是為了參觀團所做出來的假象，這就是 Zappos。Zappos 的每一位員工都必須熟記其十大核心價值，像是「第三條：創造樂趣和一點點的古怪」及「第七條：打造正向的團隊和家庭精神」。每天早上要登入公司電腦時，員工會被要求辨識出螢幕上隨機出現的員工是誰，接著，還要簡單地介紹這名員工。

在 Zappos，你可以感受到老闆是真心在乎員工，並盡力展示這份心意。管理階級會調查員工的目標、幸福度，來確保員工的士氣。每一年，該公司會編纂「Zappos 文化指南」，內容包括員工在 Zappos 工作的感受（未經修改）。每個月，公司會發送「暢所欲言」（Ask Anything）新聞信，由於其文字內容都是不具名，所以內容確實非常值得一讀。不妨想想倘若你工作環境中的人們真的認為自己可以暢所欲言，你可以說出、聽到、學到多少事？

Zappos 的處事態度就跟所有獲勝的運動隊伍一樣。他們首先確立了自己的身分、標準和文化，接著招募與公司相符的頂尖人才。他們確保讓**正確**的人加入團隊。在 Zappos，正確（right）等同於最棒（best），兩者是同樣的概念。為了確認求職者是否適合公司，Zappos 願意花上九十天和七次的面試，以確保求職者契合其企業文化，他們甚至設計了特定的面試。[19]

Zappos 的員工離職率低於二%，而這是聞所未聞、根本不可能存在的流動率！Zappos 是如此致力於篩選出正確的員工，他們甚至提出了一個看似瘋狂的萬無一失計畫。在經過三個禮拜的培訓後，Zappos 會提議員工可以不用多做解釋，就立刻拿著四千美元走人。這個舉動是用來測試員工是否會對意外之財感到心動。[20] 他們希望知道對面試者來說，在 Zappos 工作的意義是否大於一筆意外之財，而這是他們與一個人建立關係前的最佳測試法。

Zappos 執行長謝佳華在二十八歲時，將自己的第一間公司 LinkExchange 以二點五億美元賣給微軟。他這麼做的原因，和你想得不一樣：他不是為了錢。在一場採訪中，謝佳華坦言那間公司的文化變得很不健康，讓他「每天早上都帶著恐懼起床」。[21]

為了避免你認為謝佳華只是在胡說八道，他甚至在將公司賣給微軟後就提早離開公司，而沒有拿走自己應得的全部金額。這徹底表達了他當時的痛苦。在他創立 Zappos 後，他下定決心「絕不要重蹈覆轍」。自此之後，他總是將文化放在最核心的位置。[22] 這也是這間公司之所以如此強大的原因。這樣的文化已經流動在公司的 DNA 中。而這份文化不僅僅是貼在牆上的一段話，更烙印在每一位員工的心底。

> 只有一種方法能讓人去做某件事，那就是讓對方發自內心地想要去做那件事。
>
> ——美國知名人際關係學大師卡內基

文化的力量

教練——尤其是年輕的男女教練，非常理解如何獲得隊員的支持。在沒有金錢或升等誘因下，隊員一定有發自內心的精神動力，而最厲害的教練知道該如何激發動力。

在我擔任蒙特羅斯基督學院（Montrose Christian High School）的籃球隊表現教練時，教練斯圖・瓦特（Stu Vetter）經常談論到擁有（owning）和借來（renting）的概念有何不同。當你借用某件東西時（像是租房子或租車），你視其為短暫存在的東西。因為這件東西不屬於你，你不會太重視它，也不會好好珍惜。在年輕、還不懂得珍惜且處於過渡時期中的我們，較常需要借東西。

在我們成熟後，我們開始買東西。

當你開始買，你就開始擁有。而有了這份連結，你會變得小心，因為這件東西屬於你，它是你的延伸。那些只是將工作視為職涯墊腳石或收入來源的人，只會拖累該處的文化。他們就像是租來一份工作，而他們的態度也表現了一切。身為一名領導者，創造並維護一份能讓所有人視公司為自身延伸的文化，是非常重要的。這也是你如何擄獲員工真心的方法。當公司與員工能成為互依互存的生命共同體時，他們自然願意為公司赴湯蹈火。這就是文化的力量。

關鍵點：文化是一個由領導者所創造的物理／心理環境，它能讓員工受到鼓舞、全心投入並感到安心。而人人都有責任去散播和維繫文化。

請記得：

- 領導者的工作是，讓員工獲得足以將其潛力最大化的養分，並鼓勵他們發揮最大生產力。
- 領導力並不會平白無故地冒出。你必須刻意去培養並形塑它。
- 能創造出強而有力文化的領導者，往往明白重點不在於如何強迫別人追隨自己，而是如何讓對方發自內心地追隨你。
- 儘管文化有所不同，但領導者必須創造出一個能給予每個人尊重，使其得以發光發熱的文化。
- 當老闆不在時，團隊成員的行為舉止最能展現出一個團隊的文化。

8 公僕

因為你真的聽進去了，你開始變得具有影響力。而具有影響力是影響他人的關鍵。

——史蒂夫·柯維

隨著我們愈來愈深入地探討何謂有效的領導者，把某些事講明白是非常重要的。無論你是執行長、經理、教練或作風老派的老闆，你必須**為了**你的人工作。他們不是為了你工作。

等一等。**再看一遍**。

你能相信嗎？

你**為他們工作**。

或許你以為處於管理階層，就意味著人們只能聽命於你，不可以有意見。或許你認為薪水是你付的，你可以雇用、開除、降職或拔擢他們，而這些就是員工的動力來源。然而，你錯了。倘若這些就是你給予員工的全部動力，那你永遠都無法獲得他們最棒的表現。你只能獲得他們的一部分，而且往往不是最好的那部分。

儘管如此，倘若你將注意力從自己轉移到他們身上，事情將出現戲劇化的改變。請記得：人們並不會對工作忠誠，也不會對公司忠誠，他們只會對**人**忠誠。因此，有效的領導能創造強而有力的忠誠。

而忠誠能帶來奉獻，奉獻則能強化文化。然後，如同我們在上一章所討論到的，文化能帶來成果。

現在，讓我們來看看你該如何為你的人服務，以及這麼做的重要性。

傳奇領導者的侍奉之道

波波維奇教練的領導智慧

侍奉之道意味著去了解對你的人而言，怎麼樣才是最好的、從他們的角度來理解工作，同時確保自己給予他們所需的一切。而做到此點的其中一個方法，就是確保他們投入那些會影響到他們的任務。他們會感受到你所建立的真誠連結，並因此願意支持你所創造的事物。

當聖安東尼奧馬刺隊的大前鋒拉馬庫斯・艾德里奇（LaMarcus Aldridge）於二〇一七年夏季找上總教練格雷格・波波維奇，並表示想被交易時，波波維奇非常吃驚。波波維奇承認在他二十多年的教練生涯中（其中包括五座冠軍），從來沒有遇過一位球員提出這樣的要求。一次也沒有。但這位教練的反應也恰恰顯示了他之所以被譽為最頂尖教練的原因。而最終艾德里奇也改變了他的想法。

當波波維奇手中最棒的一名球員表示想被交易時，他做了些什麼？他把一切責任歸咎到自己身上。[1]波波維奇坦承自己犯下的錯誤，並希望對方能再給他一次機會。波波維奇和艾德里奇達成共識（後者決定留下），而自此之後，艾德里奇在馬刺隊的表現也堪稱脫胎換骨。正是因為波波維奇是這樣的一個教練，他甚至更近一步地公開譴責自己，告訴ESPN：「我很清楚這顯然是我的問題……過分干預。」[2]如此謙遜的態度令人印象深刻，但真正讓我感到衝擊的一點，是波波維奇深切知道自己的目標是為球員服務。而他沒能適當地服務艾德里奇。

多數的教練都會跟你說，**我不僅僅是教練，我是打造關係的人。籃球只是我所運用的媒介與手段而已**。他們要教的，不是如何把球投進籃框，那不過是技巧。他們關注的是某些更遠大的事物。傳奇教練P・J・卡勒西莫在我的 podcast 節目訪談中，對我提起他這輩子收到的最棒建議就是：「你與球員的關係遠比你的攻守戰術來得重要。」而卡勒西莫做到了。一旦缺乏個人層面的關係，再聰明的策略或再了不起的點子，也發揮不了作用。倘若教練和球員缺乏更緊密的關係，他們永遠也無法完美地執行任何一條戰術。

自我測試

請摸著良心。

一、請想想那些在你手下工作的人。倘若他們能（匿名）列出三項關於你的特質，你認為這三項特質是什麼？

二、你希望這三項特質是什麼？

拉費教練的領導哲學

幸運如我，能有機會認識許多偉大的教練，而我在這些偉大教練身上發現的共通點之一，就是他們絕不是那種以自我為中心的人。他們是最棒的連結者、給予者和分享者。他們是自己球員的僕人。

前大學籃球隊教練、Nike 國際籃球部門總監喬治・拉費林（George Raveling），是運動界的傳奇人物。他在職業生涯內，曾擔任愛荷華大學（University of Iowa）、華盛頓大學和南加州大學（University of Southern California）的籃球隊總教練。除此之外，他也是維拉諾瓦大學、馬里蘭大學和一九八四年奧運美國國家男子籃球隊的助理教練（他因此指導了年輕的麥可・喬丹及派屈克・尤英〔Patrick Ewing〕）。同時，他還入選職業籃球與大學籃球的名人堂。❶有些人稱拉費林為開創者、創新者、開拓者，但幾乎所有人都叫他拉費教練（Coach Rav）。

拉費教練是籃球界最受敬重的教練之一。他的「教練樹」（mentor tree）——那些曾經接受他指導並擁有出色職業生涯的球員們，簡直無人能及。作為兩門籃球 podcast 節目主持人的我（《硬木爭鋒》和《籃球打拼秀》〔*Pure Sweat Basketball Show*〕），曾經錄製超過一百場的教練訪談。而在多數時候，無論是在麥克風開

❶ 超酷的補充：年輕時，拉費林曾在馬丁・路德・金恩於一九六三年發表「我有一個夢想」（I Have a Dream）演說時，負責在演講台邊維持秩序。在演說結束後，拉費林向金恩要了講稿，而金恩也給了他。他至今仍保留著講稿。

著或關掉時，我都會詢問來賓：「誰對你的職業生涯有著最深遠的影響？」

真的不是開玩笑，有七五%的時候，我會聽到喬治．拉費林的名字。他具有舉足輕重的地位。在這麼多年裡，我遇過拉費教練好幾次，且總是非常欣賞他的全神貫注與真誠。他是一個好人。人們都知道他喜愛閱讀，而他在和人見面時更喜歡拿書當作禮物。在他激勵人心的演說裡，他總是一再強調「指導」（coaching）應包含所有重要面向，包括球場**外**的表現。

在我採訪他時，我問了他關於僕人式領袖的看法，那是一個並未得到人們應有重視的概念。「作為一名真誠的僕人式領袖的基本真諦，就是持續滿足底下追隨者的需求。」他對我說。「僕人式領袖關係是我們人類與生俱來的。」

真正讓我吃驚的是像拉費林這樣一位年過八十、曾經名列數個專業領域最頂層的大人物，仍然談論著侍奉之道。「人之所以誕生在地球上，就是為了侍奉他人。」他這麼說。「對我而言，這就是最重要的使命。這讓我有了獨一無二的機會，可以持續發揮並磨練自己的友善、謙遜、勇氣、犧牲精神、感激之情、動力、社會化能力和謹慎。」在和他談過話後，你就會明白為什麼有這麼多球員、教練如此敬重他。因為他總是無比尊敬每一個人。

卡利教練的領導精髓

觀察出色教練的一言一行，是另一種理解他們如何為其團隊服務，以及為整體計畫做出貢獻的方法。幾年前，我有幸可以觀察肯塔基大學男子籃球隊該年度的首次訓練，以及「瘋狂午夜」（Midnight Madness）活動。瘋狂午夜也意味著大學籃球季的開始，在一場大型加油慶典的氛圍下，球隊進行了第一次的練習。該活動是如此盛大，連ESPN都會轉播，學生們為了搶票甚至會露宿在體育場外。

這也是明日之星安東尼．戴維斯（Anthony Davis）成為大學新鮮人的一年，而我非常期待見證這場慶典。儘管瘋狂午夜的性質為表演，練習本身卻絕非如此。卡利帕里教練對球員毫不留情。儘管他的要求是如此高，但他從不會貶低球員，而且他也會要求球員為自己所做的一切負責。他一秒都不會鬆懈。

卡利帕里向球員解釋自己之所以對他們如此嚴格、設立的標準又如此高，是因為他在乎他們。他希望幫助他們達成自己的夢想，無論是短期（贏得國家比賽）或長期（獲得NBA海選資格、成為更棒的人）。卡利教練向那些跑得精疲力竭的球員強調，他們應該要感激生命中能擁有一位因為真心在乎，而希望他們必須為自己負責的人。

「為球員服務」是約翰・卡利帕里在野貓隊（Wildcats）任職時，其一切言行的中心思想（而擔任野貓隊教練或許是除了K教練以外，大學籃球界的最高地位）。卡利帕里甚至將自己的書命名為《球員第一》（*Players First*）。在肯塔基大學野貓隊時，他總是確保球隊文化是以球員為中心，並聚集在球員身上。卡利教練在書中表示，他深信組織是為了服務人們而存在，而不是反其道而行。[3]我完全認同。有時候，某些組織或企業的規模和影響力成長到驚人的地步，導致我們忘了真正的核心應該是人。人，才是最重要的。而一間公司是死是活，靠的就是人。

這份價值數十億美元的產業核心是大學運動，而身為其中一支備受矚目球隊領導者的卡利帕里，從未迷失自己的焦點。無論是紀錄每一位球員在比賽進入到白熱化階段時，希望在哪裡接到球，或單獨詢問球員心中有哪些疑問，卡利帕里都是以滿足對方需求為出發點。卡利帕里致力於提升球員表現，也重視球員的個人成長，實屬僕人式領袖的最佳典範。

我是肯塔基大學野貓隊助理教練喬伊・賈斯圖斯（Joel Justus）的好友，後者為卡利帕里長期以來的左右手。在我為了 podcast 採訪他時，他告訴我，「指導菁英球員必須從關係做起。他們必須百分之百確信我們是為了他們好。」在任何指導場景下，「倘若那名年輕人知道你是為了他們好，你才有機會。這就是卡利帕里教練不斷向我們強調的……這些人必須知道我們是為了他們而來，否則我們根本無法要求他們去做任何事。」其中一點就在於明白人人都會有話要說。儘管有些人會聽，但僅有很少人能建立起人與人的連結，**讓自己成為連結者**。

卡利帕里在招募人員時，他會談談球員、聊聊家庭和夢想。「他們知道我們都是為了他們。」賈斯圖斯說道。而這麼做也讓之後當教練開口要求球員時，「球員會預設……這傢伙要我做的每件事都是為了我好。」領導者懂得在一開始就奠定這樣的基礎，並反覆重拾這樣的初衷，傳達出：**我是為了服務你而存在。讓我知道你需要什麼、你的目標是什麼，我就會帶你走到那裡**。

當我詢問賈斯圖斯，他從卡利帕里身上所學到的最重要一件事為何時，他回答：「倘若談論這門專業是關於什麼，那也是關於人。這是關於如何替這些年輕人做打算，讓他們知道『我是為了你』……倘若孩子知道你是真心為他著想，他自然願意盡一切所能。」

同樣的道理也適用在老闆、經理或執行長身上。倘若你的員工相信你會支持他們、信任你會以他們的利益為優先，也信服你存在的目的就是為了滿足他們的需求，那麼你永遠都無須擔心他們不夠投入或沒有盡心盡力。

自我測試

你說的是哪一種語言？

蓋瑞・巧門（Gary Chapman）的《愛之語》（*The 5 Love Languages*）是我所讀過最具影響力且印象深刻的書籍之一。

前提很簡單：每個人都是以不同的方法去感受、處理和解釋愛。我如何接收愛和你如何接受愛是不同的。你或許需要高品質的相處時光，而我需要肯定的話語。有些人或許需要感受到付出、肢體接觸或實質的禮物。而這些語言的差異，也意味著倘若你無法表達伴侶專屬的愛之語，他們便無法感受到你付出的愛。對他們而言，你就像在說沒有人聽得懂的外星話。

這是一個非常重要的啟發，而且它不僅適用在親密伴侶關係上，更適用在許多人際關係裡，包括工作場合。我們可以適當地用「欣賞」來替換「愛」。想想看你在工作上的「欣賞之語」。倘若你是公司的掌權者，你是否知道手下那些人所偏好的「欣賞之語」呢？

你會用一張星巴克電子禮物卡來獎勵下屬出色的表現，即便對方更想要的是半天休假？還是當下屬更期待你在所有人面前公開褒揚他，你卻讓他放了半天假？又或者他們想要的不過是一點實質的獎勵，而你卻不顧這麼做可能會讓他們感到不自在，硬是在所有人面前表揚他們？身為領導者，你應該去了解怎麼樣才能激發下屬的動力、他們認為做哪些事是有意義的、他們的強項為何、喜歡哪些項目，而哪些舉動又最能讓他們倍感重視。

一份蓋洛普調查指出，職場上最能激發動力的誘因就是認同與賞識。[4] 因此，倘若你希望提升績效與士氣，請學會去表達每個人的欣賞之語。

Alpha 型僕人

為他人服務絕不是一種慈善義舉或犧牲。這並不是關於如何捨棄自我、壓抑欲望或讓自己不受重視。這是關於你該如何為與你共事者服務，讓你們一起成就最棒的自己。

當凱文・杜蘭特於幾年前開始躋身於ＮＢＡ頂尖球員之列時，籃球界和媒體圈試著為他取一個綽號。偉大的球員都有暱稱：ＭＪ、魔術強森（我們都忘了他本名叫艾爾文〔Earvin〕！）、大鳥傳奇（Larry Legend）、查爾斯爵士、詹皇、答案

（the Answer）、浪花兄弟等等。

當某些人詢問杜蘭特想為自己取什麼綽號時，他的答案震驚了許多人──「僕人」。**僕人？**人們困惑了。而當人們不了解某些事情時，他們的第一個反應是笑。他們嘲笑別人、羞辱別人。**為什麼身為冠軍爭奪者中的佼佼者，居然想稱自己為僕人？這傢伙到底在想什麼？**

但我懂凱文，他的觀念再正確不過。真正的領導者能為他人服務、為大目標獻身。僕人式領袖會置他人需求於自己之前。他致力於為自己所接觸到的人事物增添價值。

二〇一六年夏天，當杜蘭特決定加入人才濟濟的金州勇士隊時，ＥＳＰＮ的評論員和社群媒體都認為他只是選擇了一條輕鬆的道路。他們認為他出賣了自己、覺得他缺乏領導力，但我並不是這麼想的。我認為ＫＤ為了達成更高目標，犧牲了自己的名望。在一個充斥著「我就是要得到想要的」球員的聯盟裡；在一個人人都想要獲得掌聲、光環與最高價合約的地方，我認為他選擇了最終極的侍奉之道。而因為這個決定，杜蘭特才有了成為領導者的機會。他的教練和隊友都認同他想要達成的目標。而他已經證明了。

服務的概念和強而有力的領導力緊緊連結在一起。領導者必須將自己的需求與欲望和團隊結合，創造出一致的大方向。而一個充滿熱情與同理心的地方，能孕育出此種企業文化。一間公司必須優先關心員工的需求：**為他們服務，他們才會為你服務**。當這樣的協議達成時，你才能專注於服務客戶。

身為領導者，請注意自己所使用的語言，因為這會在無形間透露出你的想法。倘若使用「我」的頻率遠超過「我們」，這樣往往會在團隊與你之間，劃下一條分界。而這條分界會隨著時間逐漸變成一條難以抹滅、無法縮小或跨越的鴻溝。相反地，傳遞出以「眾人」而不是以「自己」為優先的思維態度，對方也會給予你相應的回應。重點在於，不要專注於該如何從員工身上**得到**你想要的，而是專注於你該如何**為**員工付出。

我的好友貝貝．卡瓦斯尼克，曾經是一位商業領袖、一位出色的高中籃球隊教練，也是一名美國退役軍人。「軍隊教會我領導能力就是一切。」他告訴我。「士兵情願在巴格達為一個自己敬重且在乎他們的長官賣命，也不願意待在夏威夷為一個不管他們死活的混蛋工作。」事實也支持了貝貝的說法。研究顯示，「六五％的在職美國人情願換一個新老闆而不是加薪。」[5]

不妨想想看這有多麼重要，竟然有這麼多人在乎人際交流更勝於薪水。別忘了：上司／下屬關係也是一種人際關係，而不是業務。好老闆知道這點，並致力於培養好關係。

自我測試

為員工服務的方法之一，就是致力於讓他們變得更好或達成他們的目標。**請採取實質行動**。舉例來說，領導者應該定期確認下屬是否感到滿意、表現出良好的生產力且有效率。請詢問以下問題：

一、這週你做了哪些是你未來還想繼續從事的工作？
二、這週你做了哪些是你未來想減少從事的工作？
三、你今天發揮了哪些特長？

最高指導原則

有時候，指導和給予指示也是為他人服務的一種形式。在點出員工的過失、錯誤或不正確判斷時，務必謹慎且保持尊重對方的態度。畢竟，具有建設性的指示，永遠都比批判來得有效。前者的目標是放在哪些事**可以**被執行，而不是執著於已經發生的事。請記得：人們更願意回應那些他們認為自己能做些什麼的情況。倘若他們想要改進，他們就會將這件事放在心上。倘若他們只是覺得自己被罵了一頓，那麼這樣的批評往往也只會被當成耳邊風。

此外，領導者應該將反饋焦點放在對方的行為，而不是人格特質之上。倘若對方覺得自己犯的錯攸關其內在特質，亦即是他人格的一部分，他往往比較不願意改。為什麼？因為他覺得他無法解決這個問題。他就是這樣的人。人身攻擊就像是自信的摧毀器，也因此在解決問題上，無法發揮任何效用。

不要忘了，在很大程度上，為他人服務就是幫助對方建立自信。而厲害的教練明白此道理。這不是溺愛，而是為其灌注能量。「請經常給予認可和鼓勵。」研究者尚恩·艾科爾在《哈佛最受歡迎的快樂工作學》中寫道，因為那能直接轉化成生產力。艾科爾指出，「一份研究發現……具體且用心傳達的認同，往往比錢更能激發動力。」[6]**認同與讚美遠比金錢更能鼓舞人心**。讓我們好好沉思這句話。接著，在職場上發揚光大這句話。

我們不應該以客為尊，而應該以員工為尊。只要你照顧好員工，員工自會照顧好客戶。

——維珍集團創辦人理查・布蘭森（Richard Branson）

人才管理大戰略

出色的領導者知道，在除去獲利、報表與大大小小會議後，公司剩下的就是人。一切事物都是為了那些讓公司得以存在的人而存在，下一步，才是延伸到顧客與客戶層面。星巴克是美國第一間讓兼職員工也能享有醫療福利與股票選擇權的公司。[7]創辦人兼執行長霍華・舒茲認為，為員工服務是創造永續企業的最佳方式，這家企業能讓員工因為感受到被關心，進而去關心客戶。有些時候，當我因為汽車保險、醫療、電費而不得不卡在漫無止盡的通話時，客服人員的聲音總是透露著悲苦的氣息，此時我會忍不住想著負責管理那間辦公室的人。我想著那位主管是否知道他們向客戶傳遞出什麼樣的訊息。我還想知道**他的**老闆是否知道這件事。

近期，星巴克更進一步宣布，他們會為那些念大學的員工支付全額學費。現在，我知道許多對數字在行的人會稱此舉簡直是浪費錢。假使你認為這只是一項員工福利，那這或許就只是一項福利。但這絕不僅只於福利。舒茲深信，「這並不是為了扶弱濟貧，只是因為投資人才向來是星巴克得以成長的原因。」即便在星巴克於二〇〇八年深陷財務危機之際，舒茲仍堅守此一決心，拒絕放棄。[8]

有一點非常重要，值得我們記住：舒茲並不是在經營慈善事業，他也在乎成長、獲利和市場占有率。只不過他明白將公司潛能最大化的方法，就是好好栽培自己的員工。「用愛、人道和謙遜的心，去對抗以績效為導向的組織。」舒茲寫道。「我深信，此種領導方式可以更顯著提升員工的表現。」[9]這並不是紙上談兵，他也以行動來證明。

卓越的公司會確保自己的員工能優先獲得照顧。美國大陸航空（Continental Airlines）對待員工的方式，就好像對待團隊中的好夥伴般，並因此獲得了員工的忠誠。當該公司達成「確保一定比例的班機準點抵達」的目標時，從行李搬運工到售票櫃檯人員等全體職員，全都收到了獎金。[10]我們很難量化此舉的成效，但我能肯定該航空公司的員工會將自己得到的感激與情感，傳遞到客戶身上。賽門．西奈克提供了一個所有公司行號都應該謹記的智慧：「唯有當員工熱愛這間公司，客戶才有可能愛上這間公司。」[11]

維基百科的執行長吉米・威爾斯（Jimmy Wales）認為，你應該用對待志願者的態度，來對待員工。由於維基百科的特殊營運性質，威爾斯確實會接觸到許多志願者，而他也表示長年下來與這些志願者的互動，讓他在動機與管理方面獲益匪淺。「你不能只告訴他們要去做什麼。」他對《財富》雜誌這樣表示。「好的管理者知道，同樣的道理也適用在員工身上。倘若你有對的人，而且你能合理地安排事情，那麼應該會有許多線索能告訴他們，他們該做些什麼。」[12]下面是一個很棒的思維實驗：倘若你的員工**都是**志願者，你該如何推動他們、讓他們投入並致力於完成任務？

人們不在乎你知道多少，直到他們發現你有多在乎。

——佚名

領導的真諦

為員工服務

利用恐懼、害怕與赤裸裸暴力來管理的日子，早已一去不復返。而且謝天謝地，它們也不可能再捲土重來。金．史考特（Kim Scott）曾經擔任推特與Dropbox的執行長顧問，也曾與Apple、Google等業界許多最頂尖的老闆共事。「威權式老闆經常是最差勁的說服者。他們從來不覺得需要去解釋自己的決策或想法……」她寫道。「他們不會去建立自己的可信度，因為他們預期別人應該要因為自己是老闆，就聽他們的話。」[13]專橫型老闆之所以被淘汰，絕對不是因為政治正確性或職場敏感度，而是因為效率。

Google為員工服務的方法，就是盡力打造一個舒適的辦公環境，一個擁有睡眠艙、健身房、來自十一間餐廳的免費食物，以及茶水間內源源不絕的零食。[14]如果你以為「那還不是因為他們有錢」，請記得，打從公司成立的第一天起，他們就是這麼做的。儘管Google的收益確實因為這些開銷而受影響，但為員工服務帶來了可觀的長期成效。最令人吃驚的是，在二〇一五年，也就是該公司成立的第十六個年頭裡，「最初聘用的一百名員工之中，有約莫三分之一的人」還留在公司。[15]多麼驚人！

是因為 Google 如此成功所以他們能這樣對待員工？還是因為他們這樣對待員工，**所以**才能如此成功？這是一個反饋循環，唯有當領導者下定決心為自己的員工服務，才能開啟這個循環。儘管 Google 的母公司 Alphabet 如今已擁有七萬兩千名員工，他們還是會分股票給員工。[16]倘若你自己經營一間公司，而上述的手法對你而言負擔都太重，不妨思考看看還有哪些方法，能讓員工感受到你願意為他們服務。只要是真誠且以人為出發點的行為，哪怕再小，也能激盪出長遠的效果。

傾聽和同理心

服務意味著去傾聽、和對方互動，並試著理解。這也意味著根據組織內部員工的性格差異，來改變侍奉之道。如同我有時會對自己孩子說的，一樣不等於平等。事實上，對所有人一視同仁，反而是種侮辱。這意味著你排除了他們的個人性。**你不了解我**，他們會這麼說。而他們是對的。

要想成為僕人式領袖，就必須實際了解你的員工是誰、他們為何而努力、又想要得到些什麼。倘若你根本不了解這些，你又怎麼能為他們服務？「光是坐在辦公室裡，做不出什麼好決策。」麥克．史密斯（Mike Smith）在《贏在起跑點》（*You Win in the Locker Room First*）中警告道。「你應該透過在辦公室裡裡外外皆留下足跡的方式來領導。」[17]曾經近距離觀察許多美國大企業領導方式的專家湯姆．畢德士（Tom Peters），稱此種方式為「走動式管理」（managing by walking around）。[18]而這可以追本溯源到去了解每一個人的欣賞之語。領導者必須根據共事者的個人特質，來使用並修正自己溝通的方式。請記得：一視同仁地對待眾人，也等同於疏遠所有人。叉匙（spork）並不等於叉子加湯匙。它兩者都不是。

侍奉之道不可或缺的一部分，就是傾聽與理解。真正的領導必須走出去，親身理解員工（以及客戶）的體驗。捷藍航空（Jet-Blue）的共同創辦者大衛．尼爾曼（David Neeleman），過去每星期都會搭一次自己家的飛機，而且總是坐在後頭。捷藍並沒有頭等艙，且長久以來總是秉持著絕不超賣的政策。

尼爾曼會親自沿著走道來回發送小點心、詢問乘客的飛行感受、與員工交談、協助清理機艙，甚至搬運行李。[19]在其中一個猶如惡夢般的週末長假後，尼爾曼寫了一份消費者權利法（Customer Bill of Rights），並公布了一份沒有責怪任何人或怪罪於大環境的公開道歉聲明。「我們讓你們失望了。」[20]他承認。他將自己的服務精神擴及到所有乘客身上，而他承擔被罵的角色，並承諾絕不會讓事情再次發生。

因材施教

我是一個很耐操的人。在我還是球員時，教練貼著我的臉，對我大吼大叫或咒罵，我都能忍受。我不會認為這些話是針對我個人。事實上，我會將這些化為動力：**我會證明給你看**。但有些隊友的反應卻剛好相反，當教練對他們口出惡言時，他們開始畏縮，並躲回自己的保護傘裡，接著完全當機。

要想成為僕人式領袖，就必須明白人皆不同，而你應該因材施教。請學著去了解他們需要和渴望些什麼，以及作為他們的領導者，你又該如何盡自己的能力去服務他們。當員工認為你確實了解某方面的他們，你就能建立起信賴感與忠誠。當他們知道你願意為他們服務，他們自然也會願意為你服務。倘若他們知道，你把員工能否獲得回報、能否填飽肚子、需求能否被滿足視作第一要務，他們自然哪兒都不會去。我能向你保證，他們會果斷地回應這樣的感受，並為了成為團隊一分子而拿出積極的行動。屆時（也唯有到了那個時候），你才能成為**值得**領導的團隊一員。

關鍵點：領導者會為自己的人服務，而不是反其道而行！藉由理解下屬的需求、欲望和動機，讓他們展現出最棒的一面。

請記得：

- 領導者知道他必須為員工服務。
- 一位自私的領導者不可能是一位有效能的領導者。
- 領導者應盡力去提升每一位與其共事者的價值。
- 不要用自己喜歡的方式去對待他人，而是以對方喜歡的方式。
- 了解你的員工，讓自己能將心比心地從對方的角度去看事情。

9

品德

名譽來自於他人眼中的我們；品德卻來自於我們的本性。

——約翰・伍登

上一章，我們反覆強調**你該怎麼做**的重要性，而本章的「品德」卻是一個更為宏觀的議題：**你是誰**。這就像是成為一名成功領導者的原料。畢竟，一位言行不一的教練，只會輸掉自己的可信度。

品德能帶來成功。但關於品德，也有一件很重要的事：凡事**不求**回報。真正有品德的人，不會等著別人來表揚自己。他們只是秉持著正直的心，並相信這個世界會依循著律法而轉。他們努力提升自己。

我的老友兼我的心靈導師——前ＮＢＡ助理教練凱文・伊斯特曼（Kevin Eastman）總愛說，名聲是靠反覆實踐的行為所累積。我們的言行更勝千言萬語。

一名領導者的品德，是贏得他人尊敬的根基。一旦缺乏尊敬，別人自然不會想追隨你。

在我寫這本書的同時，NCAA正因為醜聞案而鬧騰不休。傳言指出，某些名聲不佳的仲介商，會給予大學球員高額且不合法的金錢。教練、體能指導員和其他成年人，也傳出類似或其他的不當行為，某些職業和課程更因此陷入危機。每當我看到更多的細節被攤到陽光下時，我總會試著牢牢記取教訓。品德很重要，換言之，你是誰跟別人如何評價你，兩者至關重要。這些都會大大影響我們身上所發生的事。

身處在一個從華盛頓特區到矽谷、好萊塢、華爾街，都時常爆出不道德或赤裸裸犯罪行為的年代，我們絕不能忘了上位者應具備品德、道德與行為合矩。領導者可以選擇提倡或成為某項行為的榜樣，也可以選擇散發出「什麼行為都沒差」的訊息。請記得：人們追隨的是**楷模**，而不是話語。

品德是一種能讓團隊成員信任你的方法，也或許是一名領導者所能具備的最重要特質。「在一名教練獲得其球員的信賴後，」傑伊．比拉斯寫道，「他就能督促眾人邁向身心新境界，成就那些不受信任教練想都不敢想的目標。」[1] 所謂的品德是指你在四下無人時，所表現出來的行為。倘若你真的非常想要獲得一個團體的尊敬與真心，請展現出你值得對方這樣待你的原因。而方法就是，總是真誠以待，並展現良好的品德。

> 一個人如何對待那些無法為自己帶來益處者的方式，最能看出其品德高低。
> ——《富比士》發行人邁爾康．富比士（Malcolm Forbes）

K教練的處世哲學

比和自己偶像見面更激勵人心的一件事，就是在和對方見面後，發現對方居然就跟你想像得一模一樣。杜克大學的麥克．薛塞斯基向來是我心目中的偶像。K教練所帶過的球員們，總是對他讚譽有加，而且絕不僅僅是因為他帶領他們贏球、獲得全國矚目或拿到NBA合約。「他總是毫無保留地展現自己，只為了讓你成為更好的人。」前杜克大學籃球明星傑伊．威廉斯寫道。「而這樣的付出即便在你已經不為他打球後，也不會停止。當你需要他時，你無須開口，他永遠都在。」[2]

在我還是蒙特羅斯基督學院的籃球隊職員時，K教練因為想要招募我們隊上的一名球員而來觀看練習情況。之前我曾經在診所內遇過他，但這次他可是來到我們的體育館、觀察我們的球員！我知道自己以後或許再也沒有這樣的機會，因此我主動坐到他的身邊，跟他談話。

儘管當時的他有要務在身，卻還是熱心地與我交談。在我們交談的當下，他甚至讓我覺得自己是整個體育館裡最重要的頭號人物。透過他的眼神交流、發問、音調和肢體語言，你可以清楚感受到他對這場談話的認真。儘管他還有其他事要進行、腦袋裡甚至還有數不清的工作等著他，他卻不曾分心，也未曾看向我的肩膀後方或掃描整個體育館。他只是**全神貫注**。

當我發覺**我**才是當下那個沒有全神貫注的人時，我相當震驚。或者該說我並沒有如我所期望地那樣全神貫注，因為我記不太清楚當時對話的細節。但我還記得他充滿了好奇心，詢問我蒙特羅斯的教學方式以及我在團隊中所扮演的角色。當我們的對話轉移到他想要招募的球員身上時，他問了我該球員的品德、工作操守、態度、決心、虛心受教的程度和是否尊重他人。值得注意的是，他並沒有詢問這名球員的運動能力或場上技巧。我們也談論到了我自己的訓練哲學，而他也和我分享了他的體能教練威廉・史蒂芬斯（William Stephens）是如何訓練杜克的球員。

我是一個相當老派的人，因此隔天早晨我手寫了一張感謝卡給他（沒錯，是真的筆和紙），表達我有多麼感激他分給我這段時間。「這對你而言或許意義不大，但你還是抽空與我交談真的是太棒了。」我寫道。「你是我數年來一直非常尊敬且欣賞的偶像，我真的非常感激。謝謝你。」

我將這張卡片放進信封裡，貼上郵票，寄到杜克大學，並想著這件事就這樣結束了。我並沒有預期會收到任何回信。我只是覺得這麼做是應該的。

三個禮拜後，我驚喜地收到一封親筆寫的回信。

親愛的亞倫：

謝謝你的卡片。我很享受我們在蒙特羅斯進行的那場對話。你在那裡的表現真的很出色，也確實累積了極高的聲譽。我很為你開心。

保重

K教練

我完全無法表達我當下有多麼地震驚。

這個男人可是大學籃球界的代表人物，而他居然願意花時間為了一段於他而言沒有太大意義的對話，向我表示謝意。這樣一個小小的動作，對我造成了極大的影響，並讓我學到寶貴的一課：小事情也能帶來大改變。是的，K教練明明有一位可以幫他做這件事的個人助理，或者他也可以選擇寄給我一封電子郵件，或讓其他人寄一件杜克大學的T恤或道謝信來。但他沒有。他的親切讓我印象深刻，而在我醒悟「沒錯，他對每一個人都是如此！」的時候，我真的驚呆了。他就是這樣的一個人！這就是他的本質。我可以想像K教練信箱被塞爆的情況，而他還是盡心盡力去回應每一封被塞進來的郵件。這就是品德。

「領導者藉由給予追隨者時間，來展現他們的尊敬。」[3] K教練在自己的其中一本書裡這麼寫道。他的成功與他的待人處世之道，息息相關。K教練是我之所以總是主動告訴別人自己有多麼感激的原因，也是我之所以總是努力盡快回應每一封e-mail、簡訊和留言的原因。我認為倘若史上最偉大的大學籃球教練都能抽空寫一張感謝卡給我，我自然也能做到。

K教練曾經對一名採訪者表示，在招募球員時，他最看重的就是品德，[4] 而他的行為證實了他的想法。他本身就是這個標準的最佳典範，而他也希望自己的球員能做到此。「品德能推動一切。」他曾說。「缺乏品德會讓情況變糟，而品德高尚則能讓情況好轉。品德就是贏球的根基。」[5]

> 管理是關於威權；領導是關於影響力。
>
> ——美國領導力學者喬瑟夫・羅斯特（Joseph Rost）

衡量品德的最佳指標

品德意味著我們不能透過「可以從對方身上得到哪些好處」的角度，來解釋一段關係。你的眼中只有人，而不是將對方視作獲取利益的管道或手段。在勇士隊現任總裁瑞克・威爾茲（Rick Welts）十六歲的時候，他是西雅圖超音速隊（Seattle Supersonics）的球僮。他在麥克・傑維斯（Michael Gervais）的podcast節目《尋找致勝點》（*Finding Mastery*）中表示，當所有人都把他當陳設品的時候，只有三名球員主動對他釋出善意。而這三名球員也是所有真正籃球球迷如今仍忘不了的大人物（我認為這並不是巧合），包含：後來成為傳奇教練的藍尼・威肯斯（Lenny Wilkens）；成為ＮＢＡ總裁的洛・索恩（Rod Thorn）；成為作家並榮獲勇士退休背號的湯姆・梅謝里（Thomas Meschery）。[6]只有這三個人願意給予一名青年球僮尊重與關注，然而這就是他們的人生哲學。威爾茲曾說，「那些有能力卻無法善待他人者，終將滅亡。或許不會在一年內，也或許不會在五年內，但失敗終究無可避免。」[7]

領導者的人生必須值得人們追隨，而他的言談、行為、信念、價值觀和舉動也必須始終如一。如同羅伯・蘇頓在《拒絕混蛋守則》中所寫的：「根據我所觀察到的，一個人對待當權者與無實權者的態度差異，就是衡量其品德的最佳指標。」[8]這是真的。等到（遙遠的）將來，在我女兒帶男朋友來見我時，我會帶她們去高檔餐廳用餐，而我也知道自己應該要觀察哪些蛛絲馬跡：我會看看他是如何對服務生、衣帽間服務員及泊車員說話。當然，他一定會對我和顏悅色，但這證明不了什麼。觀察他與其他人（尤其是陌生人）的互動，能讓我更準確地理解他是怎麼樣的人。

關鍵在於為他人帶來正面的影響，並讓每一次的互動都有意義。貝貝・卡瓦斯尼克曾經對我說，「重點不在於你認識**誰**，而在於**誰**認識你。」這實屬智慧箴言。在業界，我們對人脈、握手寒暄和線上的按讚或追蹤者數量，有著不成比例的重視。但這些事物根本不重要。重點不在於你遇見了誰，而在於**誰記得見過你**，以及他們對這次互動的印象。你是否只是累積了那些在現實中根本無足輕重且薄如紙片的人際關係？還是給對方留下了深刻的印象？是的，許多人會受熱情與魅力所吸引。但品德才是吸引所有人的關鍵。

> 人們願意原諒那些因為能力而偶爾出現的失誤……但他們絕對不會信任那些曾經在品德上失足的人。
>
> ——約翰．麥斯威爾

扭轉危機的企業品格學

品德也是一種優勢，因為它能創造出猶如磁石般的忠誠度。員工願意為自己敬重的上司早到或晚走。顧客希望從自己經常光顧的品牌身上，感受關心。最著名的例子如下：現在，我們將 Lexus 視作奢華的代名詞，但在 Toyota 於一九八九年首度推出該品牌時，他們犯下了一個史無前例的大錯。Lexus 的第一款汽車面臨全面性的召回與維修。這簡直是一場災難，而這件事也很可能立刻敲響該品牌的喪鐘。但如同賈林斯基和史威瑟在《朋友與敵人》中所提到的，Lexus 將這場可怕的惡夢，扭轉成樹立品牌聲譽的關鍵時刻：

Lexus 沒有只是死板地通知顧客並發表公開聲明，而是打給每一位客戶。是的，他們親自打給每一位客戶。接著，他們用心降低維修造成的不便。倘若客戶附近找不到經銷商，他們甚至花錢讓技師飛到對方住的地方……仔細檢查每一輛車，並幫對方加滿油。在三個禮拜內，Lexus 因為這場危機而脫胎換骨。他們不再只是因為高品質而出名，更因為客戶服務而備受讚譽。[9]

Lexus 不僅從一個足以扼殺公司的危機之中安然脫身，甚至將情況變得更好。現在，該品牌已經成為全球最受喜愛品牌之一，客戶忠誠度更是享譽國際。而這一切全始於一個選擇，那就是利用品德和誠實來處理可能致使公司垮台的事件。

讓我們來看看另一間新創、被視作市場「破壞者」的公司實例，來了解品德至今仍舊如此重要的原因。二〇一一年，Airbnb 首度爆發了有如惡夢般的事件（有些人或許會認為這是無可避免的），而 Airbnb 的執行長切斯基選擇勇於面對問題。他沒有採納那些叫他採取更謹慎立場，或發表一些類似如「一想到有成千上萬名陌生人每天相約碰面並住在對方的家裡，只能說這種事遲早會發生」的顧問建言。而他也大可以在當天過後，就不再處理這件事。畢竟多數客戶不會因為一樁可怕的意外，就推翻整間公司的存在意義。

但切斯基想得更長遠。

相反地，他公開承擔事件的全部責任，發表了一份不參雜任何我們經常看到的矯揉造作文字或官腔說法的道歉聲明。「我們確實搞砸了。」切斯基承認 Airbnb 對該事件最初處理方式上的失誤。緊接著，該公司直接給予受損害方賠償，並在原有的五千美元保險政策上，多加了一個零，變成五萬美元的保險政策。[10]用戶和潛在用戶注意到了。該執行長的作為展現出這間公司有一顆正直的心，而且還是在他們大可以選擇明哲保身的時刻下。

行事高尚是我們之所以能受到信任的原因。而信任，是一種能超越所有誘因的最強黏合劑。一九八八年，在麥可・喬丹簽下第二份合約時，經紀人大衛・福克做了一個讓合夥人認為他簡直是瘋了的舉動，他提議將該公司的收費減半。喬丹就快要成為**全世界**最有身價的球員。為什麼要提議把送到眼前的錢推走？但福克很清楚自己的行為。他的眼光放得更長遠，他希望讓喬丹明白他是怎麼樣的一個人。儘管喬丹沒有接受他給的優惠，但福克的舉動無疑讓他留下了深刻的印象。

而福克的行為，也讓他和喬丹的關係「從此再也不一樣。打從那一刻起，他開始明白自己可以完全信任我。」[11]喬丹判斷福克是一個有品德的男子，並將自己的職業生涯完全託付給他。而事實證明，這為兩人都帶來最好的結果。在喬丹的職業生涯裡，人人都想從他身上得到些什麼，但他和福克有著極為穩定的關係。他記得經紀人品德發光的那一刻，而這件事也讓兩人在餘後的職業生涯裡，總是密不可分。

贏得人心的給予者

運動界的其中一個傳統、一個「事情向來都是如此」的運作方式，就是新人和菜鳥必須打雜和做那些大家都不想做的事。他們必須搬運器材、替團隊買甜甜圈、放棄飛機上的靠走道座位。簡單來說，他們必須「服侍」前輩。這種落伍的作法使我感到震驚。事情應該是**反過來**。領導不該是利用權力來壓榨別人。前輩和隊長才是應該擔負起雜事的人。他們應該以身作則，讓新人明白為了團隊好，他們應該怎麼做。他們才是應該去服務他人的人。

運動界中向來以團隊文化聞名的聖安東尼奧馬刺隊，有一個非常出名的故事。毫無意外地，該隊同時也是美國四大職業運動史上，獲得冠軍次數最多的隊伍。[12]當馬刺隊必須從飯店移動到體育館進行訓練時，一般而言都會派兩輛巴士，分別載早出發和晚出發的人。早班巴士是給那些需要進行額外練習的菜鳥和年輕選手。而晚班巴士則是給資深的球員使用。但該隊的明星球員兼領導者（以及未來的名人堂候選人）提姆·鄧肯，**總是**跳上早班車。

最終，教練格雷格·波波維奇注意到了。他頓悟到倘若連該隊的最有價值球員都認為自己必須早點去練習，那麼其他人也應該如此。於是所有人都這麼做，而且毫無怨言。鄧肯一直都是那種默默耕耘型的領導者，而用行動來證明自己的品德，遠比休息室裡的高談闊論更有用。

在擁有全美最強籃球隊的德麥沙高中裡，瓊斯教練在每次練習開始前，都會親自打掃。他當然不需要這麼做。但他的舉動是為了提醒自己、同時提醒其他人，他並沒有重要到某些事情是不能做的。這也是為什麼瓊斯的助理和球員如此尊敬他。他們認可他的品德，而這樣的領導者能贏過所有人。

品德意味著你明白在輸與贏之外，還有更重要的事物。職場或商業世界，並不是一個零和競賽。贏家可以不只有一個，而職場上的自尊心之爭，往往只會導致生產力下降。

亞當·格蘭特（Adam Grant）在個人著作《給予》（*Give and Take*）中，強調成功的生意人往往也符合他所謂的「給予者」（不是像德雷莎修女這種，而是實力剛強的資本家）。「當人們將重心放在他人身上，如同給予者自然而然所展現出的行為時，他們就較不會去在意自我和小細節。」格蘭特寫道。「他們關注的是更遠大的目標，並優先考慮那些對他者而言極為重要的事物。」[13]

這讓我想起已故的北卡羅來納大學教練迪恩．史密斯。史密斯並沒有說服每一位球員四年都待在北卡，儘管這麼做或許會讓他更輕鬆。此外，他更因鼓勵球員離開學校去參加ＮＢＡ選拔而廣為人知，而此舉是為了確保自己的頂尖球員擁有穩固的經濟來源。儘管這個舉動看上去就像是搬石頭砸自己的腳，但史密斯將球員的未來放在第一順位的行為，也因此傳了出去，而這樣無私的行為最終反而讓北卡招募到最棒的球員。球員認為史密斯心裡最重視的，不是自己或甚至是贏球，而是他們。[14]

即便在球員離開北卡的十幾年後，他們仍對非常重視球員的史密斯讚譽有加。而他的領導方式與品德，也灼然可見於他的人生觀中：「一位領導者應該為失敗負責，並將勝利的掌聲送給球員。」[15]

而在迪恩．史密斯於二〇一五年逝世時，他留下了一則極動人的故事。每一位曾經進入史密斯球隊的球員，都收到了一張根據史密斯遺囑而寄出來的兩百美元支票。這意味著三十六個球季下的一百八十位球員！這筆錢的目的是希望他們能享受一頓豐盛的大餐，並由他們的教練買單。[16]這個故事徹底打動了我。許多數十年前的球員因此收到了支票，這其中包括你從未聽過的人，也包括億萬富翁如麥可．喬丹。而最重要的一點是：史密斯是在過世**後**才做了這件事。因此，他的舉動除了表達感激之情，以及為他的球員服務外，不可能是出於其他動機或目的。

品德的關鍵原則

品德關乎於我們人生的每個面向。最終而言，它應該像是你內建的系統，一個當你沒有意識到其他人會怎麼想、不知道是否有人在觀察你的情況下，所做出來的行為。倘若你希望員工對你誠實，請先做給他們看；倘若你希望他們能忠於你，請確保他們能感受到你對他們的忠誠。

任何一丁點兒的言行不一（無論你是否有意識到，這都屬於一種偽善），都會損害到你給予建言、指導和領導的能力。我所認識的每一位頂尖商業或運動界領袖，無論是在鏡頭前、鏡頭後、窩在自己的沙發上、站在數百萬人面前或在親近的朋友面前，總是同一個樣子。他們秉持最真實的自我，從不會試圖偽裝。

務必讓員工知道你珍視的價值與表現，這也是確保我們能獲得更多此類表現的方法。因此，找出組織中不惜違背自己意願，只為了做對的事的人，並表揚他們的舉動。如此一來，其他員工也會注意到你的態度，而這樣的行為也能擴散開來。請記得：**獲得表揚的事才會反覆出現**。

無論如何，一個道德低下且心術不正的人即便再有才華，也絕對不值得我們用心以待，因為此人的根基並不穩固。每當我在為團隊物色新的人選時，品德絕對是我的首要標準。我們可以在品德之上構築一切事物。而這也是少數幾件因為教不來，只能在一開始就確認是否擁有的事物。

品德意味著按價值觀行事。你或許認為自己具有品德，只是在商業世界裡，這個特質並不被視為一項珍貴的資產，因而只能將其隱藏起來。也或許有人對你說狡猾者才能上位，所以你只好收起自己良善的那一面。然而，這些都不是真的。品德必須是持續一致的，否則就稱不上品德。

我們的品德總是不斷面臨各種考驗。身為人類，總有犯錯的時候。品德並不總是非黑即白，其遠比「不要偷別人口袋裡的錢」來得更深遠。這是一種內在的選擇。比方說，倘若在進行衝刺練習時，我總在離終點線五公分前就停下來（反正不會有人看到），那麼這就是一個關於品德的問題了！

有品德並不意味著成為聖人。這是一種能察覺錯誤，並確保自己不要重蹈覆轍的能力。一旦缺乏此種能力，我們會愈來愈容易做出不道德的行徑，而我們的品德也將逐漸被侵蝕。你是一個生活方式值得眾人追隨的領導者嗎？那些為你效命的人是否知道你的原則？

當你感到困惑時，不妨追隨前 Google 執行長艾瑞克．施密特（Eric Schmidt）的原則：請確保你願意為這樣的自己工作。

關鍵點：品德代表真實的你，而它也會在不經意間流露出來。缺乏品德與正直會侵蝕一名領導者的可信度。

請記得：

- 品德是讓其他人願意追隨你的根基。
- 人們容易受到有品德者的鼓舞，也更願意為他們信賴的人赴湯蹈火。
- 你的成員或許不會每次都聽進你說的話，但**永遠**都會將你的舉動看在眼裡。
- 好的領導者會強調並褒揚其他人所展現出來的優秀品德，並藉此表達自己的價值觀。

10

賦權

在蘋果，我們雇用那些能告訴我們該怎麼做的人，而不是反其道而行。

——賈伯斯

賦權之所以為第二部分的最後一章，是因為這就像是最後一塊拼圖。假如你是一位**有品德**而願意為他人**服務**的領導者；一個能建立健康的**文化**，並對團隊發展方向很有**遠見**的領袖，那麼你還有最後一步需要達成：賦予他們執行的力量（賦權）。如同為人父母般，你盡一切所能來培育、灌溉和啟發孩子，但你也必須學會放手。

想想看史蒂芬．科爾的勇士隊，一個在教練信賴下而被賦權的球隊。領導者或許能訂定目的地，卻不一定能決定道路。身為領導者的首要任務，就是找出各成員的強項，並在考量團隊福祉下，設法讓此強項最佳化。無論是何種領域的教練，他必須要能自在地給予成員一定的自主權，信任他們能找出成就最好自己的路徑。

賦權予隊員，也是和他們建立好關係、培養對方的自信，並展現自己對其有信心的方法。這樣的感受是會傳染的。無論是哪個領域的人們，都會因為自身的成長、學習和進步而感到快樂。根據研究者的調查，快樂的員工意味其具有使命及生產力。[1]成功的領導者會讓追隨的人有發揮所長、獲得重視的機會。這是雙贏的局面。

真正的領導力

在運動界，最好的教練往往不是那些緊迫盯人或凡事都想要插手的人。他們更像是科爾或塞爾蒂克隊的史蒂文斯那樣的領導者，他們總是充滿自信，因為他們相信自己的系統，信賴自己一手打造的文化，也信任他們精挑細選出來的球員。賦權是所有事物就位後，自然而然應該發生的情況。

密西根州立大學（Michigan State University）男子籃球隊教練湯姆・伊佐（Tom Izzo）曾經告訴我，「球員主導的球隊，其表現永遠都比教練主導的球隊更好。」這句話出自於一名教練之口（而且還是年輕球員的教練），或許會讓你有些狐疑。難道教練不**想要**成為發號施令的中心？他不是應該如此嗎？但伊佐知道自己在說什麼。

「倘若這是一個球員主導的團隊，」他告訴我，「就意味著每一位球員都會為自己及整個球隊負責，這樣一來獲勝的機率就能翻三倍。」當這段話出自於名列史上最常贏球的教練口中，其道理絕對值得我們深思。這並不意味著他不在乎自己的工作或角色，而是他明白身為領導者所能做到的最高貢獻，就是賦權給自己的球員，讓他們來運作整個團隊。

伊佐對我說，「我認為我們在對手身上花了太多時間，導致我們沒有足夠的時間來為自己做準備。」後者就是他所謂的「自我審查」（self-scouting）。而此過程中的某些部分，可能是我們都很熟悉的。「你必須花時間才能讓孩子信任你。」他說。此外，伊佐也強調要讓自己帶過的球員和現在的球員碰面，而他們也從未忘記這樣的觀念。他們回來是「針對組織文化進行團隊指導。」

真正的領導力，並不是關於赤裸裸的權力，其真諦在於敞開心胸去給予、散播和分享權力。領導不是一種單向的關係，它需要另一方的認同，而唯有當對方感受到自主權和控制權時，他們才會心甘情願地認同。

> 威望（authority）是一顆開闊的心；權力（power）是一對緊握的拳頭。
>
> ——美國作家麥克．佛利（Michael Foley）[2]

勇於放手的領導修練

賦權與本書第一項探討到的自我覺察特質，有著密切的關聯。身為一位領導者，你必須清楚哪些事可行、哪些則否。你必須知道雇用哪類型的人可以幫助你邁向成功，還要有服侍這些人的品德與決心，同時去打造一套得以讓所有人成長並互相信賴的文化。現在，是時候讓他們盡情發揮了。倘若你做到了一切，卻始終無法學會放手，那麼這才是貨真價實的「搬石頭砸自己的腳」。

維珍集團創辦人兼執行長理查．布蘭森，是賦權的頭號提倡者。他特別依賴此一行為，因為唯有這樣，他才能專注於自己的遠見。「在經營公司方面，人們應儘早學會將事情委任出去，這樣才能開始處理更遠大的目標。」[3]他對採訪者如此表示。當他遇到剛崛起的年輕創業家時，他會告訴對方「利用一個禮拜去找到一些和你一樣，或甚至更強的人……讓他們加入你的行列，並替你經營公司的日常事務。」雇用那些能做到你所不能做之事的人，然後放手讓他們去做。**倘若你真能自己包辦所有的事，你早就這麼做了**。

「只要單純讓員工有獲得委任的感受，亦即讓他們覺得自己能掌控事情、有真正制定決策的權力，就能顯著提升他們對工作所投注的精力與專注程度。」專門協助執行長打造團隊的羅伯特・布魯斯・蕭（Robert Bruce Shaw）寫道。[4]回想你曾經必須完成的工作。哪些是你最喜歡的？難道這些不該是你最應該抽空去執行的工作嗎？而這樣的自由是否能讓你更享受工作？

這難道不會讓你感受到老闆對你的信賴？

這難道不會讓你在工作時**更開心**？

放手，是讓所有教練、包括優秀的教練最為掙扎的一件事。其中一個原因就出在：他們實在很難信任別人可以將特定工作做得跟自己一樣好。他們認為教會別人做這件事，或甚至替別人善後，都比自己動手做還要花時間。這是一個信賴感極低的體制，在這樣的體制下團隊的成長會受到壓制，文化也會面臨負面影響。

優秀的領導者是通過下列三點，來理解賦權的益處：

一、賦權能在不經意間，透露出你對手下的信賴。而信任就像是所有人際關係與文化的黏著劑。對員工行為探頭探腦，只會釋放出「我不知道該不該信任你」的訊息。

二、學習的唯一途徑就是動手做。而將工作委派給員工，能讓他們透過反覆的執行來進步並成長。倘若你不給他們獨自執行的機會，他們的潛力就會永遠被埋藏。在此情況下，他們的無能將不是他們的錯，而是你的錯。

三、賦權能讓你有更多時間從事只有教練能做的事。在一個團隊裡，教練花在其他人也能做的事情上的時間愈多，整個團隊進步的速度就會愈緩慢。

企業巨擘的賦權心法

對厲害的領導者而言，真正的考驗並不是他能做到什麼，而是當他不在時，底下的人可以做到什麼。當你不在時，你的團隊會做什麼？倘若你整個禮拜不在，工作進度會落後多少？領導者必須要有極大的安全感和自信，才能做到真正的放手，然而這點至關重要。

羅伯特．布魯斯．蕭在《超級團隊都在做這五件事》（*Extreme Teams: Why Pixar, Netflix, Airbnb, and Other Cutting-Edge Companies Succeed Where Most Fail*）

中，檢驗了注重賦權予員工的公司成效。羅伯特指出，一份針對某製造廠所進行的研究表明，在兩個月之內，該廠房的生產力大幅提升了二〇%。關鍵改變為何？答案是，該公司讓員工能在看似微不足道的小事上做主，像是決定班表和制服。而這樣程度的自由就能讓員工在工作時更愉快，效率也更高。數據也證明了此點。

那些擁有遠見的大公司，同樣察覺到此點。「找出一個讓員工感到挫折的領域，然後讓他們去修正。」前 Google 副總裁拉茲洛・博克寫道，「倘若時間或金錢有限，告訴員工上限在哪裡。同時，主管對員工秉持公開透明的原則，並讓他們也能在塑造團隊或企業上發表意見。而他們的表現絕對會叫你大吃一驚。」[5]即便在 Google 還活在微軟龐大陰影下的早期日子裡，該公司就已經懂得賦權。Google 創辦者下定決心，「雇用我們所能找到的最棒工程師，然後讓他們自由發揮。」[6]

微觀管理（micromanaging）或許能滿足老闆的控制欲，卻會侵蝕員工拿出最佳表現的意願。很快地，他們就會轉而為另一個更願意放手、能給予他們更多自主權的公司效勞。倘若一名教練真心希望自己的團隊能壯大（而不是只有自己向上爬），那麼他就會想要思想自由的隊員。他應該去尋找那些敢於挑戰他觀點的人。老話說得好：如果團體之中所有人都所見略同，那就意味著有人沒在動腦。因此，請接受不同的意見，並創造一個即便是在下位者也敢暢所欲言的環境。

Netflix 執行長里德・哈斯汀（Reed Hastings）和他的管理者們，向來鼓勵員工保持心胸開闊與誠實，而不是去在乎發言者的職稱或地位。此點讓他們的公司逐漸壯大，如今，Netflix 約占了全美三分之一的網路頻寬。[7] 前 Netflix 高階主管珮蒂・麥寇德（Patty McCord），曾在《富比士》的採訪中解釋該公司的思維：「所有的聘用都應該起始於你有一個待解的問題，然後，你該怎麼做才能讓受聘者得以順利解決問題。」[8]

當你有了對的人，請不要干涉對方，或用那些好處不多、只會妨礙其發光發熱的不必要規矩，來約束他。相反地，**以信任來服務他們**。就像樂隊指揮不必親自去演奏每一項樂器才能指揮，而是信任每個人都能完美地演奏其樂器。

> 你不能強加自己的意志在他人身上。倘若你希望對方有所不同，你必須去啟發對方，讓他們去改變自己。
>
> ——菲爾・傑克森

最強總教頭的領導禪

儘管某些人（討厭他或不太了解籃球的人）會認為，菲爾・傑克森之所以擁有十一枚ＮＢＡ冠軍戒指，最主要的原因就是因為他擁有麥可・喬丹、柯比・布萊恩和俠客・歐尼爾（Shaquille O'Neal）。但球員們可不是這麼想的。在芝加哥公牛隊終於有機會打進總決賽的時候，麥可・喬丹早已在公牛隊待了七年。而傑克森才不過剛成為他們的總教練兩年。

在公牛隊贏得任何一座冠軍前的一九九〇年，傑克森就察覺到，唯有讓喬丹擁有團隊意識，這支隊伍才有可能贏。但他沒有去指責或對喬丹說教、灌輸他隊友的成功有多麼重要，而是讓喬丹自己去思考。

「我對待他的方式就像是夥伴。」傑克森寫道，「而漸漸地，他開始改變自己的想法。當我讓他自己去解決問題時，他對解決方法的接受度往往更高。」[9]這就是賦權的意義。傑克森發現，「我愈想要直接施加權力，就愈會感覺到無力。我學會收起自己的自大，在不影響最終制定決策能力的前提下，盡可能將權力下放出去。」[10]

他利用放下控制權的方式，來控制全局，而此種近似於禪學的概念，也成為其執教的核心思維。舉例來看，當對手連續得了六分時，教練經常會叫暫停。但傑克森不一樣。他更喜歡讓隊伍自己去找出問題點，藉此培養出他們**做得到**的感受。[11]這就是賦權最令人敬畏的實例，其能引導出冠軍隊伍不可或缺的信任、自信與自主能力。一九九九年，在傑克森成為湖人隊的總教練後，他將同樣的手法帶到了洛杉磯，試著讓年輕氣盛的柯比・布萊恩懂得信賴隊友，讓隊友發揮實力。

隨著傑克森採取賦權態度，此種態度也在團隊中蔓延開來。他賦權給喬丹，而喬丹賦權他的隊友史考提・皮朋（Scottie Pippen）、霍雷斯・格蘭特（Horace Grant）和其他先發球員，這樣的態度一路延伸到替補球員。傑克森賦權柯比，柯比賦權俠客去做決定，並讓他的湖人隊友找出自己在整個體制中的定位。在金字塔的頂端，是一個願意展現自己並沒有站在金字塔頂端的教練。他讓所有人都感受到他們也能站在金字塔頂端。

> 倘若你的經理知道你時時刻刻的行動，那你跟他都沒有做好分內的工作。
>
> ——Sony 執行長修・艾文斯（Hew Evans）

終止無效會議的三大技巧

「我們會持續開會，直到我們找出為什麼工作不能完成為止！」

這句話聽上去很耳熟？許多行業都花了太多時間在開會上。還有人會召開會議來討論如何規劃其他會議！而有太多的會議開始得太晚、拖得太長、一下子就離題、沒有意義，或根本漫無目的。賦權員工的其中一種方法，就是**尊重他們的時間**。縮減會議，並精確控制有哪些人**需要**到場。

《哈佛商業評論》（*Harvard Business Review*）的一篇文章指出：「在過去五十年內，會議的長度和頻率不斷上升，平均每位高階主管每週需花將近二十三個小時在會議中（這還不包括那些沒有放在行程表上的臨時會議），而在一九六〇年代，這個數字卻低於十小時。」[12] 這對任何人而言，都不是善用時間的好方法。該雜誌也調查了橫跨各界的一百八十二名資深主管，並得到以下結論：[13]

- 六五％受訪者表示會議導致他們無法完成工作。
- 七一％受訪者表示會議沒有意義且缺乏效率。

- 六四％受訪者表示會議犧牲掉他們進行深度思考的時間。
- 六二％受訪者認為會議導致團隊錯失增進感情的機會。

倘若說時間就是我們最珍貴的資源，那麼這些會議造成的損失可謂天文數字。每浪費一分鐘在毫無意義的會議上，就意味著損失一分鐘可以投注在有意義的工作中。由於有這麼大量的時間被浪費在會議裡，導致多數的管理者和員工認為自己必須更早或更晚離開公司，並利用週末來完成工作。這樣除了拖累工作生產力與士氣外，更會累積不滿。

以下三項技巧，可以讓高階主管借鏡資深籃球教練的暫停戰術，來安排會議：

一、只有在真的必要時，才把員工召來。在大學籃球比賽中，教練能喊暫停的次數是有限的（四次七十五秒的暫停和兩次三十秒的短暫停），所以他們必須策略性地只有在真正需要時，才喊暫停。因此，請聰明地選擇你的上場機會。倘若你事事都想干涉，你的團隊反而會不重視你的出現。當廚房裡的冰箱老是發出噪音，久而久之你會開始習慣性地忽略它。不要成為那台冰箱。

二、講話直接、有目的且注意時間。當你只有三十秒或七十五秒來「開會」

時，你必須做到簡潔有力。你沒有選擇！請直接給予團隊所需的資訊和如何提升表現的指示。不要囉唆。明白並尊重對方的時間就跟你一樣寶貴的事實。

三、確保對方在離開時，充滿自信與方向。將會議結束在你希望對方在進行後續工作時能有的態度上，像是常見的正向、樂觀與自信。讓會議結束在歡快的氣氛中，而這也將成為他們繼續工作時所記得並帶著的情緒。

全方位適用的賦權策略

「教練」的任務不是找到一群唯諾是從、只懂得拍馬屁而讓所有的批評都傳不到自己耳中的人。真正超凡的領導者所在乎的是培養出其他領導者。領導的目的不該是操縱、控制或滿足一己私欲，而應該是培養出獨立自主的思考者與不受約束的執行者，還有那些逐漸掌握領導技巧的未來領導者。倘若在你手下工作的人，沒有時常獲得升遷或被其他公司及競爭對手挖角，那或許意味著你沒有激發出下屬的潛力。

體育界：沃爾希教練的育才傳奇

前舊金山四九人（San Francisco 49ers）總教練、也是至今在ＮＦＬ中仍非常受歡迎的「西岸進攻」（West Coast Offense）戰術創始者——比爾．沃爾希（Bill Walsh），堪稱運動界的傳奇人物。而他之所以了不起，不僅僅是因為他所締造的冠軍紀錄，更因為他所培養出來的人。根據《無法測量的領導藝術》（*Superbosses*）一書作者席尼．芬克斯坦（Sydney Finkelstein）的看法，沃爾希「捨棄了威權式領導，賦權給每一個人，指導他們該如何自主思考。」成果無庸置疑，甚至稱得上是空前絕後：沃爾希以驚人的速度，培育出多位領導者。

沃爾希在職業運動界的「家庭樹」，簡直無人能及。在橫跨三十六年的時光裡（從一九七九到二〇一五年），沃爾希和那些曾經在他底下工作、後來成為總教練的人，總共參與了三十二次的超級盃並贏得十七座冠軍。[14]即便在他離開後，這份傳說也沒有劃下句點。「截至沃爾希過世的二〇〇八年為止，全聯盟三十二支隊伍中，光是由沃爾希訓練出來的教練所帶領的隊伍，就高達二十六隊。」[15]

商業界：PayPal 黑手黨

無論是在商業界或科技界，也有類似的情況。在二十一世紀最著名的企業家集團之中，其中一派就被人們開玩笑稱為「PayPal 黑手黨」（PayPal Mafia）。在早期時候，PayPal 雇用了許多未來的創辦者與執行長，包括伊隆・馬斯克、彼得・泰爾（Peter Thiel）和里德・霍夫曼，以及 YouTube 和 Yelp 等諸多組織的創辦人。這是巧合？當然不是。人們也總愛說沃爾希徒弟的成功，不過是巧合。事實上，PayPal 向來以獨立思考及賦權文化聞名，鼓勵員工堅守自己的遠景與點子，而這樣的作風也收得了數十億美元的回報。這間公司的行事風格，為如今我們正在經歷的科技革命撒下了種子，而這一切都是因為**賦權**。

家庭：賦權式教養

賦權是一種不僅適用在運動界、職場，更可以帶入個人與家庭生活的特質。身為一位父親，賦權給孩子向來是我的首要目標。這也是我在教養孩子上的最大原則。此信念源自於古老的格言：「授人以魚，不如授人以漁」。我會傳授孩子特定的技能與特質、以身作則，再趕緊給他們親自運用和練習的機會。

即便在他們還非常小的時候，我便盡可能地讓他們自己去做決定，像是該穿什麼衣服、該吃哪些東西。當我們在超商或餐廳時，我讓他們能自主點餐或詢問店員要買的東西放在哪裡。我的目標是讓他們習慣自己做決定，而且不會畏懼它。我希望他們總是感覺：**我做得到**。隨著他們愈來愈大、要做的決定愈來愈重要（大學、工作、人際關係等），這種「做得到」的感受也會日漸強化。希望到了那些時候，他們已經受過充分訓練，做好做出正確決策的準備。

有效賦權的核心關鍵

運動之所以為闡述賦權的最佳例子，原因在於「老闆」，也就是教練，不能親自上場。他們**必須**賦權。

在籃球場上，身為全隊領導者的控球後衛必須將球帶到場上，且多數時候球都必須掌握在他手中。而他得確保其他四名隊友的參與度。倘若某一名球員沒有在進攻時拿到得分機會，在防守時他很可能會因此失去動力。即便在職業籃球這般高水準的場域上，我們仍舊會看到這樣的情況：碰球的機會愈多，防守時的拼命程度也愈高。

運動分析公司 Krossover 和 CourtsideVC 的執行長瓦蘇・庫爾卡尼，是我遇過最瘋狂的運動迷之一。「身為一名控球後衛，」瓦蘇告訴我，「把執行權分給其他人就是我最大的目標。你永遠不會看到我一馬當先搶著得分，而我潛意識認為經營公司同樣該如此。我總是試著將決策權交到其他經理手中，因為這麼做能讓對方感覺被重視，讓他們更願意認真思考與工作，畢竟他們真的能主宰事情的發展。」

簡而言之，就是讓你的人擁有支配感（ownership）。每個人都需要參與感，而一旦擁有了，他們就會更投入。為什麼？因為個人的成功和團隊的成功緊緊結合在一起。這就是領導者將所有人凝聚成一個團隊的方法。

關鍵點：成功的領導者懂得信任「自己打造的車」，並能自在地委派工作或讓其他人來駕馭之。

請記得：

- 判斷領導者是否優秀的辦法之一，就是視其能否培育出其他優秀的領導者。
- 賦權能讓他人「投入」，因為這意味著任務成功與否和他們有極大的關係。
- 儘管領導者必須要有極大的安全感和自信，才能真正放手，但那是領導者極為重要的任務。
- 賦權與微觀管理恰恰相反。當領導者願意給他人指揮、成長及茁壯的空間，他自己也能成長。

自我測試

在進入第三部分前，請先進行這份領導力審核：

- 在第二部分的五大特質中，你最想改進哪一項？
- 請二**選**一：選擇一個你可以保有的習慣，**或**為了增進特定特質而拋棄一個習慣。
- 請在約莫六十天內，專注於培養正向習慣或停止負面習慣。
- 找出三個人來見證你執行此計畫。
- 在六十天結束時，請檢驗自己是否已經發展出可以有效解決問題的新習慣。
- 重複此步驟來建立其他習慣。

PART

III

團隊

就我們討論的內容而言，團隊可以是任何一個必須一起工作以達成共同目標的團體、組織或公司。優秀團隊的成員與教練，總是擁有前述幾個章節所提到的特質。總體而言，成功的團隊是由擁有自我覺察能力、熱情、紀律、虛心受教和有自信者所組成，並由有遠見、有品德的領導者所統帥，而其能打造出一套能為所有人服務、賦權予眾成員的強健文化。

但是，我們還需要有將眾多因素集於大成的第三種要素，才能讓團體合而為一。如同我將解釋到的，我們必須將前提定在「一加一等於三」之上。一個團隊要想成功，就必須擁有特定特質，而這也將是第三部分的重點。

*圖表設計：傑若米・史坦

11 信念

打造冠軍球隊的最有效方法，就是設法讓球員和遠比自身更宏大的目標產生連結。

——菲爾·傑克森

好的團隊創造向心力，而優秀的團隊創造信念。

我曾經在某個更衣室牆壁上，看到寫著「相信或離開」（believe or leave）的海報。而多年來，這句話一直縈繞在我心頭，因為「相信或離開」是二元對立的抉擇。你可以選擇相信自己、相信隊友、相信教練、相信使命、相信周圍的文化、相信自己的目標、相信自己的標準，或者不這麼做。但當你不這麼做時，你必須離開。集體信念就像是一種人人都相信的咒術，但要想破壞，也只需要一人之力。

在運動場上，球員們總是穿著同樣的衣服，但這並不會讓他們成為一個團隊。

穿上隊服只是一個起點，不是終點。這件衣服是一種象徵，代表眾人為了同一個目標而團結一心。運動界總說隊服正面的名字（隊伍名稱）遠比背面的名字（球員名字）來得重要。（紐約洋基隊就因為從來不在隊服上印球員的名字而聞名，該傳統也持續了九十年之久。你可以自行判斷此一傳統和其為美國最強球隊、贏得二十七次世界大賽〔World Series〕冠軍，是否有關聯。）

即便成員之中僅有一個人抱持懷疑和散發著不確定性，都會對團隊造成極大的傷害。為什麼？因為這種氣息不是靜止的。它會擴散、破壞團隊精神，並侵蝕人們對其所做之事的信念。沒有信念的人擁有足以摧毀一切事物的強大力量。強．高登告訴我，他把這類人稱為「能量吸血鬼」，因為他們會吸光其他人的正向力量。畢竟，懷疑和消極深具傳染力。但幸運的是，熱情與信念也同樣如此。

剪籃網的意義

信念是我們得以將目標、甚至是夢想，化為現實的一種方式。這一切全始於我們腦中。在一九九九年至二〇〇〇年美國大學籃球賽季開始時，總教練湯姆．伊佐在練習的第一天，做了一件非常大膽的事。他拿出一把梯子放在籃網下，並遞出一把剪刀，要求每一位球員爬上梯子，剪下一小段籃網。這是每年冠軍隊伍會進行的一項儀式。「昨天晚上，我們以一個隊的身分一起出場，」他說，「而未來也將如此。因此，我要你們好好練習。你們要相信明年三月的時候，我們會一起剪下那個籃網。」

有些人或許會對這個儀式反感，認為這樣只會讓伊佐的球員獲得錯誤的自信。也有些人會認為教練不應該做出一個他無法保證的承諾。但我不同意，我知道教練想的是更宏大的目標。

他正在創造信念萌芽的瞬間。

伊佐的用意是讓這些年輕球員們，實際去**感受**贏得決賽的感覺。他的目標是要讓球員營造出真情實感，了解爬上梯子、握著剪刀、剪下網子的感受。他希望他們打從心底相信，教練深深相信著他們，並希望他們親自去感受這股信念。而在那一季的最後，密西根州立大學斯巴達人隊（Michigan State Spartans）確實贏得了全國冠軍，而他們也確實剪下了印第安那州ＲＣＡ體育場內的籃網。

人們可以為了錢努力工作，也可以為了其他人，更努力地工作。但真正能讓他們拼了命的，是當他們心中有了信念的時候。

——美國牧師哈利．艾默森．富斯迪克（Harry Emerson Fosdick）

最強大的動力來源

想想看你的工作、任務、實習、志工機會，或那些每天早上讓你從床上跳起來去做的事。你最享受哪些？為什麼？我能肯定你對這些事物的感受，在極大程度上受你是否相信這件事所影響。

「你必須給予那些積極投入者一個能相信、遠比他們當前工作更宏大的目標。」賽門．西奈克寫道，「否則他們就會催促自己去找一份新工作，而你只能和剩下的人共事。」[1]這句話猶如一記當頭棒喝：倘若領導者無法給予團隊值得相信的事，那麼最終留下來者，只會是那些什麼都不信的人。而這些人還會試著讓整個團隊失去信念。

理查・布蘭特（Richard Brandt）在《amazon.com的祕密》（*One Click: Jeff Bezos and the Rise of amazon.com*）中，詳細整理了這家未來很有可能成為全球最大企業的成長過程。而該企業之所以成功，核心在於它聚焦在更宏大的目標上。「他（貝佐斯）其中一個最了不起的本領，就是說服所有員工。」布蘭特如此描述該公司的執行長與創辦人貝佐斯，「從最高層的管理者、到每天接聽十小時電話的底層客服人員，全都相信在亞馬遜工作不是只為了圖一份溫飽，更是為了追求更宏大的抱負、為了追尋能賦予人生意義的事物。」[2]

隨著亞馬遜開始擴張事業版圖（根據近期的報導，他們也開始涉獵金融與醫療），這樣的信念也變得前所未有的重要。事實上，相信自己隸屬於一個比自己更宏大的組織、為了更偉大的目標而工作、薪水不是工作的最大意義等信念，永遠是最強大的動力來源。當然，人們會想要錢、升職和名分，但他們更想要的是什麼？答案是，能深信不疑的事物。

打造無堅不摧團隊的關鍵

就我所討論的情況而言，信念並不等同於自信。自信可以獨立存在，信念卻是發生在特定場景與關係下。信念牽涉到許多人，並奠基於這些人的相處交流之上。

在第五十二屆超級盃中，當老鷹隊四分衛尼克．福爾斯（Nick Foles）讓新英格蘭愛國者隊飲恨而歸後，他發表了一段激勵人心的演說。當時，根本沒人對福爾斯抱有期望，而他也於該季一直擔任MVP熱門候選人卡森．溫茲（Carson Wentz）的替補。不過，福爾斯的演說內容之所以令人印象深刻，是因為那場演說的內容不是關於自己，不是關於那個化不可能為可能、證明所有質疑者都錯了的男人。

「我認為對我幫助最大的一件事，就是明白自己不需要成為超人。」他在賽後的記者會上說道。「我身邊有最棒的隊友、最棒的教練。因此我唯一需要做的事，就是拿出全部的力量，為其他人、為所有人而跑。」

花點時間再讀一遍這段話。福爾斯的話乍聽之下，跟賽後常聽到的陳腔濫調沒什麼不同，但裡面大有玄機。請仔細閱讀。哪些內容很特別？請注意他並沒有依循傳統規矩，談論隊友是多麼地**信任他**，讓他能帶來這場精彩的勝利。他的立場剛好相反。福爾斯談的是**他如何地信任隊友**。

讓我們回頭來看看「僕人」——凱文．杜蘭特。在他於二〇一五年賽季末獲得MVP頭銜時所發表的著名（且讓所有人熱淚盈眶）的演說裡，KD逐一感謝他的隊友。在這樣的舉動中，他向隊友傳遞出如福爾斯的訊息和看法。重點不在於隊友對他的信賴，而在於**他對隊友深信不疑**。在KD提到隊友暨頭號搭擋羅素・衛斯特布魯克（Russell Westbrook）時，他感謝羅素「是這樣一個願意為我衝破一切障礙的熱情傢伙。」讓其他人相信你，確實很重要。但能相信對方，才是真正的關鍵。這是讓團隊比強力膠更黏、比鋼鐵更硬，使團隊得以無堅不摧的原因。

信念帶來改變的實證法則

信念總是發生在一切之初、早於某個點子被證明可以實現以前。它就像太陽，能產生能量、給予食物鏈運作的力量。如同書籍《Facebook：性愛與金錢、天才與背叛交織的祕辛》（*The Accidental Billionaries*）和電影《社群網戰》（*The Social Network*）中所描述的，祖克柏是和一群**深信**自己在幹大事、肯定會顛覆並影響他人的少數親密好友，共同創立了臉書。

這樣的信念遠比哈佛的教育、出神入化的技術或獲得草創資金更重要，而它也是臉書一飛沖天的原因。當然，其他因素也扮演了重要的角色，但倘若沒有這個信念基石，再多的努力都只是徒勞。而在祖克柏創辦公司並尋找合適的員工時，他深知此點的重要。「有些人確實絕頂聰明或擁有可以立刻派上用場的技術。」祖克柏說，「但如果他們沒有信念，那麼他們就不可能努力工作。」[3]

有許多科學研究能證實此點：對某些事物的信念，是一種已經被證實的極為強大的力量。在此範疇中極為有趣的一項研究，是針對戒酒人士所進行。戒酒的第一守則，就是酗酒者必須相信有一種「更高等的力量」存在（無論他對此力量的解釋為何）。當然，不是每個人都能做到這點，但統計數字告訴我們，那些能相信更高等力量存在的人，擺脫酒精的機率往往較高。

這證明了真有更高等的力量存在？當然不是。但這證明了信仰是有效的。信念可以成為「更高等的力量」。對戒酒者而言，「信念本身就能產生改變」，研究者如此作結。「一旦人們學會相信某些事物後，這種能力也會漸漸地擴散到人生各面向上，並讓他們開始相信自己確實可以改變。」戒酒計畫的成功，在很大程度上需仰賴單一參與者的信念，以及與其他人共享並散播此信念。如同一名科學家所解釋的，「團隊能創造出信念。」[4]

「團隊能創造出信念」是一種非常強大的概念，而此一概念還可以推廣到各領域中。當我們被擁有信念的人包圍時，我們的使命、該使命的重要性以及成功的可能性，都變得無比真實。

在伊佐所帶領的密西根州立大學斯巴達人隊裡，球員在每年的第一次練習中必須剪下籃網，還**必須看著所有隊友這麼做**。而後者是此練習中同等重要的一環。「在團體之中，人會出現改變。」一名心理學家對《為什麼我們這樣生活，那樣工作？》的作者查爾斯．杜希格這樣解釋。「當我們能在別人身上看到某件事時，這件事往往感覺更真實。」[5]我們從別人身上尋找現實。因此，當我們周圍都是擁有信念的人時，我們可以攀上一切高峰。有時我們甚至可以移走整座山。

高效能組織的成就關鍵

擁有共同信念和歸屬感，是兩件強大的工具。經常被稱為「三月瘋」（March Madness）的ＮＣＡＡ男子大學籃球錦標賽，就是最好的實例。你可以在比賽期間觀看任何一場比賽，看看那些球員是多麼地投入。看看他們是多麼奮力地在加油打氣，尤其是那些坐在板凳上、沒有機會上場的人。最強的隊伍會營造出使命感，並因信念而彼此連結。而且，從先發球員到第十二名球員等，每個人都不可或缺。

無論我們認為自己有多麼獨立，我們還是需要歸屬感。這是我們的本能。「在我們內心深處，」賽門．西奈克說，「我們都是群居動物。當我們感覺自己屬於一個群體時，我們會本能地感到安心。」[6]人們會對歸屬感做出反應，而最強的隊伍懂得善用此種本能。這不僅僅是抽象概念，更是實際的化學反應。如同西奈克所解釋的：「當我們身處在屬於自己的部落時，大腦會自動製造出催產素，而在我們感到脆弱與孤單時，則會製造出令人焦慮的皮質醇。」[7]

在一份關於高效能組織的研究中，西奈克發現「高效能組織的文化和人類天生的運作機制非常相似……如果組織具備特定條件，讓員工覺得很安全，他們就會攜手合作，完成那些憑一己之力無法達成的目標。」[8]信念不僅是維繫情感的工具，它可以一路延伸至化學反應層面，甚至直接決定了我們的本質。

在一九九〇年代，史丹佛商學院教授詹姆士．拜倫（James Baron）和麥克．漢南（Michael Hannan）針對不同的商業文化進行了長期研究，並試著分析哪一種文化最有效。最終，他們將所有公司區分為五大類，並發現效率最佳者，都擁有他們所謂的「信奉型文化」（commitment culture）。這些公司的執行長「深信擁有正確的文化，遠比設計出最棒產品更重要。」[9]研究者在檢驗結果時發現，「就各種意義而言，信奉型文化的表現遠超過其他類型的管理風格（包括只雇用最優秀人才的公司文化）。」[10]信念是如此強大，因而能經常性地壓過技巧、知識或出身。

提升表現的逆襲信念

在運動場上，當那些居於劣勢、**沒有人**相信他們會贏的隊伍取得看似不可能的成功時，往往也是見證信念力量的最好時機。這是三月瘋之所以如此迷人的原因之一。在高順位種子隊伍（但排名較低者）進入錦標賽的中後段期時，也將是該隊伍信念接受檢驗的時刻。在我此刻動筆時，一支來自默默無聞大學的隊伍——馬里蘭大學巴爾的摩分校（University of Maryland, Baltimore County，UMBC），剛打敗了全國頭號種子——維吉尼亞大學。這也是錦標賽上首度出現第一種子被第十六種子（最後一名）打敗的紀錄。這件事讓死忠粉絲及一般民眾熱血沸騰，覺得自己內心某處被深深地牽動：我們都渴望相信。這給了我們無與倫比的感動。

創下歷史紀錄的UMBC隊，領銜得分者為畢業於德麥沙高中的傑洛斯·萊勒斯（Jairus Lyles），該校的教練為瓊斯。瓊斯教練經常對我們這些年輕教練提起自己還是球員時的故事，包括一九九五年那場由他率領的第十四種子奧多明尼（Old Dominion）對上第三種子維拉諾瓦，並進入三次延長賽的精彩賽事。儘管他們的種子排名靠後，瓊斯當時的教練卡佩爾（Capel），卻要求奧多明尼的球員們準備好整個週末要用的隨身用品。此舉意味著：除了維拉諾瓦那場比賽外，之後的賽事也要準備。而這個簡單的動作（**打包好週末所需用品**），卻在球員們心底種下信念的種子。他們會打敗維拉諾瓦，然後繼續比賽。**相信或離開**。

這些大爆冷門的小型學校，從不會因為看見杜克或肯塔基的校服，或大型學校的巨型體育館與偌大的場地，就為之膽怯。他們知道比賽就是從零比零開始，雙方也只能各派五名隊員、想方設法將球投進三公尺高的籃框內。他們知道低順位種子球隊無法享有必然的晉級優勢。他們知道自己為什麼必須進行這場比賽。

當團體中的每一個人，都擁有相同的信念時，這個信念會開始發酵。它會占據每位成員、甚至是該團隊支持者的心。而加入此一信念池的人數愈多，這份信念的力量也愈強大。每個人都有秉持並實踐此一信念、確保團隊時時刻刻將這份信念放在心上的義務。倘若某個人今天做什麼都不順，他還可以依賴其他人的信念，帶給自己力量。此種團結一心的感受，支持著每一個人。

當責精神

信念必須貫徹整個團體，從教練到最出色的球員，再一路擴散至板凳的最尾端。在約翰・伍登於一九七〇年代帶領UCLA團隊時，有個著名事例是，比爾・華頓（Bill Walton）不想剃掉自己用整個暑假所留出來的頭髮和鬍子。但伍登教練對這方面的規定非常嚴格，因此他提醒華頓如果不遵守規則，就不能來練球。華頓據理力爭地說著自己努力躋身為全美明星球員、他希望能展現自己，以及他有留長髮的權利等等。伍登認真地從頭聽到尾。在華頓說完後，他看著自己的手下大將說：「我明白你的感受，比爾。我們會想念你的。」

於是，華頓以迅雷不及掩耳的速度，趕在練球開始前剪好頭髮、剃好鬍子。

伍登嚴守自己的標準，他明白倘若其他球員發現主力球員可以想做什麼就做什麼，那麼推動整個團隊的齒輪，很有可能會因此停擺。屆時，將沒有人——即便是主力大將（**尤其**是主力大將），能扭轉頹勢。

還有什麼比看見自己的同儕沒有因為不良言行受罰，更讓人挫折的事呢？不妨想像一下：在學校，看到其他學生作弊卻沒有被罰；在練習時，看到其他球員偷懶；在職場上，發現其他人花了三個小時去吃中飯。只要有一個人能不負責任，那麼**所有人都不需要負責任**。不良行為將如同病毒般擴散開來。

信念需要構築在當責（accountability）之上，因為人們必須信任其他人會完成自己的任務。我們不僅要向領導者盡職，更應該對**彼此**負責。「多數球員以為負責任就是承擔罵名，」傑伊．比拉斯寫道。「這是錯的。負責，是貫徹你所期望的標準，無論是就個人或團體而言。」[11]這也是為什麼比爾．華頓必須剃鬍和剪髮，否則整個體制就會崩塌。

讓某人承擔起責任，是你能**為**他們做的事，而不是你**替**他們做的事。同樣的道理在業界亦適用。巨型組織如Netflix，明白局勢可以因為一些小事而傾頹，因此他們總是稱項目負責人為「決策者」。這不僅僅是一個標籤，更像是一種提醒；全食超市的公司架構，就像是許多團隊的集合，而每個團隊對於經歷試用期後的新人能否加入其行列，都保有最終決定權。[12]畢竟團隊所獲得的獎金，是所有人一起共享；Google 也採取相同的團隊招募模式，而此模式在業界愈來愈盛行。[13]公司會徵求未來需和面試者共事團隊的意見，讓其左右雇用的決策。此作法非常合理，因為它直搗核心。讓那些未來必須為此人負責的團隊，來決定此人是否適合他們。他們自然是最明白的人。

驅動成長的引擎

在我採訪西北大學（Northwestern University）總教練、NBA傳奇教練與播報員道格・柯林斯（Doug Collins）的兒子克里斯・柯林斯（Chris Collins）時，他誠摯地和我討論到，信念是如何在跨越一道分水嶺後開始萌芽。他花了數年才讓團隊相信自己會贏，並憑此信念勇闖難關。「在贏球隊伍或商業贏家的身上，我們往往可以看到一個共通點。」他說道，「這些團隊在登場時，往往氣場強大、信心十足。他們相信自己本就該贏。在比數非常接近的時候，這種心態會發揮效果……相信自己本來就應該贏的信念，能支持著所有人，而這樣自然會贏得勝利。」

克里斯和我談到他是如何從父親的教養方式中，體悟信念的力量。道格・柯林斯從來不會隨便讓孩子贏（就跟我知道的某位父親一樣），因為他希望克里斯能相信自己有辦法親手爭取成功。在克里斯好不容易擊敗父親後，此種信念根深蒂固地在他心底扎根，並在其他比賽中發揮力量。現在，他也和自己的球員分享這種力量。

在《部落領導學》（*Tribal Leadership*）中，作者戴夫・羅根（Dave Logan）、

約翰・金恩（John King）和海莉・費雪萊特（Halee Fischer-Wright）探討了他們在十年中、針對兩萬四千多名工作者所進行的職場文化效率研究。而他們指出在皮克斯和蘋果等組織中，可以看到所謂的「第五階段」文化，亦即由「純粹的領導力、遠景和鼓勵」[14]所構成的文化。此種文化非常稀少，在他們所檢驗的企業之中，僅占了二%。[15]

而最令人印象深刻的，莫過於作者解釋第五階段的成員對工作有多投入：「第五階段部落的成員在描述工作時（或當我們觀察他們的工作狀態時），總是用著如同**描述自己小孩故事般**的欣喜與敬畏語調。」[16]（粗體由筆者所加）我並不是鼓勵讀者應該將工作看得比家庭還要重，你不應該這麼做。重點在於，他們為工作灌注的欣喜、期盼及正向力量，徹底展現了當信念的關鍵因子都到位時，事情可以如何不同。

在企業演講中我經常強調的一點，就是公司是由人所組成。儘管這件事顯而易見，但有時候愈是基礎、根本的東西，就愈容易被忽視。倘若我們能經常提醒自己此點，就能更輕易地解決許多涉及努力、關懷、激勵等會影響公司的議題。畢竟，驅使人們行動的是欲望、恐懼、需求和動機。而關係緊密的團隊會定期確認彼此的信念，因為他們知道此種情緒是推動一切事物的引擎。當一個團隊的正念與自信，能和信任及決心交融時，就會激盪出信念。他們覺得自己做得到，也願意為了實現目標付出心力與體力。他們憑著信念，讓夢想成真。

關鍵點：儘管團隊是由許多人所組成，但對於某個點子或使命的集體信念，能讓所有人合而為一。

請記得：

- 決心結合信念，能帶來成功。
- 請設定一個實際、卻又些微超出個人能力範疇的目標。然後，用信念幫助自己跨越阻礙。
- 優秀的領導者能在團隊中培養出強烈的信念感，並持續善用此力量。
- 只要一個人缺乏信念，就有可能拖垮其他人或甚至是整個團隊。因此，請堅持不讓團隊的信念出現任何裂痕或漏洞。
- 在打造信念文化時，建立負責任的態度至關重要。倘若一個人不遵守規則，所有人都不會遵守。

12 無私

只要不去在乎功勞的歸屬，人的潛力將能無窮。
——英國作家查爾斯・愛德華・蒙塔古（Charles Edward Montague）1

這個社會總喜歡散播人生是零和的概念，也就是倘若我贏了，你就必須輸。在運動員爭著上場時間、員工搶奪升遷機會或因為別人的成功而眼紅時，此概念確實很貼切。以宏觀的角度去觀察企業或資本主義的本質，我們確實會得到這樣的結論。當我們追求地位、追求物質享受，爭著和其他人互別苗頭時，我們也會得到這樣的結論。

就我來看，人們生而自私。作為一名父親，我不需要教孩子如何擔心自己，他們天生就懂。在他們還不會說話，只能用哭來表達情緒時，他們在乎的只有自己，像是能不能喝飽睡足、有沒有人幫忙換尿布等。如同多數孩子，他們最快學會的字包括「不要！」和「我的！」自私早已刻寫在他們的DNA裡。他們的母親和我必須教會他們不要自私，要懂得分享和給予。而在這點上，我們大人也應該被提醒。

我的多年好友、出色的美國青年籃球（USA Youth Basketball）教練與顧問麥特・金（Matt King）曾對我說，「你不需要每天早晨提醒我應該要照顧好自己或『做自己』，我自然而然就會這麼做。人皆如此。我們真正應該被提醒的，是知道自己隸屬在一個更龐大、並非以我們為中心的事物下。」

要想達成目標，所有人齊心協力絕對會比每個人自顧自地埋頭苦幹來得更有效果。那些坐在德麥沙高中或杜克大學板凳末端的替補球員們，要是去了其他地方，肯定會擔任更重要的角色。在別的學校，他們或許會獲得更多的上場時間和關注，但他們情願放棄個人光環，選擇團隊的成功。這些球員為了一個超越自己的宏大目標，選擇扮演一個較小的角色。我們經常稱此種球員為「團隊型球員」，而他們往往是讓團隊能緊密結合的黏著劑。

替補的藝術

斯文・拿特（Swen Nater）是罕見的人才。他是NBA選秀史上，第一個從來沒有當上大學籃球比賽先發球員，卻在第一輪選秀中就被選走的球員。他也是唯一一位同時成為NBA與ABA（美國籃球協會）籃板王的球員。這是巧合？還是僥倖？以上皆非。這一切全與拿特在大學籃球時期和誰一起打球、當誰的替補有關。

一九七〇年代，拿特在約翰．伍登所率領的兩屆冠軍UCLA球隊中，擔任名人堂傳奇比爾．華頓的替補。在我和他說話時，我心裡充滿了敬畏，畢竟拿特就像是無私的最佳代名詞。這不僅僅是因為他從來沒有在UCLA隊的任何一場比賽中擔任先發，更因為成為先發對當時的他根本是不可能的事。他大可以離開UCLA（還有其他隊想要他），但他沒有。事實上，他告訴我，「我從來沒有想過要離開。」

拿特很晚才開始打籃球。他沒有參加高中籃球隊，在轉到UCLA之前，也僅有在大學時期打過幾年的籃球。或許正是因為他在籃球領域的經歷和多數球員如此不同，讓他能以特別無私的態度，去追求籃球。也或許是此種態度，造就了他的事業。他想要成為職業球員，而他明白「每天都和比爾．華頓及UCLA的球員一起練習，就是邁向此目標的最好方法」，他如此對我說。倘若他待在別的球隊，是否還會成為NBA的主力球員？或許會，也或許不會。或許他就不會培養出自己的得分能力，並因此無法走得更遠，因為他沒有這麼做的動力。

本章的篇名原本是「忘我」（selflessness），但在我和拿特談話時，他告訴我這個字聽上去太容易讓人聯想到捨棄自我，而這並不是本章的用意。他對我說，無私要求的並不是失去自己：「剛好相反。這意味著你必須發揮所長，因應情況的需求善用自身能力，亦即教練認為你應該運用哪些能力，來為整個團隊帶來助益。」因此，我改了標題。

斯文明白無私與成功是如何交織在一起：他並沒有因為無私而犧牲自己，反而是將自己的事業**構築**在無私之上。如同伍登教練對他說的：「提升自己，就是你能為團隊帶來的最大貢獻。」在我詢問他是什麼樣的契機，讓他在明明可以到其他球隊擔任先發、累積個人戰績並提升選秀籌碼的時候，卻願意留在此處擔任永遠的替補？他謹慎地回答：

這並不是一個立刻做出來的決定。這是在UCLA文化下，你會做出的決定。這就是伍登教練的文化，他從不因任何一場贏球或出色的表現而居功，而是將所有功勞歸諸於球員與眾人身上。最重要的不是分數，而是那些完成所有細節的人們，像是：搶籃板、絕妙的傳球、成功防守對方球員……無論是在練習或比賽中，這樣的文化透過無數的例子，獲得確立與強化。

拿特強調，在伍登的指導下，他沒有發展出強烈的自我表現欲。「團隊才是最重要的。」他說。「還有，了解一個富有生產力且高效率的團隊的必備要素為何，也至關重要。」儘管多數球員嘴上都是這麼說（這已經成為運動界的陳腔濫調），但我完全相信拿特，因為他本人就是最好的證明。而他也因此獲得回報。

伍登感受到替補球員的無私，也知道拿特希望能朝職業球員發展，因此盡可能地幫助他。伍登不斷地提醒拿特：接受自己的指導並在每天的練習中和華頓對打，是培養他得分能力的最佳途徑。伍登甚至想盡辦法讓職業球隊的球探，注意到這名無私的替補球員。「我們之所以能贏的部分原因在於，我讓比爾．華頓變得更好。」現在的拿特這麼說。

在離開籃球場並成為管理階層後，他仍繼續強調此一原則的重要性。他總是鼓勵眾人放下那永不滿足的自我，並將這份精力轉移到團隊上。「無論是哪種成功，請立刻對幫助你的人表達認同。」他說。「我努力納入其他人到我的生命中，這樣當有好事發生時，我就能讚美他們。」不過，這並不是說二十一歲的拿特，沒有其他人都有的自私欲望。但他選擇不要放任自己的這部分，而隨著時間流逝，這樣的欲望也跟著流逝。唯一留下來的，是足以成為其未來志業根基的無私精神，而這份精神也啟發了所有人，包括我。

> 我是人們見過最以自我為中心的球員。但我的野心並不是以個人為出發點，而是以團隊為出發點。我的自我覺得，為了自己，我應該去追求團隊的成功。
>
> ——比爾・羅素

團隊合作的真義

成為最忠誠的隊友

運動場上的贏家明白，該如何在團隊的架構下發揮潛能並取得勝利。而這樣的領導風格也會由上向下地擴散開來。無私並不意味著失去競爭力或犧牲自己。相反地，它意味著將此種個人特質灌注到團隊的使命之上，而不是專注於取得個人榮耀。

關於無私，名人堂球員比爾・羅素並不只是說說而已。身為NBA史上拿過最多冠軍的球員（待在塞爾蒂克隊的十三年內，贏得十一次冠軍），他就是無私的最佳代言人。而羅素在場上的防守表現（這是一個很難收穫掌聲的位置），正是讓他成為傳奇的主因。儘管在團隊之中，他顯然是向所有人發號施令的老大（更是聯盟中長達十年以上的ＭＶＰ），但真正讓他成為場上有史以來最受敬重球員的原因，就在於他同時也是最忠誠的隊友。事實上，他是如此地無私，以致他甚至拒絕參加職業名人堂的頒獎儀式。為什麼？他對一名記者表示，他希望因為「團隊表現，而不是個人成就」，而受到表揚。[2] ❶

自我測試

隊友考核：

一、十五張索引卡：在卡片上寫下每一位同事的名字。

二、在每一天的工作日裡，為一名同事完成以下三項任務中的其中一項：

❶ 關於羅素多年來婉拒進入名人堂的原因，他給過許多解釋，其中也包括名人堂內部以及他擔任職業球員期間發生的種族不平等情形。

- 引薦你認為可能會為其帶來好處的人（同時詢問對方是否希望被介紹）。
- 為他們做某件你認為可以為其帶來好處的事（像是推薦一本書、一篇文章或影片）。
- 詢問對方狀況如何，而你可以如何幫助對方。（『你那邊的情況如何？』）

戒除大頭症

努力成為**為**團隊貢獻最多者，而不是團隊**中**的最優秀者。與其東看看西看看、貶低那些地位不如你，或嫉妒那些爬得比你高的人，不如找出與對方共事的辦法。這麼做能為所有人——包括你，帶來好處。俗話說，水漲船高，身為成功團隊的一分子，你的個人職業最終也會因此獲得好處。為了展現自己的無私，請在適當的場合中，將功勞與其他人一起分享或承擔責備。

曾經擔任洛杉磯湖人隊與邁阿密熱火隊總教練的帕特·萊利（Pat Riley），在其超過二十五年的職業生涯中，贏得五個冠軍戒指，而他也明白為了打造一支冠軍隊伍所須付出的代價。（在萊利擔任熱火隊老闆的時候，又再贏了兩座冠軍。）也正是因為這樣的經歷，讓他能切身感受到哪些事物，會讓一個團隊四分五裂。萊利創造了眾所周知的「大頭症」（Disease of Me）一詞，[3]來描述冠軍隊伍內會發生的狀況。一開始，所有人都是以團隊、以奪冠為重。但在勝利入手後，人們開始關心起自己，抱怨沒有得到應得的讚美、關注或薪水，忘記是什麼讓所有人一起走向成功。「大頭症」是一種自我膨脹的病，最終還會毀掉贏球文化。當初讓所有人團結一心的黏著劑，漸漸被腐蝕，而此種化學反應一旦消失了，就不會自動再生。

管理專家派屈克．蘭奇歐尼（Patrick Lencioni）在《理想隊友》（*The Ideal Team Player*）一書中，解釋隊友必須是「謙虛、進取和聰明的」[4]（他也解釋此種聰明為懂得與人相處之道）。「隊友一起分享掌聲，將團隊置於個人之上，共同定義成功，而不是擅自作主。」[5]一個只想著踩著別人往上爬的奸巧之輩，將無可避免地影響到整個團隊。十幾年前，這樣的人格特質或許還會受到賞識，但如今的時代與文化已經大不相同。即便是才華最出眾者，也無法彌補自私造成的損害。舉例來說，Netflix 就曾在廣告中公開地表明他們不會雇用那些「聰明的渾球」，因為「這麼做只會大幅降低團隊合作的成效」。[6]在各行各業裡，沒有任何一個人可以因為出色的表現，而獲得「准許自私」的通行證。

一加一等於三

研究顯示，幾乎所有人都期望自己能成為某件更宏大事物的一部分，像是成為一個部落、團體或團隊的一分子。這是我們的生物本能。儘管如此，我們也同時是生而自私的生物。剛從肚子裡蹦出來的我們，就已經懂得如何索求滿足，努力為自己謀得最大利益。這就是本能。

然而，在一定的程度上，要想成為最佳團隊，就必須忘卻此一本能，改變思維。你必須用追求個人使命的態度，去在乎團隊的需求、遠景和使命。這麼做並不容易。斯文．拿特並不是在一夜之間，就成為最無私的球員。在團隊制度下努力並逐漸認同團隊的他，最終蛻變成如今的樣子。**這並不是你對上我，而是你加上我**。有了這樣的思維，就能激發出銳不可當的衝勁。朋友的父親曾經這麼說過，好的團隊是一加一等於二，優秀的團隊是一加一等於三。

拉回到籃球隊。對一個替補的控球後衛而言，他會很自然地視先發控球後衛為自己的競爭對手。但這不僅是有害的思維，更會侵蝕球隊的團結。控球後衛不可能靠自己一個人贏球，而他的優秀程度，往往是透過助攻數據來評判。（事實上，現在幾乎都會依此數據來評價球員的價值。）他的成功與否，和場上其他四人的成功，緊密地結合在一起。

因此，替補球員的思維應該是：**我該怎麼做，才能讓先發球員更強？**這並不意味著替補球員不該渴望上場。他應該拼命精進技巧，並和湯姆·布雷迪一樣，在機會來臨時好好發揮。這意味著他不該受結果所支配。不要過度以自我為中心，而遺忘了身為團隊一分子的意義。**水漲，所有的船都會一起變高**。

締造佳績的祕訣

當一支隊伍或團隊中有一位以上的「明星」時，無私就變得格外重要。光是派兩名或三名明星球員同時出場，並不會讓贏球的機率變成兩倍或三倍。相反地，一旦缺乏無私的精神，明星光環反而會變成一種阻力。

當克里斯·保羅於二〇一七年夏天被交易到休士頓火箭隊時，質疑者還甚至因此走上街頭（或者更準確而言，湧上社交媒體）。此舉絕對不可能成功的。這絕對會淪為一場大災難！像克里斯·保羅這樣一個極端渴望球的人，怎麼可能和甚至更渴望球的詹姆士·哈登合作！在上一個球季中，哈登的持球時間在全聯盟中排名第一，而保羅排名第七。但老話說得好，球只有一個。儘管質疑聲浪不小，但休士頓在下一個球季繳出了全聯盟內最漂亮的成績，而且還是顯著地領先。

他們怎麼辦到的？「做你在一個團隊內該做的事，這就是贏球的方法。」保羅對一名記者說道。[7]（不得不說這句話太棒了。這**正是**贏球的方式。）當然，球員早就知道應該在鏡頭前說些大公無私的話，但個人數據（還有火箭隊的數據）不會說謊。除此之外，贏得當年度聯盟MVP的哈登，也證明了自己不需要犧牲個人表現的機會，才能跟保羅共事。他們之所以能贏，並不是因為雙方各退一步，而是兩人**朝著彼此**走進一步。

首先，兩名球員都明白有足夠的持球與投籃機會，絕對能滿足這兩位得分老手。其次，當隊伍中又增添一名威脅時，就代表機會來了，而火箭隊也很好地把握住這個機會。在保羅加入前，對手的防守策略總是以阻擋哈登為目標，所有人繞著他轉。但在火箭隊又新添了一名得分大將後，對手再也不能只顧著守哈登，否則保羅就會橫行無阻。希望能和其他出色球員肩並肩打球的保羅，在和哈登配對後，其表現並沒有因此受到壓抑，反而獲得更好的發揮。

兩名出色的球員同在一個隊伍，並選擇提升彼此的努力與專注。當然，這些**可以**是所謂的致勝祕訣，但唯有哈登跟保羅兩人達成共識、無私地接受對方的存在，這個祕訣才能奏效。ＮＢＡ重要的正負分（Plus／Minus）數據（衡量球員在場上時所帶給球隊的效益）告訴我們，保羅和哈登在聯盟中的近期排名分別為第一和第二。這又再次證明了一**加一等於**三。

低調的老大

在籃球界，一提到無私精神，總免不了要提到聯盟內的無私王者——聖安丹東尼奧馬刺隊的名人堂球星提姆・鄧肯。鄧肯的無私精神可以追溯到許久之前。在威克森林大學（Wake Forest University）的時候，鄧肯曾經和其他人一起發表了一篇學術論文，名為《自吹自擂者、傲慢者與自戀者：過度自我主義引發的人際反應》（Blowhards, Snobs, and Narcissists: Interpersonal Reactions to Excessive Egotism）。[8] 透過此篇論文，我們得以窺探到鄧肯早期的想法，以及他何以被人們譽為ＮＢＡ名人堂史上最無私的球員。

鄧肯以一名備受吹捧的新人及選秀狀元身分，踏入聯盟。然而，與那些在相當有限的時間內留下驚人數據、接著卻消失無蹤的選秀狀元不同，鄧肯成為聯盟內最偉大的球員之一。是因為他天賦異稟嗎？當然。但ＮＢＡ的球員全都天賦異稟。那些光環不再的人，從未忘記自己曾經是選秀狀元的滋味，並認為自己理當獲得狀元般的待遇。然而鄧肯似乎對此不感興趣。

在鄧肯還是年輕球員時，他便虛心接受前輩大衛・羅賓森（David Robinson）的指導，並在波波維奇教練灌輸給他的團隊意識下發光發熱。他會根據每一次的出戰成員名單來改變自己的位置，而他也不追求成為聯盟內的前十大得分者（儘管他有這樣的實力）、不追求持球時間、只拿較低的薪水好讓球隊在薪資上限內能簽下其他優秀球員。他也一直等到球季結束後，才開始談自己的退休，避開了多數傳奇球員都會在退休前一季就開始的告別巡迴式。他或許是運動界有史以來最低調的老大，並如同多數人所認為的，他也是有史以來最出色的大前鋒。[9]「藉由放低姿態，」山姆・沃克（Sam Walker）在《怪物隊長領導學》（*The Captain Class*）中寫道，鄧肯「激發出周圍所有球員的最佳表現。」[10]

那有人會因為鄧肯是這樣一位內斂、不追求自身光環的人，而刁難他嗎？當然有。但他下定決心，知道要想在團隊運動中登峰造極，就必須專注在真正重要的事物上，也就是團隊的勝利。即便在他退休後，他留下的影響仍持續發酵著。在職業運動場上，馬刺隊的文化（顯然也是波波維奇一手打造的）至今仍舊是最健康且最以團隊為重的文化之一。

高勝算的給予精神

在業界與運動場上一直有一種誤解，認為無私的人只會被其他人踐踏，所以倘若我們不為自己發聲，就注定會被別人吃死死。但這只是一種迷思，更是一種充滿毒性的思維。

如同我在第九章所提到的，研究者亞當．格蘭特在作品《給予》中，解釋了各行各業的最佳表現者，往往也是那些給予者。「他們的慷慨，也為他們贏得了深入人心且恆久的敬重。」[11]他寫道。團隊願意支持給予者，助其發揮最大的潛力。給予者能獲得眾人的認可，而那些認可並珍惜其付出的團隊成員，也會反過來助其一臂之力。

「在給予者成功時，某些特殊的情況也會跟著發生，譬如：成功如骨牌般向外擴散……給予者的成功會引發漣漪效應，帶動周圍的人一起邁向成功。」[12]格蘭特也指出，就務實層面來看，給予者能讓自己遠離激烈的競爭漩渦，因為針對他們的人變少了。同事會更容易接受給予者所提出來的意見，因為他們已經建立了「不追求一己之私」的形象。人們總是喜歡給予者；他們信任給予者；他們希望能成為給予者的助力，和其共事。給予者才是走得**最長遠**的人。

我認為這些人與強・高登所謂的「能量吸血鬼」恰好相反。給予者灌溉並孵育文化，而不是大肆掠奪。「但索取者帶來的負面影響，卻往往是給予者的兩到三倍。」格蘭特如此總結。「只需要出現一名索取者，你就會開始感覺到整個團隊蔓延著猜忌，人們也因為害怕被利用而有所保留。」[13]

就個人生活層面而言，我們所有人都是給予者（我希望至少在某種層面上是如此）。但我們總感覺在職場上，我們必須去索求，或至少像是損益平衡表那樣，尋求給予和獲得間的平衡。這或許是因為我們不希望被人認為自己很慷慨，深怕從此被貼上軟弱或可欺負的標籤。也或許是因為我們擔心別人的看法，或害怕旁人試圖利用我們。

倘若我們能擺脫這樣的刻板印象，我們將發現無私和慷慨事實上能締造職場上的成功。你可以同時是一個有自信、有野心的人，又同時是最好的隊友，只要你願意將精力灌注到團隊（而不是自己）的成功上。給予和成功並不是互斥的。你可以去問問看斯文・拿特、提姆・鄧肯、克里斯・保羅、詹姆士・哈登，還有比爾・羅素。

關鍵點：每一位成員願意為團隊勝利放下多少自我利益與自我光環，是決定團隊成敗的關鍵。

請記得：

- 所謂的團隊就是指一群將團隊需求置於個人需求之上的夥伴。而任何一丁點兒的自私，都會腐蝕團隊的根基。
- 我們每個人都有追求私利的本能。但一個團隊能為了更宏大的目標，而擱置此種本能。
- 當一個團隊能捨棄「你vs我」的想法，轉而擁抱「你＋我」的思維時，就能獲得成功。在此思維下，一加一等於三。
- 無私並不只是一種慈善義舉或單純的親切，它已經被證明為取得成功的最有效方法。

13 明確的定位

> 許多我曾指導過的球員就經歷來看，並不特別，但透過尋找自身定位，他們蛻變成所向披靡的強者。
>
> ——菲爾・傑克森[1]

是的，各領域都很講究天賦，但無論在哪個領域，光憑天賦絕對無法存活。只有在被允許的情況下，亦即只有當人們被放置在可以取勝的位置上，且其角色（以及周圍角色）亦獲得明確定義時，人們才能成功。在團隊合作中，這是一個非常重要卻被低估的面向。某種程度上，這就像是**定義**何謂團隊合作，而它也確實刻畫出團隊該如何運作。

清晰的角色定位就像一份地圖，能讓所有成員走在正確的道路上、不會闖進別人的地盤，並確保大家不會錯過重要的議題。而團隊運動就是最完美的演示：每個角色都有清晰的定義，在每場比賽後也會分析哪些地方做對、做錯，並能明確找出誰該為此負責。但這並不意味著互相指責，而是意味著我們能進行必要的調整，並釐清在下一場比賽該如何修正。

明確定位屬於宏觀型概念。這意味著在團隊中，每個人都知道身旁兩隊友的責任。他知道自己的作為將如何影響這兩個夥伴，進而影響所有人。整個團隊都知道**機器是如何運轉的**。一個團隊就像是一幅拼圖，只有當所有人都正確歸位後，這份拼圖才可能完成。也唯有如此，這幅拼圖才有了意義。身為領導者，必須去檢驗團隊中的每位成員、熟悉對方的強項與弱項，並摸清楚哪些行為會鼓舞或打壓士氣。請記得：正確的角色並不一定和對方想要擔任的角色相同。但是為了完成這份拼圖，他**必須在**那個位置上。

即使面對較弱的球員，優秀的教練也能妥善配置人力，從而讓整個球隊處在強大且分工完美的狀態下。差勁的教練則將所有精力花在先發球員身上，錯失激發、善用其他球員能力的機會。最強的隊伍是由那些明確知道自己及所有人定位的成員組成，且所有人都信賴彼此會發揮各自的作用。當我們還需要擔心其他人的職責、憂心其他事情能否被正確執行時，我們自然無法拿出百分之百的實力。

找到定位，駕馭全場

ＮＢＡ的全明星球員維克多．歐拉迪波就是最閃亮的例子，他讓我們看到該如何在各種情況下找出並最大化自己的角色，讓自己發光發熱。早在維克多還是高中生時，我就認識他，而他總是用著想要成就一支隊伍的拼勁在努力。「我覺得自己還處在壯志未酬的狀態中。」他在我的 podcast 上這樣說道。倘若你能明白他已經衝得多遠、又僅有多少人能真的擠進ＮＢＡ並領導自己的隊伍闖進季後賽，你就會明白他的自白有多麼驚人。而正是這樣的態度，成就了不凡。

在維克多升到高年級時，我來到了德麥沙。儘管在高中籃球季劃下句點後，他就沒有義務要繼續參加休賽期訓練，但他還是選擇每天報到。是的。這就是他敬業的態度。身為一名即將畢業（而且比賽還已經結束！）的十八歲大男孩，他仍舊選擇每天早上六點抵達學校，參加訓練。說真的，即便在德麥沙，這樣的情況也很少見。

維克多以「以身作則」為豪，而他也是低年級的入選球員的榜樣。他明白自己身為前輩的職責，並了解自己的態度與行為會如何影響他人。而維克多再也不會和這個球隊一起打球的事實，更凸顯了我的論點。他不僅明白自己的角色，更在自己已經不需要這麼做的時刻下，繼續盡忠職守。

維克多總是將球隊置於個人之上。我猜想這或許是因為在他邁入高中的最後一年前，他從來沒有嘗過個人勝利的滋味（以及伴隨而來的光環）。打從一開始，他就是角色球員，陪伴在那些能獲得更多投籃機會與關注的球員身旁。在他離開德麥沙、來到印第安那大學（Indiana University）時，他知道自己必須面臨的轉變（包括角色的變化）並不輕鬆。他向我承認，在德麥沙時他就是一個大器晚成型選手，而「我的職業操守是讓我能走下去的原因。」

而維克多在印第安那大學也是等到大三，才再次脫穎而出，而這一次的鋒芒，無論是就他自己或NBA球探的角度而言，都確立他已躋身NCAA頂尖球員之列。他向我強調，「在發現我能如何影響球隊、怎麼幫助球隊贏球後，我才終於確信自己可以邁出下一步。」這就是關鍵，而不是因為他的投籃或防守技巧更強（儘管這也是事實）。維克多成功躋身大學籃球頂尖球員的關鍵，和其在五人團隊中能發揮好自己的角色，密不可分。這就是NBA球探想要看到的。除非你是勒布朗・詹姆斯，否則成為團結隊伍中的一分子，將是你在NBA裡的唯一致勝之道。（事實上對詹姆斯而言，情況也不例外。）

我一直密切關注維克多的職業發展，並非常欣賞這樣一位被《Sporting News》評選為年度球員（Player of the Year）、大學時入選全明星隊伍、還在NBA選秀中第二順位被選走的球員，是如何樂於接受任何角色——無論是在德麥沙、還是印第安那大學，❶以及先後待過的奧蘭多魔術隊（Orlando Magic）、奧克拉荷馬市雷霆隊（Oklahoma City Thunder）和現在的印第安那溜馬隊（Indiana Pacers）。看著維克多在溜馬隊大展身手，是一件非常快樂的事。他不僅驚豔全聯盟，更成為NBA二〇一八年最佳進步球員（Most Improved Player），並讓這支被遺忘的隊伍搖身一變成為季後賽的強勁對手。這對他而言，也是一種認可。

在雷霆隊，歐拉迪波的角色被扼殺，而這在極大程度上，是因為他沒有施展的機會。擔任該年的MVP羅素．衛斯特布魯克副手的他，鋒芒被堪稱當代最具控球欲的後衛所掩蓋。在該如何和衛斯特布魯克一同防守上，歐拉迪波並沒有獲得明確的指示和定位，因而無法盡力施展自己的能力。他也因此陷入瓶頸，但他沒有發牢騷、抱怨或指責別人。那時的他，只是單純地無法在自己的位置上發光發熱。唯有正確的環境才能使維克多變強，也唯有明確的定位才能讓他大展身手。而在另一支隊伍發現了他的能耐後，他終於再次綻放光芒。無論是他的領導力或以團隊為重的打球風格，都成為矚目焦點。在加入印第安那溜馬隊後，維克多因為三項原因而大放異彩：

一、他努力不懈地提升自己。比方說，他待在健身房無數個小時，以提升體能、改善弱點。他甚至在休賽期間徹底改造自己的體態，強化自己的塊頭與肌肉。

二、他是徹頭徹尾的團隊型球員，為了贏球而樂於接受球隊分配給自己的職責。維克多從來不會因為自尊心或驕傲，而沒能達成教練或隊友交付的任務。他在德麥沙的時候學到使命必達，更一路將此態度帶到印第安那大學及ＮＢＡ。

三、他在當前的球隊中找到更合適的角色。儘管不一定是更強的隊，但必須是更**合適**的角色。而溜馬隊的需求和他的強項，完美契合。在魔術和雷霆時，他的才華無法施展。這些隊伍要求他扮演的角色，不符合他的強項。在溜馬隊裡，維克多擁有更多自由和機會，並逐漸成為自己應當成為的強者。

儘管某些人曾經唱衰歐拉迪波，但近期他的表現讓所有人眼睛為之一亮。他讓籃球界再次想起那屹立不搖的真理：**你必須讓球員站在能贏球的位置上**。也就是

❶ 他只花了三年就從印第安那大學畢業，最後一年的最後一學期共修了十九學分。

說，提供他一個符合其強項的位置，並給予他足夠的空間去成長。

各司其職的精準執行力

現在，麥可．喬丹的傳說無人不知、無人不曉，但他在芝加哥公牛隊的故事卻似乎黯淡許多，淹沒在麥可的神話及其出神入化的事蹟裡。人們遺忘或根本不知道，在他剛加入芝加哥公牛隊時，他們並沒有立刻奪冠，甚至好多年都是如此。公牛隊經常在底特律活塞的阻撓下，無緣晉級季後賽。事實上，一直到麥可加入NBA的第七年後，他才終於闖進NBA總決賽。是因為他在這些年裡變得更強嗎？當然，但在第三年的時候，他就近乎成為場上的主宰。不過，公牛並沒有因為喬丹的驚人飛躍就贏回一座冠軍，而這與他身邊的所有人息息相關。

當所有的角色球員位置被填滿，而喬丹也**接受**了所有人的角色後，公牛隊才終於輾壓活塞，闖進決賽（並在決賽裡同樣輾壓其他對手）。讓喬丹大放異彩的功臣，絕不僅僅是一流且堅實的防守後盾——史考提．皮朋。這更關乎於所有隊友知道自己在整個大目標之中的位置，包含：霍雷斯．格蘭特、約翰．帕克森（John Paxson）、比爾．卡特萊特（Bill Cartwright）、B．J．阿姆斯壯（B. J.

Armstrong），和其他所有人。教練菲爾・傑克森有義務要讓每位球員知道並接受自己的角色，然後引領他們**盡全力發揮**各自的功用。他們必須接受自己的定位，而喬丹必須帶領扮演好這些角色的隊友，贏得成功。

一個著名的故事，很好地闡述了此一運作模式。一九九一年，在決賽中的關鍵第五戰的暫停時間裡，傑克森對著喬丹大喊，「誰有空檔？麥可，誰有空檔！」「帕克森。」喬丹心不甘情不願地回答，說出外圍射手約翰・帕克森的名字。「把那該死的球傳給他！」[2]傑克森說。這一刻是公牛隊傳說中極為重要的一刻，而且理由使人信服。當帕克森證明自己可以完美地投射、喬丹證明了自己對隊友的信任後，成功便成為了他們的囊中之物。

史蒂芬・科爾在喬丹和傑克森教練爭取公牛隊二度三連霸的時候，和他們一起共事。他覺得傑克森「在確保每個人都能投入、知道自己所扮演的角色方面，有天縱之才」，[3]科爾在大衛・哈伯斯坦（David Halberstam）的《玩真的》（*Playing for Keeps*）中說道。喬丹的角色為給予者，但根據科爾的看法，「球員都知道倘若自己沒有盡本分、沒有隨時做好準備，勝利就永遠不可能降臨。」[4]

科爾最終能成為聯盟內數一數二的頂尖教練（想方設法讓勇士隊的老大們懂得團結合作），絕非偶然。他從禪師身上學到太多。如同他對採訪者所說的：

菲爾最讓我震驚的一點，在於他創造出的包容性。他讓每個人都能感受到自己是受到重視的，從名單上的第一人到第十五人，每個人都覺得自己擔負著一個角色。（傑克森）強調自己看待球隊的方式是……第十五個人，也很重要。無論是經營一間公司或帶領一個班級，這個建議在任何場景下都很受用。你可以讓那些看輕自身重要性的人……發覺自己是重要的。這是一股非常強大的力量。對我而言，這就是領導的意義，激勵、賦權、提升人們對自己以及對自身一舉一動重要性的認可。[5]

強大的團隊懂得反饋迴圈的運作：每個人都需要為自己的角色負責，而每個人也都需要為團隊的使命負責。**倘若你沒有善盡本分，我們就不可能贏；倘若我們沒有善盡本分，你也不可能贏**。

在傑克森曾經帶領過的傳奇球隊之中，最了不起的或許是創下當時聯盟內最高紀錄——單季七十二勝的芝加哥公牛隊（一九九五至九六年）。

「我之所以熱愛這支球隊的其中一個原因，」傑克森在自己的書裡寫道，「就是因為每個人都清楚自己的角色，並能優秀地各司其職。沒有人會抱怨自己上場的時間不夠、投籃的機會不夠，或關注不夠。」[6]在如何讓球員找到、理解自己的定位並因此發光發熱上，傑克森就像是有通靈能力般。

在場上，我們所能做出的最大貢獻，就是盡一切所能去了解、接受並達成自己的角色。這就是冠軍隊伍的由來。許多隊伍擁有對的人，卻處在錯的位置上，而這些是可以改變的。對任何一個團隊而言，評估當前是否妥善利用了每一位成員的強項，是非常重要的事。

此外，不要忘了，倘若你是替補人員（每個人都會有其不擅長而淪於他人之下的地方），你也有自己的角色須完成。在你「翹首盼著上場」的同時，應設法讓自己具備下述三項特質：

- **全心投入**：關心周圍發生的事情。
- **充滿熱情**：**展現**出你對周圍事物的關心，並試著將自己充滿感染力的正向精神，灌注到那些「正在場上」的人身上。
- **隨時做好準備**，迎接自己名字被喊到的那一刻，牢牢把握機會。

三巨頭的挑戰

當高位之中有太多有能力者，清晰的角色分工就更是關鍵。若只是聚集一大堆有能力者，不必然就會獲得成功，因為團體必須要能和諧地運作。當所有強勢者都極力爭取當發號施令的老大時，不明確的角色定位就會成為隱憂。

當勒布朗・詹姆斯和克里斯・波許於二〇一〇年，加入了由德韋恩・韋德所率領的熱火隊時，大家對該隊的未來充滿期待，聲勢更是被炒到最高點。在二〇一〇年，三巨頭同聚在一個隊伍內，是非常罕見的事。但許多人忘了，這「三巨頭」並不是打從一開始，就如同所有人預想地那樣一拍即合。而不合帶來的副作用，就是輸掉許多勢均力敵的比賽。

某些分析師發現癥結所在：韋德、勒布朗和波許都曾經在各自的隊伍中，擔任領導者。但當他們全都聚到一起時，他們無法確定彼此該擔任的角色。而這不僅關乎到自我或自我知覺，更影響到場上的表現。當比賽僅剩下幾秒鐘、當必須決定最後一次進攻的戰術時，不清楚誰該負責什麼的問題，就變得相當嚴重。

而這不僅僅是看上去如此，數據也點出問題的嚴重性。「在比賽尾聲，熱火隊的戰術執行與協調簡直是場災難。」亞當・賈林斯基和莫里斯・史威瑟在《朋友與敵人》中寫道。「他們拿下膠著戰勝利的紀錄，位居全聯盟倒數第二。」[7]在考量到此三人的實力，以及他們在該年度最終仍打進決賽的事實，這個數據凸顯出擁有清晰角色定位的重要性。「在某些情況下，增加團隊中頂尖人才的作法，反而會降低獲勝的機率。」作者如此作結。「這支隊伍擁有**太多**人才。」[8]

缺乏清晰的定位，就算人才濟濟也無濟於事，甚至還有可能拖垮團隊績效。此一原則同樣適用於各行各業。研究指出，當華爾街擠滿了過多的人才時，反而會導致問題發生。「頂尖人才對績效有所貢獻……」賈林斯基和史威瑟寫道，「但這也有臨界點：人才太多反而會引發負面效果，並損害績效。當許多才智出眾者聚在一起時，這些有才華者和位高權重者會開始內鬥，搶著當老大。」[9]一個團隊並不會因為平均成員智商達到一定門檻而開始團結。一個團隊之所以能團結，需要的是每一個環節都到位，以及每一位成員都接受與認同分內角色。

定位驅動力

熱火之所以能走出來，部分原因必須感謝總教練史波爾史特拉，而他也證明了自己確實是一位出色的領導者。就跟史波爾史特拉一樣，大學籃球隊教練也必須講究明確的角色定位。總教練必須想辦法讓那些過去總是球場上最閃亮那顆星的球員們，和平共處。當這些球員進入到杜克或維拉諾瓦等頂尖團隊時，他們必須比在高中時期花費更多心思，來學習適應。

當我詢問維拉諾瓦的教練傑．萊特，讓所有球員認同自身角色的關鍵要點為何時，他告訴我，「他們必須相信就長期來看，你所分配給他們的角色確實是為他們好。我認為他們大多數都願意為了球隊而做出短期的犧牲……只要最終能獲得回報。」

在三年內抱回兩座冠軍的萊特，顯然找到了能驅動所有人（從先發球員一路到陪練團）的方法。事實上，維拉諾瓦在二〇一八年冠軍賽中的最佳得分手，是該隊的第六人丹特．迪文森佐（Donte DiVincenzo）。身為**替補球員**的丹特拿下了三十一分，也創下了替補球員在冠軍賽中的得分紀錄。這為他贏得ＮＢＡ球探的目光，也以第十七順位被選中。因為他的事蹟證明了他良好適應了萊特的制度，而這對ＮＢＡ潛在球員來說是非常重要的。

看著這位年輕人在關鍵時刻所發揮的超優異表現，我不禁想著萊特對每一個角色的重視，確實給了丹特發光發熱的信心。萊特顯然創造了一個能讓每一位球員在整個賽季內，都能踏實接受自身定位的制度。在每一個球季裡，他總能獲得每一位球員的衷心支持。「我們的直覺會隨著經驗而增長，」在訪談中萊特對我說，「將兩者合而為一，就是你的智慧。」

維拉諾瓦的超級明星球員米凱爾·布里吉斯（Mikal Bridges），最初只是角色球員，然後成為第六人，再於加入球隊的第三年後，成為整隊的領導者。無論何種角色都能稱職勝任的他，顯然讓萊特留下深刻的印象。而他也跟這支冠軍隊伍中的另外兩名隊友一樣（奧馬瑞·史派爾曼〔Omari Spellman〕和杰倫·布朗森〔Jalen Brunson〕），以NBA為目標。對NBA這樣一個講求團隊合作的環境而言，這些球員能在萊特制度下成功發揮自己所扮演的角色，因此自然會吸引到職業球隊的目光。

在籃球場上，多數球員都想成為最重要的進攻角色。那才是最誘人且最容易得到掌聲的位置。在我們還年輕、幻想著自己身處在重大比賽的關鍵時刻時，沒有人會想像自己搶下關鍵籃板球或成功防守敵人。**我們總是想像自己投出了關鍵致勝球**。但隨著我們逐漸長大，我們開始明白贏球的重點並不是誰會被抬起來接受歡呼。這只會出現在電影裡。

成功並不是關於如何成為最耀眼的一顆星，而在於**讓你的角色發光發熱**。隨著時間過去，人們會注意到，而你的角色也會成長。倘若你此刻還不是球隊中的三分射手，請比照比賽時的速度及位置，額外再練習兩百到三百顆球。那麼在未來的關鍵時刻裡，你將贏得成為該隊三分射手的資格。領導者的首要任務就是找出每一位隊員的強項，並思考為了團隊的利益，該如何將這份長處的效用最大化。接著，他必須讓每一位成員了解、接受並讓其所扮演的角色發光發熱。

領導者必須清楚傳達團隊中每一個角色的定位，而且務求明確且一致。球員也必須虛心接受自己的角色。然而，教練也得確保自己有與每一個角色好好溝通，並妥善傳達出如此安排的原因。倘若你發現有一名員工總是不安於自己的角色且經常破壞團隊內的化學作用，不妨問問自己：他知道自己的角色嗎？你確定？然後找出答案。

三要點溝通定位，激發表現力

- 明確地規劃並傳達每一個人需扮演的角色。
- 讓對方支持並相信自己的角色。

- 無論角色為何，當對方做得稱職時請給予讚美。

在這之中，第三點尤其重要。領導者應該去宣揚每一位成員的價值。舉例來說，面對鮮少有機會上場的第十人，教練應該坐下來，對其說，「聽著，我知道你確實沒有太多上場表現的機會，但你在練習中敦促著先發控球後衛不斷成長，這項能力對我們而言是無比珍貴的。倘若沒有你每天這麼做，他就無法成為現在的他。而倘若他不是現在的他，我們就不可能如此成功。」

理想上，領導者應該在所有成員面前進行這件事，這樣角色球員就能感受到自己為整個團隊的貢獻獲得認可。倘若你的下屬對工作缺乏動力、認為自己沒有受到認同，或無法擔任更重要角色，不妨試試看在公開場合及私底下表揚他。我能向你保證，對方的態度及做事效率絕對會有所改變。

完美勝任力

偉大的ＮＢＡ和大學籃球球隊之所以成功，並不僅是因為先發球員。整個聯盟內有這麼多名先發，而在某種程度上，他們也在每一次的面對面較勁中，相互抵銷彼此的力量。季後賽中的每一支隊伍，都有一名萬眾矚目的明星。這就是聯盟運作的方式。隊伍A的明星努力得分，隊伍B的明星也努力得分，而真正讓比分不同的，是角色球員。

過去十幾年間的馬刺隊和近十年的勇士隊，都有明星球員，但光靠這些先發球員，無法讓隊伍得到冠軍。除了先發球員，其他擅長防守者、定點射手及更衣室內的鼓舞士氣者，全都必須發揮好自己的職責。為了讓團隊運作流暢，所有人都應該以自己能為團隊帶來的貢獻為榮。

倘若你觀看勇士隊的比賽，你會見到凱文．杜蘭特和史蒂芬．柯瑞那MVP水準般的表現，但你不會見到這些球員單槍匹馬獨自得分。你看到的是一個卯足馬力、不斷進攻的高水準隊伍。二〇一八年，馬刺隊在近乎整個賽季內，失去了唯一的明星科懷．雷納德（Kawhi Leonard），但他們的表現仍讓他們脫穎而出，進入季後賽。這並不意味科懷的存在不重要，而是其餘球員進入了新角色，並學會如何在沒有他的情況下正常運作。

同樣的情況也可以在大學籃球強隊杜克和肯塔基身上見到。薛塞斯基和卡利帕里教練會招募球員，並將其塑造成願意肩負單一職責者，而不是那些一個勁兒地只想著得分並成為精彩回顧主角的人。他們會說服每位球員，讓他們明白為了團隊的利益，發揮好自己的角色是非常重要的。而這樣的方法不僅讓隊伍拿下全國冠軍，更讓這些球員獲得出色的ＮＢＡ選秀名次。

ＮＢＡ大熱門林書豪就是靠著完美勝任自己的角色，一路走到今天的地位。在離開哈佛後，他並沒有被職業球隊選中，也被釋出了數次，並在數個球隊間徘徊。直到二〇一二年，他加入了紐約尼克隊，並以林來瘋（Linsanity）席捲ＮＢＡ。就當時而言，林書豪所帶來的力量及英勇事蹟，正是該球隊（及該城市）所需要的。

但他不能在每個地方都這麼做。倘若他這麼做，他在隔年就會被擠出聯盟。他知道該如何面對每一種情況並找出自己的角色定位。接著，他會不顧一切地去執行。

「當我在夏洛特黃蜂（Charlotte Hornets）時，」林書豪在一次採訪中對我說，「我填補的是該隊伍中的次要角色——替補。結果我們的表現超過了所有季前分析的預期，而這也是我打球以來最快樂的一季。」等等，**你說什麼？**再看一遍。林書豪，這樣一個曾經在紐約呼風喚雨長達數週的年輕球員，說他在夏洛特擔任一個小角色時所得到的樂趣，比他處在人生巔峰時刻還要多！這徹底定義了一個人樂於去執行自身職責的樣貌。而這才是貨真價實的團隊球員。二〇一八年，林書豪去了亞特蘭大老鷹隊，並再次擔任不一樣的角色，他的成功就是其心胸開闊且適應力強的最佳證明。

我一想到清晰的分工，就想到賽車比賽中忙著換輪胎的後勤維修團隊。他們彼此環環相扣，每個人都清楚自己的任務並以完美的準確度去執行，好讓賽車能在最短的時間內重返賽道。在我所親眼目睹的各司其職範例中，這或許是最完美的一個例子，每次看到總叫我讚嘆不已。

自我測試

請思考就你當前的角色而言，人們期待你實現的最重要職責為何？你能列出這些職責嗎？你可以如何提升這些職務的表現？

你是否曾和老闆當面討論，你可以如何更好地發揮自己的能力？你是否曾付出額外心力、進行研究，或找到其他有助於提升自己表現的方法？

為什麼不這樣做呢？

理解並相信自己所扮演的角色，需要一定程度的謙虛和自信。有了謙遜，我們才能明白自己是團隊中的一分子，亦即儘管我們有存在的必要，卻不是**無法取代**，所以不應該自己獨斷獨行。而自信能讓我們接受自己的角色、擁有亮眼的表現。倘若我們能將自己的角色發揮到極致，往往能因此拓寬自己的道路，或帶來嶄新、更重要的角色分工。然後，你就可以再次發揮。

關鍵點：團隊成員必須了解，所謂的團隊就像是一幅每片都必須契合的拼圖。對這幅拼圖而言，每一片拼圖的形狀及尺寸都獨一無二、有其必要，而且彌足珍貴。

請記得：

- 領導者應安排明確的角色分工，而成員則需接受並擁抱自己的角色。
- 請從充分發揮自己的角色做起。比方說，執行團隊期待你去做的事，而不是自己想做、偏愛或相較之下較方便的事。
- 倘若可以，請運用額外的時間來爭取角色被拓寬的機會或新定位。
- 領導者對角色球員（那些沒辦法獲得眾人掌聲或登上頭條的球員）的稱讚，是非常重要的。
- 不要認為只要獲得許多頂尖人才，成功就如你的囊中物。要想打造成功的團隊，講求的是每個人都能理解與認同其角色。

14 溝通

我父親告訴我，誰是買家、誰是賣家根本不重要。重要的是其中的人脈。

——矽谷知名創投家提姆．德雷珀（Tim Draper）

有效率的球員、教練或成員，會對人與人的交流抱持興趣。他會學著如何與人建立起關係，並持續磨練這些技巧，和上司、下屬及不同領域的人建立起連結。溝通意味著學會有技巧地打破人與人之間的牆，而不是將牆築得更高。這讓我想起了經常聽到且再正確不過的格言：不要指責他人的錯誤，而是**好好溝通**。成功的團隊會**彼此交流**，而不是**發號施令**。

對任何團隊而言，溝通都是重要的。而這並不只是為了讓資訊從一個人傳遞到另一個人身上。溝通的目標更大，它讓我們跳出自己的框架，將自身的需求與渴望放到一旁，從而審視整個大藍圖。我們的溝通技巧也展現了我們如何與世界互動。

這是讓他人認識我們、我們得以了解他人的方式。正因為溝通是如此基本，導致我們忘了：**只有當你告訴我，我才能知道你的感受；只有當我告訴你，你才能知道我的感受**。

文字具有不容小覷的力量，因此我們必須慎選用字。其中一個經常用來提升人與人關係的詞彙，就是「懂」（understand）。

我懂你的感受；我懂你經歷了些什麼；我懂你為什麼那樣做。

但我認為這個詞彙的效果恰好相反。無論我們的立意是多麼良善，告訴別人我們懂他的感受，反而像是帶著優越感的同情或顯露出施恩於他人的姿態。這會讓聆聽者豎起一道牆，加深我們企圖跨越的鴻溝。「我懂」是人們用來表達同理心的方法，卻可能造成反效果。因為這句話並不是真的。我們可以弄懂某些事實，卻無法真正弄懂別人的感受。即便你有與對方非常相似的經歷，但故事的背景與細節總是不一樣的。真正的尊重，是去承認對方的經驗與感受獨一無二。

因此，比起告訴對方你「懂」他們的感受，請告訴他們你可以「明白」他們的感受，或「尊重」他們所經歷的一切。他們會對你的坦白做出回應，並因為這份就他們角度而言才是真正具同理心的行為，而心生感激。

突圍共贏的關鍵特質

儘管我們很小就開始學會說話，但有效的溝通卻是一個需要經時間打磨的技巧。如同每一種技巧，這是一門可以透過適當練習與反覆執行來學習並精進的技藝。一旦你掌握了此門技藝，你就能開啟過去那些你以為不可能開啟的門扉。這個技巧適用於人際關係，也適用於工作職場。

為了這本書，我特別訪問了前NBA球員及現任ESPN大學籃球分析師傑伊．威廉斯。在我所認識的人及職業人士中，他給人的印象特別深刻。在成長過程中，傑伊學會了如何利用一顆漏氣的籃球運球。他無法向辛勤工作的母親提出自己想要一顆新籃球，因此他善用了手邊僅有的資源。而就結果來看，我們可以發現此點帶給他莫大的長遠好處。正因為長時間僅能用一顆癟了氣的籃球練習，讓他在運球方面的技巧簡直堪稱出神入化。[1]

這是一個關於適應的故事：在他的人生與職業生涯中，傑伊不僅學會了如何從逆境中站起來，更學會如何因此**變得更強**。他的一生中曾經兩度經歷重挫，但他重振旗鼓，再次站上自己領域內的巔峰。他是年度最佳大學球員及杜克風雲人物，在

ＮＢＡ選秀中以第二順位被選走，現在則是最出色的大學籃球分析師之一。

在傑伊加入ＮＢＡ一季以後，一場摩托車意外讓他差點丟了一條腿，也斷送了他的本業。威廉斯必須再次學會如何走路。在他的《生命不是一場意外》（*Life Is Not an Accident: A Memoir of Reinvention*）中，他坦言那些痛苦的手術與治療，讓他付出了極大的情緒代價。為了讓自己能再次提起腳，他動了九場手術。在經歷無數次的挫敗，連在泳池裡都會被老太太超越，傑伊打算放棄了。他掉入人生的谷底，淹沒在藥物成癮及自殺的衝動中。

花了整整三年的時間，他才在肉體、思維及心靈上，重新振作起來。儘管他確實進步到足以加入籃網隊，但他再也不是過去那個他。然而，與逆境纏鬥就像是威廉斯的天命。對我而言，看著他憑著實力跨越必須突破的逆境，隨後更在多個領域內都有相當出色的表現，給了我莫大的鼓舞。此刻的傑伊所綻放的智慧光芒，就像是碳在經過高壓打磨後蛻變成鑽石。

在接受我的採訪時，傑伊強調有一項關鍵特質幫助他走到今日。他承認在自己年輕的時候，總是苦於不知道該如何表達自己，並認為自己如今之所以能成功，全仰賴於他終於懂得跳脫自我框架，和其他人建立起關係。而那項特質就是：溝通。

傑伊向我坦承，在他年輕的時候，他是「非常糟糕的溝通者」，因此在他加入杜克時，「K教練強迫我要跳脫自我，而這是我一生中最美妙的學習體驗。他逼著我即便在情勢緊迫時，也要表達自己的想法。」K教練一直是誠實與持續溝通的頭號提倡者。在練習時，他總是要求球員必須在傳球時喊出隊友的名字，而這樣的規定也讓這個動作逐漸被灌輸到所有人的腦內以及比賽中。

在杜克，溝通不僅重要，更被K教練視為是態度議題。當一名球員在場上過於安靜或內向時，K教練會將其歸因於**自私**。試想：倘若你不和隊友溝通，是誰會被蒙在鼓裡？我們永遠都知道自己腦袋在想些什麼，因此這個問題不會困擾到我們。但對你周圍的人來說呢？這是有害的。

「倘若你不溝通，你會開始將所有東西內化。」威廉斯對我說。「你將所有內在注意力都放在自己或當下出錯的地方上，這是非常自私的心理狀態。」在杜克的時候，威廉斯學到自己有時候會因為一場精疲力竭的比賽而心裡過不去，迷失在種種思緒中，因而忽略當下最應該要做的事，其實是將注意力放在下一步上。他應該和隊友們溝通，並去了解**他們**想要達成的目標，而不是自己想要的。

傑伊非常感激K教練能拉著他坐下來，用影片告訴他這些事。當傑伊看著比賽中的自己時，他發現在每一次的失誤後，他的肢體動作就會顯露出他因過於專注自己，以致妨礙到球隊的下一波進攻。在球場上，這會製造出負面循環。觀看這些影片並理解自己會如何傷害到隊伍後，傑伊因此做出改變。

傑伊學會在場上的溝通技巧，而這個技巧同樣適用在公司及生活中。「工作的**本質**就是無論情況如何都能和別人溝通的能力……」傑伊對我說。「實際抽出時間和同事交流，了解對方的強項與弱項，再根據你對對方的理解，採取適合的溝通方式。」

而且，傑伊也用心經營每段關係。如同他對我解釋的，讓自己的關係（即便是職場上的）不只有「目的性」，是一件非常重要的事。「當你認識某人時，」他問道，「你會立刻想著『這個傢伙能為我做什麼，而我又可以為他做什麼』嗎？這麼做只會框限這份關係。又或者這是一段私人關係？那麼你是否曾花時間思考過對方經歷了些什麼？倘若你能即時給予對方回應……這些舉動往往能帶來深遠的效果，並幫助你達到目標。這就是職場的黃金守則。」傑伊再次加深了我堅信不疑的道理：企業——包含各種企業，其核心並不是服務或產品，而是人。

最後，溝通就像是必要且安全的洩壓閥。傑伊也對我說，無論是在一段關係裡，還是在職場或公眾情況下，缺乏溝通只會讓挫折不斷累積，並影響之後一次又一次的互動。溝通是了解周圍的方法，也是表達自我感受之道。這是確保其他人不會受到忽視或壓抑、防止情況繼續惡化的辦法。當我們在和整個團隊溝通時，我們必須開誠布公，去了解對方的想法，站在對方的立場，爭取對方的支持。我們的思維締造了我們眼中的現實，而我們必須牢記此種現實並不客觀。我們一生與自己的腦內小劇場相伴，導致我們忘了其他人根本不知道這裡面究竟發生了什麼事。

提升溝通效益的評分系統

好的隊伍成員會聊天，而優秀的隊伍成員會溝通。名人堂教練鮑伯・赫利（Bob Hurley）經常在練習進行到一半時，閉上雙眼，讓自己聽清楚情況。他希望聽到鞋子在地板上的摩擦聲以及球員的談話聲，這麼做能讓他察覺肉眼可能會忽略的事。關鍵就在於讓有效的溝通，成為一種習慣。以下是我為籃球球員開發了一套可用來評估並提升溝通效益的評分系統：

〇分──安靜（在任何情況下都是不允許的）。

一分──吵鬧（鼓掌的球員）。

二分──接觸（擊掌或擊拳的球員）。

三分──普通談話（大聲說出『做得好！』、『撿起來！』此類話語的球員）。

四分——特定談話（講出名字和具體事項的球員，如『漂亮的切入，詹姆士！』）。

五分——指揮（擔任『場上教練』的球員，也經常出現上述發言）。

教練除了應該替場上的五名球員評分（總分應至少超過二十分）外，也應致力於讓所有球員的分數達到四或五分。他們應該鼓勵球員在防守與進攻時說話，並獎勵那些在隊友表現出色時以言語鼓舞隊友，或在隊友失誤時能糾正對方的球員。事實上，使用具體的衡量標準來評估團隊溝通，是確保大家以卓有成效的頻率與強度來溝通的方法之一。否則，你只是憑空假想自己的團隊有良好的溝通，並忽視溝通經常會因為微小嫌隙就消失的現實。

溝通的原則

極度真實、極度透明

有效的溝通並不總是愉快的。為了相處融洽而刻意維持融洽，有時只會導致反效果。倘若總是不去觸碰引發問題的議題，團隊的力量就無法好好施展。那些潛伏在黑暗中的問題，只會逐漸累積和膨漲。

在優秀的團隊裡，成員不會對彼此有所保留，更不害怕公開醜事。想想看：還有哪些地方需要弄清楚？請讓他們能在不需要擔心報復的情況下，承認自己的錯誤、弱點和擔憂。「只有當團隊成員能真正自在地暴露在彼此面前時，他們才能在不需要擔心自保的情況下執行任務。」管理專家派屈克・蘭奇歐尼在《克服團隊領導的五大障礙》（*The Five Dysfunctions of a Team*）中寫道。

溝通並不只是為了獲得支持或展現親切。有時，這更攸關進步與生產力。一份針對各行各業管理高層所進行的研究發現，當受訪者被問到「是否曾經**沒有**說出工作上看到的問題時，有整整八五%的人認為自己在某種程度上，不能將自己的擔憂拿出來討論。」[2]十名員工中有將近九名不敢說出自己的疑慮？這個問題非常嚴重。

全球最大避險基金橋水（Bridgewater Associates）的管理人、也是全球百大富豪的瑞・達利歐（Ray Dalio），行事向來秉持著他所謂的「極度真實」與「極度透明」原則。[3]這就是全球極度成功企業背後的核心哲思。「所謂的極度真實，就是將所有東西攤在桌上，然後去解決。」他對採訪者這樣解釋。這是讓其他人知道誰成功、誰失敗以及為什麼的方法。此種策略能讓我們將精力保留給真正重要的事物，而不是創造出充滿猜忌、不安及混亂的工作氛圍。

試著想像一下你曾經（或仍舊）處在的職場：有多少時間和精力花在猜測老闆對你表現的評價、其他同事是否在你背後說你閒話等雜事上？想想看這些事情對士氣的傷害有多大。想像一下開誠布公與誠實的溝通，能讓你獲得多少平靜，同時還能為你節省多少時間和精力。

達利歐十分有遠見地決心粉碎隔閡，努力去建立並拓寬溝通管道。然而，每間公司也都應該致力於讓事件公開透明化，讓員工覺得自己是受公司倚重的活躍者，而不是一個被動的齒輪。請記得：人人都渴望被想要、被需要的感受。

虛心接受反饋

聽取別人對我們的想法，常常不是一件容易的事，但卻是為了我們自身及團隊成長所必須經歷的。近期，我在某個訓練營上體驗到此種感受。我參加了一個在科羅拉多州韋爾（Vail）所舉辦的ＣＥＯ智囊進修營（CEO Mastermind Retreat）。在其中一項進修活動中，每一位成員必須在一段時間內，坐在所謂的「困境椅」（The Hot Seat）上。此活動的目標是讓每一個人處在最公開且無法防備的情況下。坐在困境椅上的人，必須和眾人分享自己當前的困境，無論是私人或工作方面皆可。團體中其他成員的任務，是帶著同理心去聆聽，並給予最誠摯的回應，為坐在困境椅上的人創造出安心的氛圍。在當事人聽完回饋後，他只能針對別人的回應給予兩種回答：「謝謝你。」或「能請你再解釋得清楚些嗎？」除此之外，他不能給其他回答、辯護、解釋或掉頭離開。

在輪到我坐到椅子上時，我經歷了相當痛苦的一段時光。在面對傷害時，我們總會下意識地去閃躲、解釋或自我保護。這是本能。但當我無法這麼做時，我發現自己學到了更多。這就像將雙手綁在背後：與其說這是限制，不如說它其實給我更好的平衡。我遠比平時對話來得更坦承。這個活動非常有衝擊性，並給予我們突破自我的理想環境。

我們還學到了另一個可應用在職場上的有效團隊活動：團隊中的每一個人，都會拿到一份索引卡和一支筆。在卡片的正面，大家必須寫下具體的特質，包含正面特質：最勤勞的工作者、最有才華者、心靈最強大者、最虛心受教者，以及負面特質：最懶惰、最自私、最容易分心。接著，在每一張卡片的背面，大家必須寫下他們認為最符合此特質的成員。

同樣地，填寫卡片時必須保密且完全匿名。在此步驟結束後，會有人統一蒐集卡片、進行統計並公布結果。倘若十二名成員之中有九人認為你是自私的，該怎麼辦？倘若你最大的特長是懶惰和自私，那你的問題就大了；倘若團隊中最辛勤工作者，也是最有才華和最虛心受教者，那麼狀況看上去還不錯。此種類型的活動極具前瞻性。我們的行為之中，多數都是可以改變的，而我們常常只是需要被推一把或鼓勵。一個能讓我們了解其他共事者如何看待我們的活動，或許就是我們所需要的。

衝突不過就是正面迎擊事實。

——K教練

六步驟有效溝通

優秀的教練與領導者總能堅守立場，告訴成員他們**必須**聽到的事實，儘管這些事實不必然是成員**想要**聽到的。然而，信賴與誠實總是環環相扣、相輔相成。你必須透過說實話來贏得信賴，而你也必須要能信賴別人會告訴你真話。請記得：**時間**

不會讓難熬的對話變輕鬆。因此，我們應即時且直接面對問題。

第一步：營造令人安心的環境

這是一個持續的過程，倘若我們期望順利進行一段難熬的對話，並能帶來實質效果，那麼必要的信任就是不可或缺的。想想看一份花心力、利用烤箱慢慢烤成的食物，和一份放在微波爐裡加熱一分鐘的食物，兩者有何不同？真正的關係需要時間。

第二步：秉持專業精神

對話不能針對個人至關重要。請針對當前的問題和行為進行討論，而不是人。此外，請信任對方能處理好問題，不要自以為是地認為能猜中對方的反應。再者，不要在憤怒、挫折或失望等很有可能會讓你無法秉持專業的情緒下，開啟對話。

第三步：保持尊重

請記得，「當面」勝過「電話」勝過「e-mail」勝過「訊息」。

給予對方應得的尊重。請誠實且直接，但仍保持尊重和得體，並謹慎用字來減少既有的障礙和戒心。例如：我可以跟你交流一些想法嗎？因為我很關心你，所以我們必須討論一些很重要的事。這些反饋能給予你一些幫助。

第四步：注意自己的語言

感受永遠都可以被接受，但行為則否。就算某件事情是可以理解的，但並不意味著它就能被接受。請記得：永遠不要將責任推到其他人身上，請使用以「我」為開頭的句子（例如：「我覺得」勝過「你讓我覺得」）。

第五步：同理心與釐清

詢問對方的觀點並聆聽。不要打斷對方，讓對方有完整的時間能表達自己。倘若需要，可以請求對方再次解釋說過的內容，以釐清意思。在不抱持批判態度的情況下，去確認並認同對方的感受和想法。

第六步：強而有力的結論

感謝並稱讚對方，與你進行這場談話。別忘了讓自己有充分的時間來消化一切及穩定情緒。在經過一段充分的時間後，請正式地跟進並解決問題，然後向前看。

正向溝通練習

下面是另一個你可以運用在公司內的有意義活動。在一場會議結束後，讓所有人環繞在房間內，並明確表示出對某位同事的謝意。例如：「茱迪，妳今天是最具同理心的聆聽者，我真的很感激。」

接著，請所有人說出自己覺得做得不錯的事，像是：「我認為在切割團隊任務成可執行的小任務方面，我表現得還不錯。」

最後，請大家分享團隊達成的目標。但不要過於空泛，評論要具體。比方說：「我們團隊有效率地溝通了在達成此一目標上，所需要設立的標準。」

這個過程的關鍵要點，是確保溝通是真誠且具體的。領導此流程的人不能讓任何人說出「亞倫做得不錯」此類空泛的言論。請確保每個人都進行了深度的思考，並提出具體反饋。

這個活動之所以有效，原因如下：

一、當我們在其他同事面前具體地誇獎某一個人時，能創造出絕佳的**人際紐**

帶。

二、用一點點的謙遜，就能讓我們換得**自信**和**機會**，去肯定那些自己引以為傲的事蹟。然而，承認自己在某些方面的優秀表現，並不是自大或傲慢的行為。請為自己的成果驕傲。

三、此類行為能支持並壯大團隊。

溝通的三大關鍵成效

請隨時留心負面交流的影響。畢竟，負面互動所產生的影響，為正面互動的**五倍**。[4]此效應稱為「高特曼比率」（Gottman's Ratio，以創造此專有名詞的心理學家為名）。這是一個極為不平衡的比賽，因此絕對不要忘了負面溝通可能帶來的影響，以及它如何導致關係失衡。

我們不需要喜歡每一位與我們交談的對象，但你必須在乎他們。在乎，是一種出於個人意願的行為。你可以選擇對自己並不是特別喜歡的對象伸出援手、幫助他們或為其提供服務。而這也是組成菁英團隊的必要手段。

我們能對同事或隊友表達的最強大言語就是：

一、我支持你。
二、我相信你。
三、我在乎你。

成效一：有效形塑組織文化

溝通有助於建立並維護組織文化的調性。如同鼓舞人心的傳奇演說家萊斯・布朗（Les Brown）曾說過的，「溫度計與恆溫器是不同的。」恆溫器能設定溫度，而溫度計只能顯示溫度；恆溫器會**要求**環境溫度，溫度計卻只能**反應**環境溫度。

在剛入行的時候，ＮＢＡ名人堂成員史蒂夫・奈許就像是一個恆溫器。他的活力和熱情，就跟他那精湛過人的投籃及傳接技巧，同等可貴。二〇〇四年，也是奈許首度獲得ＭＶＰ球員的那年（隔年繼續蟬聯），他是聯盟內助攻和接觸（touches）等兩項數據的領銜者。是的，**接觸**。他在聯盟中的擊掌、擊拳和拍背次數領先眾人。你問我怎麼知道的？因為加州大學柏克萊分校的某些研究者留下了紀錄。[5]他們希望透過正式的研究，來確認熱情與贏球是否有明確的關聯。在某一場比賽中，太陽隊甚至找了一名實習生來計算奈許的肢體接觸次數。在一場四十八分鐘的比賽裡，奈許用肢體觸碰隊友、展現熱情的次數是多少呢？答案是，兩百三十九次。

奈許認為自己之所以能「以團隊為優先」，主要歸功於父親那「獨特的獎勵機制」。在奈許還小的時候，他的父親就灌輸他團隊合作的重要性、重視他的傳球技巧更勝於得分與否，有時甚至會因為他和兄弟能做到來回傳球，而故意讓他們得分（但如果奈許想要自己上籃，父親就不會那麼客氣了）。[6]

傑伊．比拉斯告訴我，最先想到「用手指著傳球者」（point to the passer）動作的，就是北卡羅來納大學的迪恩．史密斯教練。這是在投籃得分後，得分者向傳球者表達謝意的方式。現在，就如同擊掌或擊拳般，我們經常可以在籃球場上看到這個動作。而這甚至導致北卡羅來納大學「博比．瓊斯規則」（Bobby Jones Rule）的誕生：儘管沒有投籃得分，但只要隊友傳了一記好球，就要感謝對方。

而受「用手指著傳球者」此一方法啟發的企業，也獲得了顯著的成效。舉例來說，**Zappos** 辦公室內的人際溝通頻率非常高。而這不僅是公司的核心價值之一，更反映在員工的行為及獎勵機制上。每個月，公司會鼓勵員工挑出一名同事，接受價值五十美元的「同事獎」。[7]除此之外，該公司總部的室內規劃，也是為了鼓勵員工交流而設計的。執行長謝家華會在上班時間關閉總部的側門，以製造出他認為有助於建立緊密團隊的員工「碰撞」或偶遇。[8]請記得，「community」（社群）

和「communication」（溝通）都是從同一個字根而來，兩者相輔相成。

成效二：激發正向的集體動力

溝通的另一項好處，就是能創造集體動力。倘若你想要控制飲食或戒菸，科學家會建議你將這件事和其他人分享。將事情攤在陽光下，能製造出激勵氛圍，促使自己為成功做好準備。餐飲品牌國際（Restaurant Brands International，旗下擁有漢堡王、大力水手炸雞〔Popeye's〕等子企業）的執行長丹尼爾・S・史沃茲（Daniel S. Schwartz），會在辦公室的牆壁上張貼自己的目標以及當前的進度，好讓所有的員工都能看到。而他也要求員工這麼做。[9] 光是陳述你（個人或團隊）想要達成的目標，就能發揮一定的力量。此動作能化無形為有形，讓目標有名也有實，並令它感覺上更可行、更真實。這就像是另一種湯姆・伊佐練習剪下籃網的儀式。

成效三：打造高效團隊

出版過團隊文化主題暢銷書的作家丹尼爾・科伊爾，現在是克里夫蘭印第安人隊（Cleveland Indians）的顧問。在《高效團隊默默在做的三件事》中，科伊爾運用了橫跨企業界、運動界和軍隊的例子，來凸顯三種讓團隊和諧一致的特質。他指出此三者為：安全感、共享弱點和對大目標的清楚認識。[10] 毫無意外地，這三種特質也都源自於一個起點：溝通。

倘若公司無法刻意維持溝通管道的暢通，其勢必會走入封閉。多數員工的預設立場就是避免和上司談話（原因再明白不過）。因此，倘若主管沒有刻意鼓勵大家交流、溝通，這些行為就會被壓制。如果你今天是負責人，你或許會認為：但我的員工都知道我隨時歡迎他們暢所欲言！我不需要再跟他們強調此點。

你猜怎麼著？你錯了。你要讓他們知道。

幾年前，皮克斯總裁艾德・卡特姆（Ed Catmull）開始注意到員工在老闆面前「似乎愈來愈謹言慎行」，而他認為這是一個極大的問題，會妨礙公司達成使命。創造力向來是皮克斯的命脈，但具創造力的環境無法在缺乏自由溝通的情況下成立。因此，卡特姆試著改變。他讓全公司參加了他設立的「便條日」（Notes Day）活動，一個讓所有人能針對**任何事**暢所欲言的活動。[11] 這個讓員工說出心中不敢表達的意見及感受的活動，帶來了極大的成效，也迅速成為定期活動。[12]

不要誤以為溝通就是持續地意見一致。事實上，倘若團隊不曾出現溝通衝突，只意味著大家或許都把事情藏在心裡、不夠真誠或方法不對。企業家兼作家瑪格麗特・海弗南（Margaret Heffernan）認為，我們應該視衝突為一種思考方式。[13]優秀的團隊習慣衝突的發生，只要這些衝突是有效益、不是針對個人，且能在尊重彼此的前提下產生。

衝突並不總是負面的，需視衝突的性質及如何處置而定。專門研究公司成敗關鍵的蘭奇歐尼，也贊同此看法：「所有良性、也就是能長長久久的關係，需透過具建設性的衝突來成長。」[14]關鍵不在衝突本身，而在於衝突如何被解決，以及經過溝通協商後，是否能解決問題的癥結點。

兩個披薩原則

無論你多麼努力地維持，團隊的規模總會發展到一個難以交流或溝通的程度。你能做的，是確保團隊和會議維持在小規模。在亞馬遜，人人都知道貝佐斯秉持著「兩個披薩原則」：兩個披薩能餵飽的人數，就是一個團隊規模的上限。主要原因為何呢？因為小規模才能有良好的溝通。[15]不妨想想大型會議是如何、又為什麼扼殺了開放性溝通。有多少時間花在題外話上？會出現多少難以避免的閒聊時光？一個如此龐大的團體能有多高的效率？有因此決定出任何事情嗎？

在賈伯斯任內，蘋果對於會議也有類似的舉措——會議上只出現必要人士，而他們稱此為「小團體原則」。在執行此一原則上，賈伯斯一點都不留情面，他經常因為覺得某些人不需要在場，就直接將對方攆出去。儘管手段有些粗暴，我對賈伯斯的作法也不太贊同，但他出發點是正確的：讓這些人繼續待在會議中沒有好處。他們明明還有其他事要做，而且待在會議室裡並不會讓他們覺得自己更受重視。[16]這也是為什麼賈伯斯總說蘋果是「全球最大的新創企業」。即便在蘋果成為全世界最具影響力的企業後，小團體原則仍被保留下來。

> 為了學習而聆聽，不要為了回答而聆聽。
>
> ——約翰．麥斯威爾

積極聆聽與 ELO 溝通技巧

如我所說的，溝通的重點並不只是關於講話。事實上，我認為溝通更重要的元素，應該是聆聽。但不要只是聽，而是要**積極**且**投入**地聽。許多人都是一邊裝作在聽，一邊思索著自己該如何回答。你必須抱持同理心積極地聽，明確地理解對方的立場和想法。這是你現在使用的聆聽方式嗎？有多少時候，你只是邊聽邊等著發言？

世界一流的領導者和最出色的專業銷售員，精通積極聆聽的藝術。他們知道「告知不等於說服」（telling is not selling），而在十次之中有九次，最好的回答就是提出另一個問題，一個有助於更深入探討及進一步釐清的問題。

溝通遠不僅只於文字。在對話時，我們經常會無意識地利用語氣、眼神接觸、肢體語言等各式各樣的非語言暗示。但這並不意味著因為這些動作是無意識的，所以我們就不能善加利用。請記得，用眼睛去聆聽，同時注意自己的腳、臀部、肩膀和頭等肢體動作。藉由給予對方時間及注意力，來表達你對其想法和感受的重視。

聽，是一種非志願行為。如果有人拍手或吹口哨，你會聽到。你別無選擇。但聆聽是一種志願行為。你可以選擇是否要投入，並積極聆聽對方想要傳遞的訊息。除了仔細聆聽對方的話語，更要留意他們的非語言暗示。

聆聽是一種技巧。而你該如何精進一門技巧？答案是，有目的且持續地練習、有規律地反覆練習。幸運的是，這個世界最不缺的就是練習聆聽的機會：你的孩子喜歡說話；你的伴侶喜歡說話；你的朋友喜歡說話；你的同事喜歡說話。不妨好好利用每一次機會，練習積極聆聽的技巧。

無論我們是誰，我們都希望別人能誠摯地聆聽自己說話。但在近幾年，此一與生俱來的渴望卻愈來愈難被滿足。在行動裝置和社群媒體革命尚未席捲整個世界的二〇〇二年，人們的注意廣度（attention span）為十二秒。到了二〇一八年，此數字在八秒左右徘徊。[17]而這個秒數只會愈來愈短。團隊合作的一大關鍵，就在於將自己的想法、點子或情緒流暢地傳遞給他人，讓對方清楚理解你當下的感受與想法。儘管這件事變得不再如過去那樣簡單，卻依舊不可或缺。

前NBA教練及現任電視節目分析師傑夫．范甘迪曾說過，好的團隊擁有ELO溝通：即早（early）、大聲（loud）和經常（often）。由於我們的想法和感受很短暫，更會不斷改變，因此保有持續且一致的溝通模式至關重要。溝通的頻率愈高，就愈能確保每個人都處在同樣的思維下。而溝通的內容愈開放，你就愈有機會能察覺到團體內的異議、角色衝突或不和諧。這就是我們找出思維有害的員工，並將其影響力扼殺於初始階段的方法。

溝通能將議題帶到檯面上，儘管有時是刻意，有時是無意，但兩者都很有意義。對組織而言，混亂的訊息是非常危險的情況。不妨回想一下我們小時候玩的傳話遊戲。倘若我告訴你一件事，但你聽錯了，並帶著這個訊息離開，那麼問題就會有如滾雪球般擴大，因為有愈來愈多人搞不清楚我到底說了些什麼。這種事經常發生，也展現了一個單純的溝通失誤能誘發什麼樣的大災難。

大學教練經常跟我說，大學球員和高中球員的最大差別，不在於技術或體能狀態，而是溝通的能力。多數高中球員的溝通能力，遠低於獲得成功大學籃球生涯所需的門檻。他們必須學會更頻繁且帶著目的地表達自己的意見，但這需要練習。觀看任何一場勒布朗．詹姆斯帶著麥克風進行的比賽片段，你將會聽到他持續不斷給出即時反饋，而這也會讓你了解到，他是一位多麼優秀的領導者。（光是觀看就讓人覺得很困難。）

菲爾．傑克森在湖人隊的時候，曾經舉辦一場練習賽，而在進行中，所有球員都被**禁止**發言。由於湖人當時出現了溝通問題，因此他設定了不准說話的規矩，並嚴格執行，只要有人開口，就必須離場或進行短距離衝刺訓練。他希望讓所有人感受到，當你不說話時，籃球會有多難打。在隊員無法彼此交談的時候，有成千上萬件小事情可能出錯。當你無法預告隊友「掩護來了！」或「換防！」或大喊出自己防守的人時，就像是將一隻手綁在背後打球般。很快地，大家都明白傑克森想要表達的訊息。

傳奇教練的溝通心法

在Nike冠軍籃球診療室（Nike Championship Basketball Clinic）結束後，和傳奇教練鮑伯．奈特（Bobby Knight）共進晚餐，絕對堪稱是我職業生涯中的一大巔峰。我們兩個都是該活動的演講者。我一直是奈特的頭號粉絲，更看過他出版的所有書籍，因此能和他共進晚餐簡直美好到不像是現實。他有著驚人的記憶力，總是將故事說得精彩萬分。他能記住所有繁瑣的細節，像是四十年前一場比賽中，吹出關鍵一哨的裁判名字！而奈特也持續宣揚聆聽和溝通的重要性。

奈特建議在練習的任何時候，不妨叫個暫停，讓所有球員聚在一起，並給大家四或五個具體指示。接著，再讓他們回到場上。等十五秒鐘後，再把所有人召回，讓他們寫下你剛剛要求他們做的事。他們能回想起的內容，絕對會少到讓你崩潰。球員必須具備將場邊指示帶上球場的能力。倘若他們做不到，那麼他們就不能為奈特打球。

鮑伯．奈特在NCAA男子籃球所創下的贏球紀錄，一直保持到二〇〇八年。

那一年，他被教練唐．麥耶爾超過。❶麥耶爾絕對是歷史上最出色的教練之一，但許多球迷卻連聽都沒聽過他，因為他選擇不在一級男子籃球隊任教。

在教練唐．麥耶爾於二〇一四年逝世前，我曾經在兩個場合上和他近距離談話。我很幸運能欣賞他的演說，並和他私下談話（這真的是至高無上的光榮）。儘管在生命的晚年裡，他的說話速度因為癌症慢了許多，你還是可以感受到他就是最典型的僕人式領袖，散發著無與倫比的謙遜、真摯與可靠。而他在演說中所宣揚的事物，許多都可以追本溯源到溝通。「被嚇壞的隊伍是安靜的，」他說。「強大的隊伍總是暢所欲言且懂得溝通。」那他給年輕教練的建議是什麼呢？答案是，「每一天都要讓你的球員知道兩件事：一件是他做得很好的事（還有原因），一件是他可以做得更好的事（還有如何）。」

麥耶爾教練是教練的教練。他不僅熱愛著自己的球員，更是其他教練（無論他們程度高低或處於何種處境）的巨大智慧寶庫。他是最厲害的演說者，並將風趣、智慧和具體的攻防策略交融在一起。當我邊聽他的演說邊做筆記時，手差點就要廢了。

❶ 麥克．薛塞斯基於二〇一二年成為贏球紀錄保持者。

但真正讓我詫異的地方，莫過於當我在同一天的稍晚時刻上台演講時，他居然就坐在第一排，還不斷寫筆記。就當時而言，他當教練的時間比我呼吸的時間還要久，但他仍舊用自己期望別人能做到的專心與尊重，來對待我。像他這般成功的人，仍舊認為自己還有許多需要學的事，而他也樂此不疲。他的舉動向我傳遞出，我是值得他付出時間與尊重的對象。倘若如他這樣的人都能做到此，我們所有人也都該如此。

> 說服的最好方法就是聆聽。
>
> ——前美國國務卿迪安・魯斯克（Dean Rusk）

因人制宜的高效溝通學

我們無法明白自己到底說了些什麼，直到我們得知別人如何接收此訊息。事實上，溝通也同樣講究反饋，因此請確保想法、觀點及感受能雙向地流通。否則，這就像是對著一口井大喊。前高盛主管及領導發展研究者史蒂夫・卡爾（Steve

Kerr），❷曾經提出了一個絕妙的比喻。他對作者傑夫．柯文說道：「練習但不講求反饋，就像是對著一個懸掛至膝蓋高度的窗簾丟保齡球般。你可以隨心所欲地練習丟出球的技巧，但倘若你看不到結果，只有兩件事會發生：你根本沒有進步，然後你漸漸不再關心結果。」[18]

請根據對象來改變自己的談話方式。了解哪種溝通方式最適合當前的情況與交談對象。哪些時候私底下溝通是比較好的？哪些時候將團隊視為單一個體會更有效？什麼時候適合發集體訊息？什麼時候更適合一對一交談？

如今的科技讓我們能隨心所欲地選擇交流方式，因此對所有人，尤其是年輕的孩子而言，發展人際相處技巧至關重要。重點在於，看著對方的眼睛，面對面交談，不要躲在手機訊息背後。人們總傾向於選擇最輕鬆而不是最適當的溝通方式。舉例來說，傳訊息給教練，說你今天無法去練習當然很簡單，因為這是單向的。你不需要面對訊息接收者的反應。我認為，這種方式根本稱不上溝通。

曾經有人對我說，倘若你發現自己說出「我已經告訴過你不下一百次」，而對方仍舊製造同樣的問題時，請想想或許你才是問題的所在。因此，請自行負起問題

❷ 這裡提到的不是金州勇士的教練史蒂芬．科爾。

的責任。或許問題就出在你身上，要不然你怎麼會需要重複一件事情一百遍？事實勝於雄辯：因為你的訊息根本沒有傳達出去，溝通問題出在你身上。請確實調整自己的溝通方式，好讓你的下一次、也就是第一百零一次，成為最後一次。

關鍵點：團隊無法得知隊員沒有和其他人分享的事情。無論是正向獎勵、有建設性的批判，還是語調及肢體動作，強大的隊伍理解溝通的重要性。

請記得：

- 溝通能確保團隊在事情惡化到無法掌控之前，就發現內部的異議、角色衝突或不和諧。
- 我們的想法及情緒總是不斷改變。而最好的溝通應該是公開、誠摯且持續的。
- 不要忘了，溝通關涉的是信任。
- 最重要但也最常被忽視的溝通方式，就是聆聽。請帶著同理心，有目的地去聆聽。
- 針對特定的人和情況，找出最適當（而不是最輕鬆）的溝通方式。然後，調整並客製化自己的發言內容及交談方式。

15 向心力

一間公司最終將變得如其員工的人品般。

——菲爾・奈特

向心力之所以為第三部分的最後一章，是因為其融合了前述四種特質：信念、無私、明確的定位和溝通，就像所有拼圖被拼好般。倘若一個組織的成員能秉持**信念**、願意**無私地**共享所有成果並承擔責罵、**各司其職**，還能做到有效的**溝通**，這個組織就能團結一心地運作。團結就像是機器零件都歸位並和諧運作時，所發出的聲音。

團隊運動之所以為向心力的最佳典範，是因為其總是發生在眾人的目光之下。職業運動隊伍的工作場合是公開的（每晚都會經由電視轉播並被收看）、每個人的角色都很明確、所有人的得分會被清楚紀錄下來（多數時候），而成員的鬥志與互動方式更是一清二楚地被攤在觀眾眼前。

冠軍教練菲爾・傑克森描述在球場上，一支隊伍必須要如「手上的五根手指頭」那樣和諧。[1]多麼貼切的譬喻。每一隻指頭都有其特色和功能，但我們需要整隻手才能將事情做好，而且這五根指頭總是下意識地以一個單位來運作。我們不會覺得打字、握住或抓住一隻叉子，是五隻指頭或十個獨立部位共同運作的成果。但實際上就是如此。

英雄的背後

理解並非所有團隊看上去都像是一個團隊，是非常重要的。某些時候，會有一個位在頂層的人跳出來代表整個組織，但在此背後是所有人的共同合作。比方說，科林・奧布雷迪（Colin O'Brady）就是最好的例子。

在我第一次見到科林時，我非常驚訝他看上去就跟普通人沒兩樣，但我沒有被表象欺騙：他是三項全能運動家、耐力運動員，也是全世界最偉大的登山者之一。我覺得他就像是超人，但這麼稱呼他會讓人以為他天生就帶有神力。當然，事情絕非如此。他用著無與倫比的投入、專注和毅力，才走到今天這一步。

科林曾創下兩項世界紀錄，包含：他花一百三十一天成功攀登七大洲的最高峰，打破當時的世界紀錄，並以最短時間完成探險家大滿貫（Explorers Grand Slam），亦即在攀登七大峰之外，還要同時到達北極點與南極點。❶儘管如此，科林的成就都是他自己努力換得的。

科林的故事非常激勵人心。在經歷一場下肢嚴重燒傷的意外後，醫生告訴他，未來他或許將無法行走。但在數年的煎熬及努力下（外加八場手術），科林開始參加鐵人三項（和贏得比賽）。接著，他甚至開始從事登山這個終極的體能耐力考驗。

科林將自己的冒險活動與慈善機構（Beyond 7/2）連結在一起、同時擔任激勵型演說者的舉動，也證明了他的慷慨。儘管科林總是逼自己去克服無人能及的極端處境，但當我見到他時，他卻讓我留下迷人且悠閒的印象。他更是一位非常謙虛的人，拒絕談論自己所創下的驚人紀錄。在訪談中，科林向我強調或許他的名字會留在世界紀錄的名單上，但這些成就都不是靠他一個人所完成。他完全不可能憑一己之力，就完成這些驚人的挑戰。「在成功背後，是一個擁有超高效率、能支持我完成大膽夢想的團隊。」他這樣對我說。「倘若沒有一個極具向心力的團隊，當處境開始變得艱難時，進展就會停滯。」

當我詢問他維持向心力的關鍵時，他點出溝通的重要性。「最棒的團隊會讓每個人都能暢所欲言，而且大家的聲音都能確實地被聽見。」他向我解釋。「穩健、流暢且誠實的溝通，能確保團隊的向心力，並釋放團隊的成長潛能。」對科林與其團隊而言，在面對嚴酷及危險的處境時，溝通是團隊運作最不可或缺的一點。在山頂上，他面對的是攸關生死的問題，一點誤會就有可能送命。

而攀登七大峰的最高峰聖母峰，「需要非常強的團隊。」科林謙虛地向我說道。「儘管實際上，我是和我的夥伴夏巴・帕桑・布特（Sherpa Pasang Bhote）一起登頂，但我們還需要依賴很多人，才能登上世界最高峰。從基地營的支援，到物資的跨國運送、挑伕和其他共同合作以修復登山繩的團隊等，這是一項非常龐大的團隊合作。一旦缺乏向心力，勢必會失敗。」我們很少會想到成功者背後的其他人，但倘若沒有這些人的團結，「英雄」就不可能是英雄。在如今你很有可能是非傳統企業雇員，或獨立工作者的經濟局勢下，科林的例子尤其重要。你仍然是某個

❶ 令人驚訝的是，科林只額外花了八天就達成此一紀錄。在我寫作的此刻，我發現他又在近期創下第三項世界紀錄。他在二十一天內（！）分別登上美國五十州內的最高峰。（比之前的紀錄還快二十天。）

團隊的一分子。倘若你不這麼認為，請想想自己是如何有效率地達成任何目標。問問自己：這牽涉到誰？這個人就是你的隊友。

在採訪中，科林表示他對向心力的定義就是，「當所有人對一起達成目標，抱持著同樣急迫與渴望的感受。」他在此處所使用的文字非常重要（尤其對他的工作性質而言），因為重點不在於團隊中的其他人怎麼想，而是他們怎麼**感受**。倘若他的團隊無法感受到興奮或危險，就意味著他們並沒有和他一樣投入。而這會導致很大的問題。

倘若所有人的貢獻都能受到一視同仁地重視，整個團隊就能釋放出一股驕傲與使命感。「我常常想到我們生活在一個由上而下的社會中、一個讓所有人覺得自己在集體設定中被邊緣化的社會。」他表示道。「階級結構並不總是能幫助我們得到最棒的集體成果。我們應該更常強調向心力。」

這句話出自曾經爬上世界最高峰者的口中，更能凸顯出其想法的正確性。工作場合、團隊或組織的「扁平化」，能讓其成員感受到自己在團隊中的不可或缺性。無論是從個人的角度或作為團隊使命的貢獻者，或如攀上聖母峰、在籃球場上執行戰術、拿下新客戶等，只有當所有人都覺得自己是重要的，一個團隊才能凝聚在一起。

當你將所有人聚在一起後，他們不會立刻成為一支隊伍，只會成為一群人。
——麥克・薛塞斯基

教父級教練的凝聚心法

在目睹一個具向心力的組織運作時，往往會叫我們心生羨慕（即便情況或許不一定符合他們的期待）。我情願身處在一個輸了，但所有人都能齊心協力且關心彼此的團隊中，也不想待在一個儘管贏了，但大家都只顧自己的團隊中。而我肯定還有其他人也是這樣想的。

在職業運動界裡，鮮少有人能像聖安東尼奧馬刺隊的總教練波波維奇那樣，享有如此長久且璀璨的職業生涯。根據彭博社（Bloomberg）報導中所提到的令人難以置信數字：「在格雷格・波波維奇於二十一年前開始擔任NBA聖安東尼奧馬刺隊的總教練以來，該聯盟中其餘球隊更換總教練的次數總計為二百二十八次。沒有任何一位教練能保有同一份工作超過十年。」[2]即便有些球員如提姆・鄧肯和馬紐・吉諾比利確實待得非常久，但波波維奇仍需要在接連不斷的退休、交易、受傷、簽自由球員和許多ＮＢＡ經常發生的尋常流動中，維持球隊的團結。如同聯盟裡的其他成員或廣大球迷所知道的，當一名ＮＢＡ球員成為馬刺隊的人後，他（或她❷）就成為波波維奇團結隊伍中的一分子。

極具說服力的故事：二〇一三年，馬刺隊在ＮＢＡ總決賽中以三比二聽牌，在客場對戰邁阿密熱火隊。馬刺離冠軍寶座僅有一勝之遙，而今晚很有可能就是那個晚上。因此，波波維奇事先向邁阿密他最喜歡的一間義大利餐廳訂位。儘管那天晚上，馬刺隊近乎就要收下這場勝利，但雷・艾倫（Ray Allen）在底線投出的那記三分彈，讓聖安東尼奧最終吞下敗仗。當然，所有人都認為預約勢必會被取消，畢竟馬刺隊需要重振旗鼓，準備第七戰。但波波維奇堅持保留預定。事實上，正是因為輸球，所以才不能取消。

「他們坐下來一起用餐，」丹尼爾・科伊爾在《高效團隊默默在做的三件事》中寫道。「波波維奇在房間裡四處走動，輪流和每一位球員交談……在一個本該充滿了挫折、指責和憤怒的時刻裡，他選擇斟滿他們的酒杯。」[3]波波維奇明白，和贏球時相比，今晚的他們更需要感受到自己是團隊的一分子。這一群人需要被團結起來。波波維奇在乎每一位球員，無論是他們的恐懼、情緒或被接納的需求。如同前馬刺球員威爾．普渡（Will Perdue）曾如此描述波波維奇：「他對待你的方式，是先視你為一個人，然後才是籃球球員。」[4]

我周圍的成功人士，都擁有一個極具向心力的親密團體。親密團體的成員，對我們的表現和發展有著極大的影響。這正是所謂的「物以類聚」。（如同我總愛說的，你不可能老是和驢子混在一起，然後幻想自己會成為賽馬。）我認為，親密團體的成員，應該是你信任且尊敬的人，並有著不同年紀、出身和人生歷練。親密團體的成員必須：

一、告訴你真話。
二、讓你負起責任。
三、支持你。
四、挑戰你。

❷二〇一四年，貝姬．哈蒙（Becky Hammon）成為馬刺隊的助理教練，更是四大團隊運動中，首度獲得正職的女性教練。二〇一八年夏天，有報導指出密爾瓦基公鹿隊（Milwaukee Bucks）有意聘用她擔任總教練一職。

五、希望你快樂。

自我測試

自我考核：

- 最能給予你正面影響的五個人是誰？
- 你花最多時間相處的五個人是誰？
- 比較這兩份名單。

請記得：物以類聚。留心自己花時間相處的對象。

我們最寶貴的資本，就是注意力。無論我們說過什麼，或做出哪些承諾，正因我們的注意力有限，反而能揭露出我們最重視的人和事。我的好友及心靈導師里奇・修布魯克斯（Rich Sheubrooks），教我一項提升團隊向心力的活動，叫做「十助攻」。每天早上，先在自己的左邊口袋放入十美分。接著，每當你為隊友做出一次「助攻」，你就可以將一美分從左邊口袋移到右邊口袋。所謂的助攻，可以是你為隊友做的任何事，像是幫忙倒咖啡、重新安排電話會議、協助對方準時把工作交出去等。而困難之處在於：直到你完成十次助攻後，你才可以下班。

最能體現向心力的偉大比賽

在我所參與和親眼目睹的比賽之中，最能體現向心力的偉大比賽，莫過於二〇〇六年三月那場經典的高中籃球戰。我已經在最頂尖的籃球界打滾了將近二十年，但那場比賽毫無疑問地，是我所參與過最激勵人心的一場。每當我回想起那天，還會渾身起雞皮疙瘩。（並不是只有我會這樣：十年後，當《華盛頓郵報》重溫那場賽事時，稱其為『華盛頓特區史上最了不起的一場高中籃球賽。』）[5]

當時，橡樹山高中（Oak Hill）正處於該季四十勝零敗、總計五十六場連勝的大好聲勢之中，更是各大排名的全國第一。然而，在爆滿的四千名觀眾面前，我們的隊伍——在第四節中被足足領先十六分的蒙特羅斯，硬生生推遲了對手贏球的時機，最終甚至以七十四比七十二分，拿下比賽。除了那顆終場結束前的壓哨球，這場比賽之所以被譽為史上最令人印象深刻的偉大比賽，另一個相當重要的原因也在於出賽球員的高素質。橡樹山高中的先發陣容有現任職籃球員泰・勞森（Tywon Lawson，福建鱘潯興）和麥克・畢斯利（Michael Beasley，布魯克林籃網），而蒙特羅斯隊則是由後來的ＮＢＡ冠軍及ＭＶＰ——凱文・杜蘭特所率領。

蒙特羅斯之所以能化不可能為可能，從看似無力回天的落後局勢中大逆轉，擊敗全國第一，主要原因就在於團隊的向心力，亦即本書最後一部分所提到的四種特質的融合。

溝通：在難以溝通的環境下，溝通**更顯**重要。當時球場內已經站滿了人，在遇死球停錶（dead ball）時還有ＤＪ在現場播放音樂。場內的聲音震耳欲聾，我們隊的球員根本聽不到瓦特教練在場邊的聲音，但他們還是設法找到有效的溝通方法。無論是手勢、眼神和每一次罰球前緊緊圍成一圈等，這些方法讓所有人時時刻刻都保有共識。

信念：溝通幫助我們強化了個人信念，並相信自己有能力達成別人眼中不可能任務。但我必須強調一點，此種信念老早就在我們心底萌芽。早在上個賽季之後就已經埋下，並隨著每一天被強化。唯有實際行動，能幫助我們獲得穩固的信念。早在這場比賽來臨的數個月之前，我們的人就努力培養自己的信念。**相信或離開**。

無私：當你看著你的隊友，**感覺**到他們就跟你一樣有著最迫切的渴望，是非常重要的一件事。這場比賽的最大轉折點出現在第四節——當一百七十五公分、七十公斤的控球後衛伊藤大司（Taishi Ito）上場，並製造出麥克・畢斯利（兩百零一公分，一百零四公斤）的進攻犯規時。畢斯利當時拼盡全力打算展開快攻，而他的速度快到就像是一輛失控的載貨火車。大司站到對手的路徑之上，用肉身的犧牲換得對手的進攻犯規，並徹底扭轉局勢，讓蒙特羅斯開始占上風。這個戰術不僅為蒙特羅斯換來一次控球權，更徹底點燃了全員的鬥志。製造進攻犯規是一個球員所能做出來的最無私行為，因為他們必須用肉體上的痛楚來換取球隊優勢。而且這還不會出現在計分表上。

明確的定位：我們之所以能打出這場近乎不可思議的逆轉賽，其中一個主要原因，就在於每位球員都能堅守戰術。他們沒有慌，而是照計畫行事。每一位球員都知道並接受了自己的職責，沒有人想要出風頭。所有人都專注於自己的角色，並努力執行。杜蘭特顯然是我們隊的頭號進攻人選，而其他球員都盡責地扮演好自己的角色（包括設法讓杜蘭特獲得最佳籃下視野的那名隊友）。倘若蒙特羅斯的球員們開始照自己的意思打球，而沒有將團隊需要他們做的事擺第一位，齒輪就無法順利運轉。儘管ＫＤ贏得了絕大多數的媒體關注，但我們之所以能贏球，是因為所有人都恪守自己的本分。

讓我們贏球的種子，並不是當晚才種下的。這件事我再怎麼強調都不嫌多。他們不過是在那個晚上展示出來，或甚至該說是將其**化為現實**。蒙特羅斯隊的向心力，早在那場比賽開始的數年前、數月前、數週前、甚至是數天以前，就一磚一瓦穩穩地砌起來。在面對超強勁敵而能打出那樣的逆轉賽，靠的是用數不清的看不見時光，所建構出的團隊向心力。

打造向心團隊的關鍵與禁忌

找到對的人，用心凝聚

向心力意味著「將個體凝聚為團結的集體的行為或事實」。[6]這意味著團結、患難與共，更意味著定義中所明確指出來的——**這是一種行為**。這是團隊必須努力達成的目標。這是一件必須被執行的事，而不是既存的事實。

倘若你需要打造一個組織，那麼向心力就從雇用開始。畢竟，挑選出一片拼圖總是比撤換一片拼圖來得容易。請雇用能和隊友相輔相成，而且樂於成為那一片合適拼圖的人。記住：**驅使你的動力，必須同樣對我們有益；驅使我們的動力，也必須同樣對你有益**。

在籃球界，簽下新球員對團隊的向心力有著極重要的影響。無論是大學教練想要招募高中籃球員，還是ＮＢＡ總經理在評估大學或海外球員時，為了判斷對方是否為團隊型球員，他們調查的細膩程度令人吃驚：他們會回去找該名球員六年級時的老師，打聽這個人的性格是好或壞。

總會有球團的總經理因為打算招募我所認識及合作過的球員，而找上我。儘管我是這些球員高中時期的運動表現教練，但我所收到的第一批問題總是和他們的運動能力沒什麼關係。他們會問我這些球員的態度、屬於哪種類型的人，又是如何對待別人的。關於此人的積極程度、虛心受教程度、聆聽技能、工作態度和無私程度，他們都想知道。而最終極的大哉問就是：「亞倫，你會讓他跟你女兒約會嗎？」

他們可以透過影片觀察球員的每一場表現。而當球團開始詢問這個人的協調性、平衡度及能力時，代表此人已經進入了第九或第十階段。最棒的隊伍、組織和公司，總會擁有一套嚴謹的篩選流程，以挑選出最合適的人選。隨意地聚攏一群人，是不可能得到向心力的。他們必須要有營造出向心力的意願和態度。

向心力的四大天敵

一、視一切為理所當然：認為自己理應獲得更多者。
二、傲慢：那些自認為高人一等者。
三、自私：那些只為自己著想的人。
四、自滿：那些不在乎其他人事物的人。

向心領導與萬能膠人

向心力也意味著每個人都能各安其位、各展所長。大學球隊的總教練必須擁有非凡的領導力，才能招募、激勵並敦促球員跳脫原有的舒適圈。他們必須清楚隊伍的攻守戰術，還要能讓所有人融入大團隊、感覺自己是隊伍和整體文化的一分子。但即便是最頂尖的教練，他們也不可能擅長**每一種**領域。因此，他們必須找到能彌補其不足之處者。

「對我來說，我所雇用的每一個人都在巴士上有一席之位是很重要的。」肯塔基大學的教練約翰．卡利帕里寫道。「換句話說，我不會在五個職位上都放同一種人。一輛巴士應該坐著可以從事不同事情的人，好將每個人的效用最大化，因為他們每個人都擁有突出於其他人的強項。」[7] **請確保每個人都在巴士上擁有一席之位。**

其次，領導者也必須維持組織內部的平衡。南加州大學的教練法蘭克・馬丁（Frank Martin），以精力充沛和情緒容易激動聞名，但他總會確保身邊有一位可以擔任白臉的教練，確保自己的球員不會因為魔鬼教官而被罰坐冷板凳。傑出的領導者知道自己不需要是全能的：他們必須擅長某些事，然後集結一個能達成其餘任務的團隊。

再者，每一個團隊和組織都需要「萬能膠人」（glue guy），也就是那種願意為了讓事情順利運作而樂於去執行必要瑣事的人。萬能膠人會執行那些無法解釋清楚或很難被分配的工作。那些要不是他們很可能就被別人忽視或忘記的小事。

籃球場上的「萬能膠人」，願意製造進攻犯規、攻守時刻都會全力衝刺、爭搶失球，而當他們坐在板凳上時，也會因為隊友的出色表現而起身歡呼，或和下場的隊友擊掌。沒有人會被分配到這樣的角色，這些貢獻更不會出現在數據表上，這些人或許永遠都不會成為目光焦點，但他們對整個團隊向心力的影響，卻無比重要。萬能膠人就是「沒有什麼事，是別人家的事」的最佳典範。

自我測試

想想你的隊伍或組織。

一、誰是「閃亮之星」？他們在哪些方面表現突出？
二、誰是角色球員？他們如何幫助閃亮之星和滿足團隊的使命？
三、誰是隊伍中的萬能膠人？是誰凝聚起整個團隊？
四、是誰完成了那些能讓團隊順利取得成功的小事？
五、是誰在別人失敗的時候，立刻跳出來接手？
六、哪些人似乎不太在乎能否獲得認可或表揚？
七、你對於凝聚團隊共識，做出了哪些具體貢獻？

向心力的八大黃金守則

一、**領導**隊友。

二、**愛**隊友。
三、**提拔**隊友。
四、**尊重**隊友。
五、**信任**隊友。
六、**訓練**隊友。
七、**支持**隊友。
八、**挑戰**隊友。

眾人之智遠勝一人之智。
——日本諺語

激發向心力的三大關鍵

不爭權、尊重他人

向心力或許是一種我們本能上就知道該如何展現的能力。但在我們長大成人後，此種能力之所以消失，或許是因為逐漸發展出來的自我以及對「正確」行為的高度重視。設計師彼得・斯基爾曼（Peter Skillman）曾經進行了一項非常知名的實驗，該實驗漂亮地解釋了向心力的運作模式。實驗內容如下：一群幼稚園孩子和一群商學院學生進行設計挑戰。在限定的時間內，各團體必須利用生的義大利麵、膠帶、繩子和棉花糖，蓋出一座塔。結果，幼稚園的孩子一次又一次地獲勝，而且是遙遙領先。[8]

為什麼呢？作者丹尼爾・科伊爾認為，大人們總卡在對地位和權力的質疑中，而忽視了大目標。儘管他們**看上去**更有組織，「其下意識展現出來的行為卻充滿了低效率、遲疑和微妙的競爭意識。」[9]而雖然幼稚園孩子的行為**看上去**就像是重度災難，但「他們不會爭奪地位……他們實驗、冒險並留心結果，而這也引導他們找出最有效的解決方案。」[10]

在北卡羅來納大學，迪恩・史密斯教練非常重視團隊的向心力，甚至將其看得比贏球還要重要！史密斯願意輸掉比賽，只要這麼做能讓球員獲得更大的自由，「因為他認為就更長遠來看，只有以一個團隊的角度去努力、為團隊目標犧牲個人，才能讓球員走得更遠。」[11]倘若一名球員做出不利於團隊的行為，史密斯教練有時會為了凸顯向心力的重要，而懲罰所有人，以展現出「一切的事情都應建立在以團隊為重的基礎上，並排斥所有的個人主義和有害的個人意識。」[12]

當然，一個團隊不可能事事都意見一致，但他們必須相信其他人也是傾盡全力。亞馬遜團隊總是秉持著「雖然我不同意，但我願意執行」的態度。這是一種非常創新的作法，讓團隊成員有機會發表自己的意見，但又能推行構想。這麼做能在維持向心力的同時，又不讓少數者感覺被忽視。因為尊重他們，所以願意聆聽其反對意見。然後，讓他們決定是否要加入團隊。

團隊至上思維

高中籃球教會我許多事，像是團隊的運作，以及為什麼有些事能成功、有些則否。在德麥沙，瓊斯教練總是說著沒有任何一名球員能比團隊更重要，也沒有任何一個團隊能比整個賽制更重要。「誰得分不重要，」他會這麼說。「重要的是**我們**得分了。」

幾年前，在我還在德麥沙擔任運動表現教練時，該校的籃球隊正在爭奪聯賽冠軍。在僅剩幾秒的時候，比數還是難分難捨，但我們得到一個天大的好機會。我們隊的ＭＶＰ（入選全明星隊）在終場前得到罰球機會。他的罰球超強，而此刻他只需要進一球就夠了。然而，願上帝保佑他，他兩球都失誤了。因此進入了延長賽，大家都很灰心，士氣被壓了下去。就在比賽還剩三十秒、對手領先我們八分時，瓊斯教練叫了暫停。

大家都摸不著頭腦，助理和球員們彼此面面相覷，一臉困惑。我們贏不了。船已經開走了。但瓊斯教練腦中還有其他更勝於贏球的事。

「所有人聽好了，」他在聚成一圈的眾人之中說道，「我們要輸了。但在三十秒後，倘若你們輸球了，你們也會輸掉風度、輸掉正確的態度。你們胸前的那個名字，在過去六十年間，已經建立起一份聲譽。在接下來的時間裡，你不能做任何有損於這個名字的事。我知道你們很沮喪，但這並不只是關於你。在我們之外，還有某些更重要的事物。」接著，他讓球員重返球場。

無論是英雄、企圖成為英雄，以及實際動手去做的人，這是所有組織都應該擁有的思維態度。在你決定成為某個團隊的一分子後，你就必須接受團隊遠比你重要的思維。這就是關鍵。

慶祝勝利

打造具向心力團隊的最後一項關鍵要素相當簡單，那就是：慶祝你們的勝利。請確保這是團隊的勝利，並確保慶祝儀式是以團隊為出發點且包括了所有人。兩度率領隊伍拿下冠軍的傑．萊特教練，根本不在乎那些以個人為主軸的慶祝儀式。「倘若你很興奮，擁有源源不絕的精力。請轉身將這些精力分給你的隊友。」萊特曾經這麼說過。[13]這是最棒的經驗法則：倘若你是團隊中唯一發出歡呼聲的人，那麼這件事根本就不值得歡呼。

慶祝同時也能為工作、同袍情誼和環境本身，灌注一定程度的喜悅。儘管外在獎勵絕對無法取代內在動力，但卻能讓人們感受到極大程度的受賞識感。當公司全體上下一起接受獎勵時，會締造出無與倫比的向心力。在馬克．庫班經營第一間公司 Micro Solutions 時，只要上個月的業績非常出色，他就會走進辦公室、親手將百元大鈔拿給銷售部人員，以慶祝其工作表現傑出。我能肯定他的行為勢必很受員工歡迎。

「運動員會花時間慶祝到手的勝利，」作家兼績效發展顧問葛瑞漢．瓊斯（Graham Jones）在《富士比》上寫道。「這麼做能提醒他們這一路走來的辛苦和投入，都是值得的。在一個對多數組織而言，能存活才是關鍵的時刻，不要忘了花點時間來慶祝成功，無論成功的可能性是多麼地微小。」[14]

團隊必須一起經歷高潮與低谷、讓彼此的能力發揮到極致（包含：讚美對方的長處，及從他人身上學習），同時確保並鞏固團隊的向心力。如此一來，這將是一間充滿相互欣賞、相互認同員工的公司，而所有人都期望能成為團隊的一分子，並期盼用些許的時間來感受自己所成就的美好。

關鍵點：透過掌握前述四大特質——無私、信念、明確的定位和溝通後，具向心力的組織就能整齊劃一且齊心協力地運作。

請記得：

- 團結就像是確保一切事物都能凝聚在一起的膠水。
- 傑出的團隊就像是一幅拼圖，其由獨一無二又相互契合的每一塊拼圖，創造出最終成品。而一塊拼圖的遺失或錯置，都會讓一切都不完整。
- 傑出的團隊會一起流淚、一起歡笑。
- 一群人團結一心，並獲得憑一己之力無法獲得的成就，或許是我們在人生中或公司內所能遇到的最幸福的事。這是一股你會不斷期待它再次發生的感受。

自我測試

以下為團隊考核，請選擇一個你所身處的團隊：

一、在第三部分所提到的特質中，哪幾項是你覺得此團隊確實擁有的？為什麼？

二、哪些特質是你覺得團隊必須再加強的？

三、你和你的團隊成員可以透過哪些具體事項，來提升自己在這些不足之處的表現？

四、設定考核的時程，並評估團隊在這些待改進項目上的進步幅度。

結論
邁出第一步，成就更卓越的表現

倘若你不懂得改變方向，你的終點也可能會是起點。

——俗諺

勒布朗．詹姆斯、凱文．杜蘭特和柯比．布萊恩之所以能成功地跨入商界與媒體界，是有原因的。他們將自己練習時的毅力、作為領導者的直覺以及對團隊能量的理解，帶到同樣適用這些特質的產業中。

成功源自一點：**持之以恆地投入**。我們永遠沒有輸給其他人的藉口。**永遠**。千萬不要相信那些我們可以一步登天的言論。沒有付出，就不可能有收穫。所有人都想要成功，但僅有極少數的人願意為成功做出犧牲。**你願意嗎？**

倘若你對當前的工作或人生並不滿意，請從你能改變的地方著手；倘若你需要的是激烈的改變，請試著讓自己擁有邁出第一步的勇氣；倘若你需要的只是針對當前處境做一個小小的改變，請開始計畫自己該如何實踐；又倘若這屬於態度上的改變，請先決定你真正在乎的事物，並思考這些事將如何引領你向前邁進。

每一天，都是一個新的開始。「儘管我們不能總是控制自己該何時開始，但至少我們可以對開始的狀態發揮些許影響力。」暢銷作家和行為科學家丹尼爾．品克（Daniel Pink）寫道。「在多數的進取嘗試中，我們必須明白起點擁有的力量，並試著讓自己有一個強而有力的起點。倘若沒能做到這點，我們應試著重新開始。又倘若起點是我們無法掌握的，我們可以邀請其他人，試著規劃出團隊的起點。」[1] 品克這樣簡化：「正確起步、重新開始、一起開始。」[2]

珍妮．布雷克（Jenny Blake）是一名前 Google 職涯策略師，也是《關鍵點》（*Pivot: The Only Move That Matters Is Your Next One*）的作者。當我為了這本書採訪她時，布雷克和我探討到「pivot」（關鍵點、轉身）這個字的含意，而我認為此觀念同樣適用在籃球與企業中。在球場上，「pivot」指以一腳站定、一腳移動，轉動身體讓自己有機會掃視全場。此一動作給了你更寬廣的視角和優勢。正確的轉身能讓你察覺到新的機會，像是留意到空手切入的隊友、安全的傳球路徑等，而這些是你之前所看不到的。

而這一切可以歸結到一個亙古不變的事實：不進，則退。布雷克告訴我，在他們那行，「不斷地依據市場狀況改變經營戰略，就是保持機敏的方式。」她認為適時地改變，能「讓人們免於重頭再來過。」我非常欣賞她的解釋。她的解釋也點出了並不是每個人在明天起床後，都必須立馬辭掉手邊的工作。我們可以針對當前處境來做出不同程度的改變。

另一方面，我們不會談自己「擁有」或「獲得」的生活，而我認為此舉透露出很深的意涵。我們總是說著「自己主導的人生」。

我們主導的人生。

我們是必須負責的那個人。

你能為自己的人生和工作做出必要的改變嗎？你想這麼做嗎？想想看自己所使用的語言，甚至是那些浮現在我們腦中的獨白。研究者發現，在企圖改變自身行為方面，使用「我不要」（I don't）而不是「我做不到」（I can't）的人，他們的成功機率遠高於其他人。[3] 光是改變用語，就能幫助我們「獲得心理優勢」。為什麼？因為這牽涉到**選擇**。

當你接受自己正在選擇時（例如：開始一項好習慣、改善某項技能或朝著目標邁出下一步），就能下意識地將動力集中到自己身上。你會提醒自己，下定決心要認真以待這一切、培養出好習慣，同時付出努力的人，是你自己。而這全始於一個步驟。

三面金牌得主、排球選手凱奇・基拉里（Karch Kiraly）曾被詢問，他為了贏得奧運金牌，會如何做準備。「我從來不會為了金牌而做準備，」他說。「我只為了贏得下一場比賽而準備。」[4]這讓我想起了自己曾經參加過的「山丘上的地獄」（Hell on the Hill）活動。這場活動就如其名。主辦人為傑西・伊茨勒，其內容就是要求每一位參與者在一片坡度達四十度、全長約七十三公尺的山丘上，來回奔跑**一百次**。全程加起來超過十二・八公里。

這片坡地一點都不筆直或平坦，有無數的坑坑疤疤，坡度更是有急有緩。不規律的地形也讓整個活動更具挑戰性。如同資深高爾夫球員設法將球送上果嶺般，大家很快地找到了一個通往頂點的「最輕鬆」路徑（我的用詞似乎不夠精確）。但集體發現所導致的一個問題，就是讓這條路變得非常競爭且擁擠。很快地，這片草地被踐踏成泥地。而那一整天斷斷續續下著小雨，讓草地變得濕漉漉，導致奔跑變得更為困難，就連**跑下**山坡也很困難。大約在折返到第七十次時，我遇上撞牆期。我太痛苦了，無論是肉體、心靈還是情緒皆然。我幾乎就要放棄了。

在杜克時曾榮獲年度最佳防守球員頭銜、現為馬凱特大學（Marquette

University）籃球總教練的史蒂夫・渥瑟喬斯基（Steve Wojciechowski），也是「山丘上的地獄」的參與者。他和我的步調全程幾乎一致，且我們之前就在我的 podcast 中見過面。當渥瑟喬斯基和我一起向上爬時，我問他，「你還剩幾組折返跑？」

「一組。」

「等等，什麼？」我問。「一組？」這傢伙怎麼可能只剩一組。我幾乎有點生氣了。

但接著他說，「沒錯，一組。但跑**三十多遍**。」

我不禁莞爾一笑：這就是最完美的態度。這種著重於下一個步驟、不去在乎其他干擾、專注於自己唯一需要做的事的態度，正是現實中最好的典範。

當你從個人與職業的角度望出去時，我希望你能擁有跨出第一步的勇氣和決心。相信自己，相信你的教練，也相信你的團隊，如此一來，你就能更上一層樓。

致謝

感激之情絕不能拖。

——美國大學籃球教練斯基普・普羅索（Skip Prosser）

每天早晨起來，我都懷抱著一個目標：我要盡可能地向最多人表達自己的感激之情。我想要樹立一個持之以恆的感激心態。

從動筆之初到最後一刻，這本書的寫作過程是如此快樂。然而，毫無疑問地，本篇是我最難下筆的一篇。

因為有太多太多人是我必須感謝、讚美或致敬的。

有一種很常見的情緒障礙，叫做「錯失恐懼症」（fear of missing out，FOMO）。隨著社交平台的興起，此種症狀更前所未有地擴散開來。這是一種因為害怕某處發生了某件了不起的事，而你卻不在場所衍生出來的焦慮。

在冒著讓自己聽上去有點浮誇的風險下，我必須表示在準備寫這部分時，我開始經歷了非常相似且相關的情緒症狀，叫做「遺漏**他人**焦慮感」（fear of missing someone）。

我開始擔心自己會（無可避免地）疏漏某人。

我曾經和數不盡的優秀人才共事、為其效力、結為朋友、研究對方、觀察對方、聆聽對方或向其學習，而他們也以各種方式為本書帶來豐富的貢獻。有些人的影響確實比其他人更直接、更近期，但正是因為他們每一個人，才締造了今日的我，從而影響了本書的樣貌。

光是試著列出所有名字，就足以使人力竭。

因此，致我所有的家人、朋友、舊識、同事、夥伴、隊友、經紀公司、心靈導師、老師、教練、訓練師、顧問、諮詢師、諮商師、客戶、支持者和同伴們，請你們明白……

我非常感謝你。

注釋

自序　成功的基本原理

1. David Halberstam, *Playing for Keeps: Michael Jordan and the World He Made* (New York: Random House, 1999), 165.

1 自我覺察

1. http://www.espn.com/nba/story/_/id/22812774/kevin-pelton-weekly-mailbag-next-victor-oladipo.
2. Geoff Colvin, *Talent Is Overrated: What Really Separates World-Class Performers from Everyone Else* (New York: Penguin, 2008), 118.
3. Adam Galinsky and Maurice Schweitzer, *Friend and Foe: When to Cooperate, When to Compete, and How to Succeed at Both* (New York: Crown Business, 2015), 132.
4. Simon Sinek, *Leaders Eat Last: Why Some Teams Pull Together and Others Don't* (New York: Portfolio, 2014), 199.
5. Tom Rath and Barry Conchie, *Strengths Based Leadership: Great Leaders, Teams, and Why People Follow* (New York: Gallup Press, 2008), 2.
6. Interview with Howard Schultz, *How I Built This*, with Guy Raz, https://www.npr.org/2017/09/28/551874532/live-episode-starbucks-howard-schultz; and Howard Schultz with

Joanne Gordon, *Onward* (New York: Rodale Books, 2012), 3–7.

7. Interview with Howard Schultz, *How I Built This,* with Guy Raz.
8. Tasha Eurich, *Insight: Why We're Not as Self-Aware as We Think and How Seeing Ourselves Clearly Helps Us Succeed at Work and in Life* (New York: Crown Business, 2017), 7.

2 熱情

1. Jesse Itzler, *Living with a SEAL: 31 Days of Training with the Toughest Man on the Planet* (New York: Center Street, 2005), 65.
2. Tim S. Grover, *Relentless: From Good to Great to Unstoppable* (New York: Scribner, 2013), 39.
3. Interview with Steve Nash, *Suiting Up*, with Paul Rabil, https://suitinguppodcast.com/episode/steve-nash-nba-star-entrepreneur/.
4. Mark Cuban, *How to Win at the Sport of Business* (New York: Diversion Books, 2013), 3.
5. Interview with Jason Stein, *The Bill Simmons Podcast*, https://www.theringer.com/the-bill-simmons-podcast/2017/8/4/16100290/smart-guy-friday-cycle-ceo-founder-jason-stein-and-bills-dad-on-game-of-thrones.
6. Interview with John Mackey, *How I Built This*, with Guy Raz, https://one.npr.org/?sharedMediaId=527979061:528000104.
7. Eric Schmidt and Jonathan Rosenberg, with Alan Eagle, *How Google Works* (New York: Grand Central Publishing, 2014), 5.
8. Ryan Holiday, *Ego Is the Enemy* (New York: Portfolio, 2016), 55.

9. Ibid.
10. http://www.espn.com/nba/truehoop/miamiheat/columns/story?page=Spoelstra-110601.
11. Holiday, *Ego Is the Enemy*, 57.
12. Grover, *Relentless*, 11.
13. http://www.espn.com/blog/new-england-patriots/post/_/id/4801190/tom-bradys-passion-comes-through-with-talk-of-ambassador.
14. Brett Ledbetter, "How to Stop Comparing and Start Competing," TEDxGatewayArch. https://www.youtube.com/watch?v=bU09Y9sC7JY.
15. Galinsky and Schweitzer, *Friend and Foe*, 35.
16. http://faculty.chicagobooth.edu/devin.pope/research/pdf/website_losing_winning.pdf.
17. Ryan Holiday, *The Obstacle Is the Way: The Timeless Art of Turning Trials into Triumph* (New York: Portfolio, 2014), 4.
18. https://deadspin.com/thousands-of-gymnasts-are-sharing-videos-of-their-best-1825963309.
19. https://hbr.org/2012/07/how-leaders-become-elf-aware.
20. Amy Wilkinson, *The Creator's Code: The Six Essential Skills of Extraordinary Entrepreneurs* (New York: Simon & Schuster, 2015), 115.
21. Maury Klein, *The Change Makers: From Carnegie to Gates, How the Great Entrepreneurs Transformed Ideas into Industries* (New York: Times Books, 2003), 186.

3 紀律

1. Cal Newport, *Deep Work: Rules for Focused Success in a Distracted World* (New York: Grand Central, 2016), 14.
2. Richard L. Brandt, *One Click: Jeff Bezos and the Rise of Amazon.com* (New York: Portfolio, 2011), 23.
3. Newport, *Deep Work*, 71.
4. Ibid., 40.
5. https://news.harvard.edu/gazette/story/2010/11/wandering-mind-not-a-happy-mind/.
6. 我第一次看到這個故事，是在馬克．C．克勞利（Mark C. Crowley）的臉書上，*Lead from the Heart: Transformational Leadership for the 21st Century* (Bloomington, Ind.:Balboa Press, 2011，接著在萊達．卡拉貝拉（Leda Karabela）的頁面中看到更詳細的內容：http://yhesitate.com/2011/08/07/no-madam-it-took-me-my-whole-life/。
7. https://www.forbes.com/sites/neilpatel/2015/01/16/90-of-startups-will -fail-heres-what-you-need-to-know-about-the-10/#4f25a2526679.
8. Tony Schwartz, *The Way We're Working Isn't Working: The Four Forgotten Needs That Energize Great Performance*, 33.
9. Cuban, *How to Win*, 15.
10. 此一想法最早出自於吉姆．羅恩的作品。
11. http://www.investors.com/news/management/leaders-and-success/basketball-player-larry-bird-grit-and-discipline-helped-him-lead-championship-teams/.

12. "The Champ," *Readers Digest*, January, 1972, 109.
13. Jeff Bezos, commencement speech at Princeton University, May 30, 2010.

4 虛心受教

1. 這句話出現在許多地方，而我是在傑夫・賈維斯（Jeff Jarvis）的書讀到的：*What Would Google Do?* (New York: Harper Business, 2009), 20.
2. https://www.forbes.com/100-greatest-business-minds/person/arthur-blank.
3. http://money.cnn.com/2018/03/06/news/companies/dominos-pizza -hut-papa-johns/index.html.
4. Carol Dweck, *Mindset: The New Psychology of Success* (New York: Random House, 2006), 21.
5. Halberstam, *Playing for Keeps*, 66.
6. Adam Bryant, *Corner Office: Indispensable and Unexpected Lessons from CEOs on How to Lead and Succeed* (New York: Times Books, 2011), 15.
7. Ibid., 12–13.
8. Ibid, 13.
9. Leigh Gallagher, *The Airbnb Story: How Three Ordinary Guys Disrupted an Industry, Made Billions . . . and Created Plenty of Controversy* (Boston: Houghton Mifflin Harcourt, 2017), 164.
10. Ibid., 167.
11. Wilkinson, *The Creator's Code*, 39.
12. Daniel Coyle, *The Culture Code: The Secrets of Highly Successful Groups* (New York: Bantam, 2018), 78.

13. John Wooden and Steve Jamison, *The Essential Wooden: A Lifetime of Lessons on Leaders and Leadership* (New York: McGraw-Hill Education, 2007), 18.
14. https://www.businessinsider.com/the-blakely-family-dinner-table-question-2015-3.
15. "Research Reveals Fear of Failure Has Us All Shaking in Our Boots This Halloween," Linkagoal's Fear Factor Index, October 14, 2015.
16. Charles Duhigg, *The Power of Habit* (New York: Random House, 2014), 282.
17. Brandt, *One Click*, 88.

5 自信

1. Cuban, *How to Win*, 71.
2. Interview with Perry Chen, *How I Built This*, with Guy Raz, https://www.npr.org/2017/09/05/540012302/kickstarter-perry-chen.
3. Ibid.
4. Dan McGinn, *Psyched Up: How the Science of Mental Preparation Can Help You Succeed* (New York: Portfolio, 2017), 151.
5. "Mental Preparation Secrets of Top Athletes, Entertainers, and Surgeons," *Harvard Business Review* June 29th, 2017, https://hbr.org/ideacast/2017/06/mental-preparation-secrets-of-top-athletes-entertainers-and-surgeons.html
6. https://www.history.com/shows/the-selection-special-operations-experiment
7. Bob Rotella, *How Champions Think: In Sports and in Life* (New York: Simon & Schuster, 2016),

15.

8. Ibid., 113.
9. Shawn Achor, *The Happiness Advantage: The Seven Principles of Positive Psychology That Fuel Success and Performance at Work*, (New York: Currency, 2010), 98.
10. 此一循環概念是受吉姆・羅恩的作品啟發所得。

6 遠見

1. http://www.espn.com/nba/story/_/id/22045158/chris-paul-pursuing -passing-perfection-houston-rockets-nba.
2. Ibid.
3. https://www.sbnation.com/2017/4/13/15257614/houston-rockets-stats-winning-james-harden-daryl-morey.
4. Coyle, *The Culture Code*, 229.
5. Robert Bruce Shaw, *Extreme Teams: Why Pixar, Netflix, Airbnb and Other Cutting-Edge Companies Succeed Where Most Fail* (New York: AMACOM, 2017), 104.
6. Brandt, *One Click*, 101.
7. Shaw, *Extreme Teams*, 35.
8. Eurich, *Insight*, 250.
9. http://variety.com/2013/biz/news/epic-fail-how-blockbuster-could-have-owned-netflix-1200823443/.

10. Wilkinson, *The Creator's Code*, 2.
11. http://www.businessinsider.com/steph-curry-worth-14-billion-to-under-armour-2016-3.
12. Wilkinson, *The Creator's Code*, 3.
13. Ken Segall, *Insanely Simple: The Obsession That Drives Apple's Success* (New York: Portfolio, 2012), 3.
14. Ibid., 2.
15. https://www.forbes.com/100-greatest-business-minds/person/brian-chesky.
16. Interview with Lewis Howes, "The Mask of Masculinity," *Art of Charm*, with Jordan Harbinger, https://theartofcharm.com/podcast-episodes/lewis -howes-the-mask-of-masculinity-episode-688/.
17. Angela Duckworth, *Grit* (New York: Scribner, 2016), 98.
18. https://www.medicaldaily.com/i-hate-my-job-say-70-us-employees-how-be-happy work-319928.
19. https://www.forbes.com/sites/keldjensen/2012/04/12/intelligence-is-overrated-what-you-really-need-to-succeed/#26f49bf2b6d2.
20. Charles Duhigg, *Smarter Faster Better* (New York: Random House, 2017), 6.
21. Klein, *The Changemakers*, 97.

7 文化

1. http://www.espn.com/nba/story/_/id/23016756/how-brad-stevens -navigated-boston-celtics-injury-woes-nba.
2. https://www.si.com/nba/2017/05/16/steve-kerr-nba-playoffs-golden -state-warriors-injury-

leadership.

3. Ibid.
4. Mike Krzyzewski and Donald T. Phillips, *Leading with the Heart: Coach K's Successful Strategies for Winning in Basketball, Business, and Life* (New York: Warner Business Books, 2001), 14.
5. Interview with Jay Williams, *Suiting Up*, with Paul Rabil, https://suitinguppodcast.com/episode/jay-williams-nba-espn-analyst-and-entrepreneur/.
6. Jay Williams, *Life Is Not An Accident: A Memoir of Reinvention* (New York: Harper, 2016), 58–59.
7. Laszlo Bock, *Work Rules! Insights from Inside Google That Will Transform How You Live and Lead* (New York: Twelve, 2015), 155.
8. Astro Teller, "The unexpected benefit of celebrating failure," Ted Talk, https://www.ted.com/talks/astro_teller_the_unexpected_benefit_of_celebrating_failure.
9. Bock, *Work Rules!*, 126.
10. Ibid., 147.
11. http://fortune.com/2015/03/05/perfect-workplace/.
12. Robert I. Sutton, *The No Asshole Rule: Building a Civilized Workplace and Surviving One That Isn't* (New York: Business Plus, 2007), 2.
13. Ibid., 81.
14. Ibid., 36.
15. Coyle, *The Culture Code*, 81.
16. Wooden and Jamison, *The Essential Wooden*, 30.

17. Jay Bilas, *Toughness: Developing True Strength on and off the Court* (New York: Berkley, 2013), 2.
18. Tony Hsieh, *Delivering Happiness: A Path to Profits, Passion, and Purpose* (New York: Grand Central Publishing, 2013), 2.
19. Interview with Tony Hsieh, *New York Times*, http://www.nytimes.com/2010/01/10/business/10corner.html.
20. David Burkus, *Under New Management: How Leading Organizations Are Upending Business as Usual* (Boston: Houghton Mifflin Harcourt, 2016), 59.
21. Interview with Tony Hsieh, *How I Built This*, with Guy Raz, https://www.npr.org/2017/01/23/510576153/zappos-tony-hsieh.
22. Ibid.

8 公僕

1. https://www.inc.com/mareo-mccracken/with-1-sentence-this-nba -champion-coach-teaches-everything-you-need-to-know-about -emotional-intelligence.html.
2. http://www.espn.com/nba/story/_/id/22048880/lamarcus-aldridge-san -antonio-spurs-asked-traded-gregg-popovich-reveals.
3. John Calipari and Michael Sokolove, *Players First: Coaching from the Inside Out* (New York: Penguin, 2014).
4. http://news.gallup.com/businessjournal/193238/employee-recognition -low-cost-high-impact.aspx.
5. Anthony Tjan, *Good People: The Only Leadership Decision That Really Matters* (New York:

Portfolio, 2017), 108.

6. Achor, *The Happiness Advantage*, 58.（作者注：他並沒有寫兩本同名的書，只是副標變了。）
7. Howard Schultz, with Joanne Gordon, *Onward* (New York: Rodale Books, 2012), xiii.
8. Joseph A. Michelli, *Leading the Starbucks Way: 5 Principles for Connecting with Your Customers, Your Products and Your People* (New York: McGraw-Hill Education, 2013), 70.
9. Ibid., 5.
10. Simon Sinek, *Start with Why: How Great Leaders Inspire Everyone to Take Action* (New York: Portfolio, 2011), 88.
11. Sinek, *Leaders Eat Last*, 178.
12. http://archive.fortune.com/magazines/fortune/fortune_archive/2007/09/17/100258873/ index.htm.
13. Kim Scott, *Radical Candor: Be a Kick-Ass Boss without Losing Your Humanity* (New York: St. Martin's Press, 2017), 101.
14. Tony Schwartz, *The Way We're Working: The Four Forgotten Needs That Energize Great Performance* (New York: Free Press, 2010), 118.
15. Bock, *Work Rules!*, 77.
16. Ibid., 21.
17. Jon Gordon and Mike Smith, *You Win in the Locker Room First: The Seven C's to Building a Winning Team in Business, Sports, and Life* (New York: Wiley, 2015), 58.
18. Achor, *The Happiness Advantage*, 194.
19. Wilkinson, *The Creator's Code*, 125.

20. Tjan, *Good People*, 104– 5.

9 品德

1. Bilas, *Toughness*, 25.
2. Williams, *Life Is Not an Accident*, 25–26.
3. Krzyzewski and Phillips, *Leading with the Heart*, 132.
4. https://hbr.org/2017/03/mike-krzyzewski.
5. Interview with Brett Ledbetter, *What Drives Winning*, https://whatdriveswinning.com/speaker/coach-k/.
6. Interview with Rick Welts, *Finding Mastery*, with Michael Gervais, https://findingmastery.net/rick-welts/.
7. Ibid.
8. Sutton, *The No Asshole Rule*, 25.
9. Galinsky and Schweitzer, *Friend and Foe*, 196.
10. Gallagher, *The Airbnb Story*, 54.
11. David Falk, *The Bald Truth: Secrets of Success from the Locker Room to the Boardroom* (New York: Gallery Books, 2009), 61–63.
12. http://espn991.com/all-time-winners-losers-by-winning-percentage-in-the-four-major-sports/.
13. Adam Grant, *Give and Take: Why Helping Others Drives Our Success* (New York: Penguin, 2014), 114.

14. Ibid.
15. Dean Smith and Gerald D. Bell, with John Kilgo, *The Carolina Way: Leadership Lessons from a Life in Coaching* (New York: Penguin, 2004), 17.
16. https://www.msn.com/en-us/sports/ncaabk/dean-smith-willed-dollar200-to-each-of-his-former-players/ar-AAa3482.

10 賦權

1. https://medium.com/darius-foroux/the-purpose-of-life-is-not-happiness -its-usefulness-65064d0cdd59.
2. Michael Foley, *The Age of Absurdity: Why Modern Life Makes It Hard to Be Happy* (London: Simon & Schuster UK, 2011), 44.
3. http://freakonomics.com/podcast/richard-branson/.
4. Shaw, *Extreme Teams*, 151.
5. Bock, *Work Rules!*, 149.
6. Schmidt and Rosenberg, with Eagle, *How Google Works*, 8.
7. Victor Luckerson, "Netflix Accounts for More Than a Third of All Internet Traffic," Time.com, May 29, 2015, http://time.com/3901378/netflix-internet-traffic/.
8. https://www.forbes.com/sites/kevinkruse/2018/02/19/netflix-culture-deck-co-creator-says-leaders-need-to-explain-context/#72929413590c.
9. Phil Jackson and Hugh Delehanty, *Eleven Rings: The Soul of Success* (New York: Penguin, 2013),

96.

10. Ibid., 12.
11. Ibid., 13.
12. https://hbr.org/2017/07/stop-the-meeting-madness.
13. Ibid.
14. Sydney Finkelstein, *Superbosses: How Exceptional Bosses Master the Flow of Talent* (New York: Portfolio, 2016), 4.
15. Ibid., 4.

11 信念

1. Sinek, *Start with Why*, 103–4.
2. Brandt, *One Click*, 162.
3. Mark Zuckerberg speech, "Entrepreneurial Thought Leaders Seminars," Stanford University speaker series, October 2005.
4. Duhigg, *The Power of Habit*, 85.
5. Ibid., 89.
6. Sinek, *Leaders Eat Last*, 61.
7. Ibid., 50.
8. Ibid., 14–15.
9. Duhigg, *Smarter Faster Better*, 148.

10. Ibid.
11. Bilas, *Toughness*, 25.
12. Burkus, *Under New Management*, 119.
13. Ibid., 129.
14. http://www.triballeadership.net/media/TL-L.Excellence.pdf.
15. Dave Logan and John King, *Tribal Leadership: Leveraging Natural Groups to Build a Thriving Organization* (New York: Harper Business, 2011), 241.
16. Ibid.

12 無私

1. Charles Edward Montague, *Disenchantment: Essays [Thoughts on the First World War]*, 1922 (Ithaca NY: Cornell University Library, 2009).
2. http://www.nytimes.com/2011/02/13/sports/basketball/13russell.html ?mcubz=3.
3. Holiday, *Ego Is the Enemy*, 133.
4. Patrick Lencioni, *The Ideal Team Player: How to Recognize and Cultivate the Three Essential Virtues* (San Francisco: Jossey-Bass, 2106), x.
5. Ibid., 157.
6. http://knowledge.wharton.upenn.edu/article/how-netf lix-built-its -company-culture/.
7. https://www.youtube.com/watch?v=tVw8d3azOyk.
8. Sam Walker, *The Captain Class: A New Theory of Leadership* (New York: Random House, 2018),

138.

9. http://bleacherreport.com/articles/2083645-tim-duncan-is-the-best-power-forward-of-all-time-and-its-not-close.
10. Walker, *The Captain Class*, 140–42.
11. http://www.slate.com/articles/business/psychology_of_management/2014/05/adam_grant_s_give_and_take_a_theory_that_says_generous_people_do_better.html.
12. Grant, *Give and Take*, 10.
13. http://www.slate.com/articles/business/psychology_of_management/2014/05/adam_grant_s_give_and_take_a_theory_that_says _generous_people_do_better.html.

13 明確的定位

1. Jackson and Delehanty, *Eleven Rings*, 14.
2. http://www.complex.com/sports/2011/05/the-greatest-moments-in-chicago-bulls-playoff-history/game-5-1991-nba-finals.
3. Halberstam, *Playing for Keeps*, 48.
4. Ibid.
5. Interview with Steve Kerr, *Pod Save America*, https://crooked.com/podcast/indictments/.
6. Jackson and Delehanty, *Eleven Rings*, 159.
7. Galinsky and Schweitzer, *Friend and Foe*, 73.
8. Ibid., 74.

9. Ibid., 75.

14 溝通

1. Williams, *Life Is Not an Accident*, 39.
2. E. W. Morrison and F. J. Milliken, "Speaking Up, Remaining Silent: The Dynamics of Voice and Silence in Organizations," *Journal of Management Studies* 40 (2003): 1353–58, https://www.inc.com/margaret-heffernan /encourage-employees-to-speak-up.html.
3. Ray Dalio, *Principles: Life and Work* (New York: Simon & Schuster, 2017).
4. https://www.gottman.com/blog/the-magic-relationship-ratio-according-science/.
5. M. W. Kraus, C. Huang, and D. Keltner, "Tactile Communication, Cooperation, and Performance: An Ethological Study of the NBA," *Emotion*, 2010, 10:745–749.
6. Interview with Steve Nash, *Suiting Up*, with Paul Rabil.
7. https://www.forbes.com/sites/danpontefract/2015/05/11/what-is-happening-at-zappos/#37ffb2ac4ed8.
8. Coyle, *Culture Code*, 66.
9. https://www.nytimes.com/2017/09/08/jobs/corner-office-daniel-schwartz-restaurant-brands-international.html.
10. Coyle, *The Culture Code*.（作者注：沒有頁數是因為整本書就是依這三點來劃分章節。）
11. Eurich, *Insight*, 237–41.
12. See Ed Catmull and Amy Wallace, *Creativity, Inc.* (New York: Random House, 2014), for more on

"Notes Day."

13. Margaret Heffernan, "Dare to Disagree," Ted Talk, https://www.ted.com/talks/margaret_heffernan_dare_to_disagree.
14. Patrick Lencioni, *The Five Dysfunctions of a Team: A Leadership Fable* (San Francisco: Jossey-Bass, 2002), 202.
15. https://www.cnbc.com/2017/08/16/how-jeff-bezos-two-pizza-rule-can -lead-to-more-productive-meetings.html.
16. Segall, *Insanely Simple*, 26.
17. https://www.nytimes.com/2016/01/22/opinion/the-eight-second-attention-span.html.
18. Colvin, *Talent Is Overrated*, 70.

15 向心力

1. Jackson and Delehanty, Eleven Rings, 220.
2. https://www.bloomberg.com/news/features/2018-01-10/the-five-pillars-of-gregg-popovich.
3. Coyle, *The Culture Code*, 59.
4. https://www.bloomberg.com/news/features/2018-01-10/the-five-pillars-of-gregg-popovich.
5. https://www.washingtonpost.com/news/recruitinginsider/wp/2016/03/04/montrose-christian-vs-oak-hill-a-look-back-at-one-of-the -greatest-high-school-games-in-d-c-history/?noredirect=on&utm _term=.7a081a499cce.
6. https://en.oxforddictionaries.com/definition/cohesion.

7. https://coachcal.com/news/2013/8/7/it-takes-a-village-to-create-the-kentucky-effect_23216.aspx?path=fromcoachcal.
8. Coyle, *The Culture Code*, xv.
9. Ibid., xvii.
10. Ibid.
11. Halberstam, *Playing for Keeps*, 75.
12. Ibid.
13. https://www.gq.com/story/jay-wright-villanova-the-anti-coach.
14. https://www.forbes.com/2009/11/02/athletes-lessons-executives-leadership-managing-sports.html#2e2bef42152a.

結語　邁出第一步，成就更卓越的表現

1. Daniel H. Pink, *When: The Scientific Secrets of Perfect Timing* (New York: Riverhead, 2018), 89.
2. Ibid.
3. https://medium.com/the-mission/3-scientifically-proven-ways-to-permanently-break-your-bad-habits-307182fc8fa8.
4. https://www.si.com/more-sports/2010/01/01/volleyball1001.

高績效表現力

Raise Your Game: High-Performance Secrets from the Best of the Best

作　　者　小亞倫・史坦；喬恩・史坦菲爾德
譯　　者　李祐寧
主　　編　呂佳昀

總 編 輯　李映慧
執 行 長　陳旭華（steve@bookrep.com.tw）

社　　長　郭重興
發行人兼出版總監　曾大福
出　　版　大牌出版 / 遠足文化事業股份有限公司
發　　行　遠足文化事業股份有限公司
地　　址　23141 新北市新店區民權路 108-2 號 9 樓
電　　話　+886- 2- 2218-1417
傳　　真　+886- 2- 8667-1851

印務經理　黃禮賢
封面設計　陳文德
排　　版　新鑫電腦排版工作室
印　　製　成陽印刷股份有限公司
法律顧問　華洋法律事務所　蘇文生律師

定　　價　550 元
初　　版　2020 年 9 月

國家圖書館出版品預行編目資料

高績效表現力 / 小亞倫・史坦, 喬恩・史坦菲爾德 作; 李祐寧 譯.
-- 初版. -- 新北市 : 大牌出版; 遠足文化發行, 2020.09
面；　公分
譯自：Raise your game : high-performance secrets from the best of the best
ISBN 978-986-5511-30-2 (平裝)
1. 成功法　2. 自我實現　3. 生活指導

177.2　　109009703